中国绿色政府债券制度发展研究

马海涛 温来成 主编

中国财经出版传媒集团
中国财政经济出版社

图书在版编目（CIP）数据

中国绿色政府债券制度发展研究／马海涛，温来成主编． ——北京：中国财政经济出版社，2022.12

ISBN 978 – 7 – 5223 – 1786 – 1

Ⅰ．①中⋯　Ⅱ．①马⋯　②温⋯　Ⅲ．①国债－研究－中国　Ⅳ．①F812.5

中国版本图书馆 CIP 数据核字（2022）第 232659 号

责任编辑：张晓丽　　　　　责任印制：刘春年
封面设计：孙俪铭　　　　　责任校对：徐艳丽

中国财政经济出版社 出版

URL：http://www.cfeph.cn
E – mail：cfeph@ cfeph.cn

（版权所有　翻印必究）

社址：北京市海淀区阜成路甲 28 号　邮政编码：100142
营销中心电话：010 – 88191522
天猫网店：中国财政经济出版社旗舰店
网址：https://zgczjjcbs.tmall.com
北京财经印刷厂印刷　各地新华书店经销
成品尺寸：185mm×260mm　16 开　20 印张　280 000 字
2022 年 12 月第 1 版　2022 年 12 月北京第 1 次印刷
定价：88.00 元
ISBN 978 – 7 – 5223 – 1786 – 1
（图书出现印装问题，本社负责调换，电话：010 – 88190548）
本社质量投诉电话：010 – 88190744
打击盗版举报热线：010 – 88191661　QQ：2242791300

前　言

《中国绿色政府债券制度发展研究》是中央财经大学中财－中证鹏元地方财政投融资研究所的年度研究报告。本报告主要研究绿色政府债券制度发展问题，研究主题具有重要现实及理论意义。从国家政策来看，习近平总书记强调绿水青山就是金山银山，提出2030年碳达峰，2060年前碳中和的战略目标。在国家进入新发展阶段的同时，也要控制好政策实施的力度，既要达到双碳控制的目标，同时还要兼顾经济社会运行的稳定性，防范产生新的社会风险。我国"十四五"时期经济社会发展坚持绿水青山就是金山银山理念，坚持尊重自然、顺应自然、保护自然，坚持节约优先、保护优先、自然恢复为主，守住自然生态安全边界。深入实施可持续发展战略，完善生态文明领域统筹协调机制，构建生态文明体系，促进经济社会发展全面绿色转型，建设人与自然和谐共生的现代化。从国内外绿色债券市场发展状况来看，绿色政府债券需要为下一步的绿色发展作出更多的贡献。从政府债券制度的角度看，发行绿色债券利率较低，对节约政府的发债成本有很大的作用，研究绿色债券具有重要的现实意义。

《中国绿色政府债券制度发展研究》包括8章：第1章介绍了报告的意义和背景；第2章梳理了国内外的文献；第3章是理论基础；

第 4 章介绍了国外绿色债券发展的实践；第 5 章是我国经济社会绿色发展的客观需求；第 6 章介绍我国绿色债券的实践；第 7 章是我国绿色政府债券制度设计；第 8 章是我国绿色政府债券制度法制建设。

研究报告主要论述了以下观点：第一，建立独立的绿色政府债券标准；第二，建立绿色政府债券的评级和认证；第三，建立绿色政府债券法定分类制度；第四，建立绿色政府债券发行制度；第五，建立绿色政府债券绩效评价标准；第六，加强绿色政府债券的法制建设。

本报告由马海涛、温来成主编，负责大纲设计，总撰定稿。各章节安排如下：第 1 章由温来成撰写；第 2 章由姜爱华、陈昱锦撰写；第 3 章由李燕、丁璇撰写；第 4 章由王威、于灏撰写；第 5 章由李升、陈甜微、王瑶、王晓玲撰写；第 6 章由李慧杰、吴志武、高慧珂撰写；第 7 章由温来成、余燕、王若讷撰写；第 8 章由杨华撰写。由于我们研究水平有限，欢迎广大读者提出宝贵批评意见。

中央财经大学中财—中证鹏元地方财政投融资研究所

2022 年 12 月

目 录

第1章 绪论 1
　1.1 研究背景 3
　1.2 研究的意义 6
　1.3 研究的框架 9
　1.4 研究的主要结论及政策建议 10

第2章 文献综述 13
　2.1 国外文献综述 15
　2.2 国内文献综述 27
　2.3 国内外文献评述 44

第3章 理论基础 47
　3.1 习近平新时代中国特色社会主义思想 49
　3.2 可持续发展理论 59
　3.3 环境保护理论 69
　3.4 绿色金融理论 77

第4章 国外绿色政府债券探索与实践 89
　4.1 国际绿色政府债券发展概况 91
　4.2 发达国家绿色政府债券实践情况 99

4.3　发展中国家绿色政府债券实践情况　127
4.4　国外绿色政府债券的发展经验借鉴　143
4.5　国际绿色政府债券的发展展望　153

第5章　我国经济社会绿色发展的客观需求　173
5.1　改革开放以来我国环保与绿色发展财政政策演进　175
5.2　改革开放以来我国环保与绿色发展财政投入　186
5.3　我国经济社会绿色发展存在的问题与需求　200

第6章　我国绿色政府债券探索与实践　221
6.1　我国绿色债券发展现状　223
6.2　我国绿色政府债券发展意义和基础　232
6.3　我国绿色政府债券的实践探索　241
6.4　我国绿色政府债券实践探索中的问题　243

第7章　我国绿色政府债券制度设计　249
7.1　我国绿色政府债券标准与评估认证　251
7.2　我国绿色政府债券的资金管理　259
7.3　我国绿色政府债券的发行　262
7.4　我国绿色政府债券的流通　266
7.5　我国绿色政府债券项目的还本付息与绩效评价　269

第8章　我国绿色政府债券制度法制建设　275
8.1　我国绿色政府债券规章制度建设　277
8.2　我国绿色政府债券法律制度的发展　281

参考文献　285

第1章
绪 论

1.1 研究背景[①]

当前,全球经济都处在绿色转型时期,绿色与可持续发展已成为全球共识。目前,全球已有包括中国在内的130多个国家和地区均作出到21世纪中叶实现"碳中和"的承诺。要落实这些承诺,政府必须实施大规模的绿色基础设施建设计划。鉴于对绿色和更具弹性的基础设施投资需求,许多国家着手通过发行绿色政府债券,为《巴黎协定》背景下的国家发展目标筹集资金。我国作为绿色债券蓬勃发展的市场,也应当致力于探索构建符合我国时代发展要求的绿色政府债券制度。

我国绿色债券市场起步于2015年,受益于政策的持续推动,过去几年我国绿色债券市场蓬勃发展,相关发行总量呈逐年递增趋势,从全球范围来看,我国目前已经快速发展为世界第二大绿色债券市场,相关债券品种得以创新,更为多样和丰富。据Wind统计,截至2021年末,我国累计发行绿色债券规模达24112亿元,在全球绿色金融市场中发挥着举足轻重的作用。但聚焦于绿色政府债券发展现状来看,我国绿色政府债券目前仍处于初期起步阶段,债券市场上的主流绿色债券品种为绿色企业债券、绿色公司债券和绿色金融债券,发行方主要以企业和金融机构为主体。

现阶段,我国绿色政府债券是以绿色项目建设为重点的地方政府专项债券,实际上,现有的已明确贴标的绿色政府债券仅3只。2019年6月,第一只贴标绿色地方政府债券——江西省赣江新区绿色市政专项债券(一期)在上交所顺利发行,成为全国第一单绿色市政专项债,第一期发行总量为3亿元,信用评级结果为AAA,期限为30年,年利率为4.11%。这一绿色地方政府专项债券计划按照三期来发行,拟筹集资金

[①] 温来成,余燕,李升. 建立我国绿色政府债券制度的思考[J]. 经济研究参考, 2022 (06).

12.5亿元，并归入省级政府性基金预算中进行管理，相应的资金用途被明确限制用于儒乐湖新城一号综合管廊兴业大道项目及其智慧管廊项目建设。同时，其在发行前经独立第三方机构联合赤道认证公司进行评估认证，给予绿色贴标。2020年5月，广东省水资源专项债券（一期）在深交所成功发行，发行额为27亿元，期限为10年，年利率为2.88%。该绿色专项债券资金将全部用于支持由广东粤海珠三角供水有限公司负责的珠江三角洲水资源配置工程建设，第三方评估认证机构绿融（北京）投资服务有限公司予以绿色认证贴标。此外，该期绿色市政债券环境风险评估工作由我国第一个绿色金融人工智能引擎开展，它以大数据为基础依据实施评估，并取得较好成效。2021年，深圳市政府在香港联合交易所发行3年期（年利率2.7%）和5年期（年利率2.9%）绿色地方政府债券，发行规模分别为15亿元和24亿元，债券资金主要用于城市轨道交通和水治理等项目建设，作为地方政府到香港发行的首个离岸人民币地方政府债券，其在促进人民币国际化进程、促进粤港澳大湾区绿色金融发展过程中发挥助推作用的同时，还起到了引导和示范其他地区开拓新的绿色发展融资路径的作用。

　　除上述江西、广东和深圳等地发行的明确贴标的绿色市政专项债券外，各地政府通过发行债券筹集的资金基本上都会涉及绿色领域的应用，绿色项目储备初具规模。同时，在我国绿色政府债券发展的探索过程中，中央政府和地方政府在发行债券时所遵循的法理规范与具体操作原则，绿色债券顺利运作的成功实践范例，都为后续绿色政府债券运作的市场实践积累提供了有价值的经验。近年来，我国绿色债券市场方兴未艾，不断完善，相关绿色债券激励政策初具雏形，以国际社会通行标准、制度规范为依据，绿色债券评估认证国内标准逐渐与之接近和趋同；同时，相关第三方认证和评级机构的经验日益丰富，专业绿色投资主体逐渐培育形成。由此，基本上，支持我国政府发行绿色债券所需的外部环境已然形成（王琰，2018）。

　　然而，鉴于绿色政府债券仍处于起步阶段，其发展依然面临着诸多问题，与绿色政府债券有关的绿色认证评级、信息披露、风险防范以及监督管理等基础制度内容存在缺失，有效的制度供给不足，这也导致我国绿色政府债券供给明显不足。具体来看：

第一，绿色政府债券缺乏专门的标准与规范，体制机制尚不健全。当前我国发行的几只绿色政府债券所遵循的是地方政府债券以及普通绿色债券的相关制度规范，尚无专门针对绿色政府债券的规范与标准文件，统一规范的绿色政府债券支持项目筛选与认证制度体系并未建立。同时，从国际、国内双重视角来看，绿色政府债券纳入相关主流债券指标评价体系仍然任重道远，其在债券市场的认可度与参与度有待进一步提升，相应的绿色投资群体还未形成规模。具体而言，我国政府债券资金投向绿色领域很广泛，但因绿色项目具备较强的专业性，精准识别绿色属性存在较大困难，因此大量相关政府债券并未进行绿色贴标，属于非贴标绿债[①]，这与我国当前尚未建立统一的绿色认证评估框架、绿色认证制度与规范有所缺失的现实境况相符，特别是独立的第三方绿色认证评估机构的缺失，对绿色政府债券相关制度的建立与发展造成较大阻碍。而且，针对境外发行绿色政府债券离不开国际第三方认证机构的情况，政府发行绿色债券的成本因此有所增加。此外，绿色政府债券法定分类制度也有所缺失。这些问题无疑会在一定程度上对绿色政府债券发展造成阻碍。

第二，绿色政府债券信息披露制度不完善，绩效评价制度缺失。当前，我国"实质绿"债券市场发展迅猛，但相关信息披露制度和绩效评价制度有所缺失：一方面导致绿色政府债券投资项目的环境效益难以估量，资金使用绩效无法评估，相关监管难以落实；另一方面由于信息不对称造成市场投资主体投资绿色政府债券的积极性尚待提升。实际上，绿色政府债券的募集书中缺乏对债券资金具体去向的披露，资金透明度偏低；同时，作为发行主体的政府与投资主体之间存在信息不对称的问题，信息

---

① 非贴标绿色债券：指未持有绿色贴标，但实际上为应对气候变化的资产和项目融资的债券。

供给不充分。这一问题产生的根源在于相关信息披露指引规范与制度的缺失，现阶段有关债券市场监管政策，主要落脚于信息披露主体的规定，但缺乏对绿色政府债券支持项目内容及其相关指标的清晰界定与规范，尤其是对相关绿色项目信息披露的考核方法与技术，也缺乏明确规定，信息披露的充分性与有效性亟须提升，绿色政府债券绩效评价制度亦须尽快建立与健全。

第三，绿色政府债券风险防范与监管制度缺失，法制建设进展缓慢。相较于普通投资项目而言，绿色项目涉及的相关技术复杂程度更高，相应地，绿色项目投资也面临着更为严峻的包括技术、道德、政策和市场等不同层面的风险。相关投资主体可能因为绿色领域相关技术知识的匮乏而缺乏绿色项目识别能力，从而无法对其可能产生的风险进行精准衡量与评估，最终导致"洗绿"[①] 风险频发。同时，现阶段绿色政府债券激励机制缺失，对地方政府发行绿色债券的激励不足，与绿色政府债券业务开展相适配的政府部门和金融机构内控制度存在缺失，政府环保考评约束力不强，导致绿色政府债券风险监管的有效性不足。此外，绿色政府债券相关法制建设落后，多层次的绿色政府债券发行法律体系框架尚未建立，阻碍了绿色政府债券市场有序平稳发展。

1.2 研究的意义[②]

如前所述，在我国积极推进生态文明建设，已发布"双碳"战略，国际社会也在努力推进绿色发展的背景下，研究建立我国绿色政府债券制

[①] 洗绿现象：又称"漂绿"，主要指以绿色项目为名义募集资金，最后却未将资金用于绿色项目，或者通过一系列操作将原本不符合绿色标准的项目提升为符合标准，进而以绿色项目为名义筹集资金。

[②] 温来成，余燕，李升. 建立我国绿色政府债券制度的思考 [J]. 经济研究参考，2022（06）.

度是新时代高质量发展的需要。

首先,绿色政府债券制度是促进经济社会发展全面绿色转型的重要政策工具。改革开放40多年来,我国经济发展飞速,已成为世界第二大经济体。但是,过去高耗能、高污染的增长方式,为经济社会发展带来沉重负担。因此,生态环境保护和生态文明建设日益受到重视。经济高质量发展也对经济发展方式转变、产业和能源结构优化提出要求,要在确保可持续发展的同时,实现经济与环境协调运行。实际上,这种高质量发展意味着,中国的经济发展已经开始由先前的粗放型向环境友好型、资源节约型转变,倾向保护型发展,最终达成人与自然的和谐共生。"十三五"规划实施以来,中国的绿色金融体系,包括绿色信贷、绿色债券、绿色基金、绿色保险等绿色金融产品和工具,正在迅速发展,并渐趋完善。鉴于此,政府开始着手致力于推动相关领域实现绿色转型,并针对绿色发展实践进行理论创新;同时,注重相关绿色标准的制定并完善绿色分层,为"十四五"时期包括绿色债券在内的绿色金融体系改进与优化提供制度基础与技术支撑,进而建立我国绿色政府债券制度的思考助力实现产业绿色转型。随后,我国又在2020年提出了"碳达峰""碳中和"的发展愿景,这一新目标也彰显出国家对转变经济发展方式、推动新发展格局形成的决心,致力于开拓"低碳、绿色、循环"的发展新路径,以敦促实现经济高质量、高水平发展。绿色政府债券作为推动经济发展方式改进、实现绿色高质量发展的有效金融产品和工具,建立健全与之相关的制度体系,已成为国家发展战略中一项紧迫的任务,是实现经济高质量发展的必然要求。

其次,绿色政府债券具有期限长、成本低的融资优势,对社会资金能起到绿色引领作用。现阶段,我国正处于资源环境约束趋紧的形势之下,生态系统退化的问题仍然存在,生态文明建设仍存在较大短板。这些环境问题的影响不断扩大,在阻碍经济可持续发展的同时,也在一定程度上加剧了环境治理成本。因此,在更多的社会责任交由金融产品分担的制度路径探索中,绿色债券就以其具备的较低资金成本的吸引特性而受到国家的高度重视。发展绿色政府债券，将为政府提供一个新的较低成本融资的渠道，在节约政府发债成本的同时，有助于从金融供给端为清洁能源、节能环保和减碳减排等绿色发展的重要领域、关键性产业提供融资支持，也有助于进一步丰富和完善我国金融市场体系，为投资者提供更多更好的投资机会。近年来，围绕能源转型、污染治理和节能减排等生态修复问题的解决层面，我国已然取得一定成效，这与政府秉持绿色发展理念、对绿色领域的支持和大力投入息息相关，由此，绿色金融发展要求的政策体系和市场环境已初现雏形。此外，从绩效考察视角来看，当前政府投资的有效性以促进绿色发展为目标，因而探索发行绿色政府债券，可以有效适配绿色领域内不断壮大的项目建设需求，促进绿色投融资体系进一步发展与完善，是健全政府投融资体系的重要课题。同时，还能充分发挥政府在投资领域的主导作用，引导社会力量共同致力于绿色项目建设，形成绿色经济发展新动力，推动实现优质发展。

最后，究其本质，绿色政府债券制度在助力实现绿色发展目标方面大有裨益。诚然，不断健全和完善的绿色金融发展体系，能够通过引导民众选择绿色消费、推动产业结构优化升级以及助推企业技术进步创新等方面助力经济实现高质量发展。而绿色政府债券作为一种创新型绿色金融产品，其在促进经济高质量发展层面具有不可替代的优势与作用（刘华珂和何春，2021）。党的十九届六中全会通过的《中共中央关于党的百年奋斗重大成就和历史经验的决议》针对生态文明建设提出，要更加自觉地推进绿色发展、循环发展、低碳发展，坚持走生产发展、生活富裕、生态良好的文明发展道路。在这一时代背景下，探索构建我国绿色政府债券制度，对切实转变经济发展方式，实现"双碳"目标具有重要价值和意义。具体而言，"双碳"目标的金融需求表现在大量传统设备的更新换代上，包括能源体系、清洁、交通、城乡建设等在内的与绿色低碳发展相关的基础设施建设以及重大技术更新等，都会涉及大体量的资金投入，因此，绿色政府债券将资金引流至绿色领域：一方面在绿色产业发展方面起到助推作用，另一方面进一步优化升级产业结构，逐渐向经济高质量发展目标靠近。同时，经济高质量发展与创新休戚相关，而绿色政府债券可以扩展政府融资渠道，为绿色领域技术创新活动提供资金，从而在绿色低碳社会建设过程中推进革命性技术创新进程，为实现经济高质量发展提供技术支持。此外，以政府作为绿色债券发行主体，有助于在全社会层面突出和宣传绿色发展理念，同时也更能表明国家竭力做好生态文明建设的信念和意志。它不仅会对绿色生产领域产生影响，而且会影响居民的消费行为，引导绿色消费，推动消费结构改进升级。由此，人们的生活方式得以转变，消费者偏好绿色消费，绿色产业借助市场供求机制得以进一步发展，为实现经济高质量发展提供重要引擎。

1.3　研究的框架

本研究报告共有 8 章的内容。第 1 章为绪论，介绍了研究背景、研究的意义、研究的框架、研究的主要结论及政策建议。第 2 章为文献综述，从绿色债券基本理论、绿色债券标准、企业绿色债券、政府绿色债券等方面，介绍了国内外在这一领域的研究成果。第 3 章为理论基础，从习近平新时代中国特色社会主义思想、可持续发展理论、环境保护理论、绿色金融理论等方面，论述了本研究报告的理论基础。第 4 章为国外绿色政府债券探索与实践，介绍了发达国家和发展中国家绿色政府债券发展、实践与投资情况，并归纳了国外绿色政府债券发展与实践借鉴。第 5 章为我国经济社会绿色发展的客观需求，分析了改革开放以来我国环保与绿色发展财政政策演变以及我国环保与绿色发展财政投入、我国经济社会绿色发展存在的问题与需求。第 6 章为我国绿色政府债券探索与实践，论述了我国绿色债券发展现状、我国绿色政府债券实践的探索、我国绿色政府债券实践探索中的问题。第 7 章为我国绿色政府债券制度设计，论述了我国绿色政府债券标准、评估认证、绿色政府债券的资金管理、绿色政府债券的发行和流通，以及绿色政府债券项目的还本付息与绩效评价。第 8 章为我国绿色政府债券制度法制建设，论述了我国绿色政府债券规章制度建设，以及我国绿色政府债券法律制度的发展。

1.4　研究的主要结论及政策建议

本研究报告认为，我国已建立了较为健全的国债、地方政府债券管理制度，绿色债券制度建设和发行规模，已取得了长足进展，目前是国际上第二大绿色债券发行体，目前已具备单独发行政绿色政府债券的条件，可在试点的基础上，逐步推广和实施这一制度，为我国高质量、可持续发展服务，全面建设现代化国家。

本研究报告内容比较多，核心的观点主要有以下几个方面：

第一，建立独立的绿色政府债券标准。目前建立的绿色债券标准，实际上主要是以企业发行绿色债券为主，如资金使用方向等，与政府发债管理还有一些出入，要建立独立的绿色政府债券标准。独立的绿色政府债券标准具有政府债券标准和绿色债券标准双重性。

第二，建立绿色政府债券的评级和认证标准。绿色政府债券鼓励第三方认证，进一步提高社会的认可程度，更有利于债券发行和流通。同时，评级上也要单独考虑绿色的问题。

第三，建立绿色政府债券法定的分类制度。目前，地方政府债券分为一般债券和专项债券，国债目前发行主要的品种是储蓄与国债和记账式国债，如果发行绿色政府债券，如何和现行的政府债券分类相融合，就涉及建立法定的分类制度。

第四，建立绿色政府债券发行制度。绿色债券的发行和一般的政府债券还有区别，在招投标一些设计时，需要充分利用投资者的绿色发展理念，降低发债成本。另外，绿色债券的基准利率的功能，能够得到发挥，特别是绿色国债，能够在国债市场上通过国债收益率，对整个资金市场的利率起到一个良好的引导作用。

第五，建立绿色政府债券的单独绩效评价标准。重点要评价它所要达到的绿色的标准，是不是能够实现，不能出现"漂绿""洗绿"现象。绩效评价制度促进绿色政府债券功能的发挥。

第六，加强绿色政府债券的法制建设。在现有《中华人民共和国预算法》《中华人民共和国预算法实施条例》、国债管理制度、地方政府债券管理制度以及绿色债券管理制度的基础上，建立绿色政府债券管理的法律制度，使其借、用、管、还各个环节、各个方面，都有明确的法律制度依据，实现我国绿色政府债券发展的良性循环。

第 2 章
文献综述

2.1 国外文献综述

2.1.1 绿色债券基本理论

2.1.1.1 绿色发展

关于绿色发展理论的演变，1972年，罗马俱乐部提出"增长的极限"概念，为保护环境资源，经济增长率应为零（Donella H.，1972）。这份报告引发了全球关于环境问题的思考。此后，世界环境与发展委员会首次提出可持续发展理念。1992年，《21世纪议程》的发布为全球可持续发展提供行动计划，成为全球环境友好和可持续发展规划的蓝图。Daly等（1989）开始关注绿色经济的基本方面，对经济发展中的能源利用效率、环境污染等问题展开研究。Mol等（2000）提出生态现代化，认为经济和政治利益主导着发展轨迹，环境持续恶化，挑战生态现代化的前提。Bob Giddings等（2002）认为可持续发展是一个有争议的概念，通常表现为环境、社会和经济的交汇点，经济依赖于社会和环境，应当将三者协调统一到可持续发展的路径上。2003年，花旗银行、荷兰银行、巴克莱银行等多家国际金融机构就联合宣布实行"赤道原则"（the Equator Principles）。该原则为金融机构评估和管理项目融资的环境和社会风险提供了行业准则，是金融机构考虑社会责任的表现。世界银行于2012年的《环境经济能源报告》中提出了包容性增长，指出自然资产是有限的，为了合理地部署和利用，需要进行核算、投资和维护，以使全世界国家从高效、清洁的经济增长中受益。Diego V. B.（2014）提出"绿色增长状态"的概念，包括灵活多样的政策组合、价值驱动的多方多层次治理、公众信任与协作等特征，对推动经济转型有重要意义。Ehresman Timothy G.（2015）认为绿色经济就像它的前身概念，环境可持续性和可持续发展一样，是一个模糊的概念，它本身有很多的诠释，并试图从环境正义的视角整合绿色经济的概念。McAfee 和 Kathleen（2016）认为绿色经济旨在利用经济理性和市场机制来消除全球化资本主义对生态环境最具破坏性的影响，促进全球经济增长以及与环境衰退脱钩的经济增长。

关于实现绿色发展的战略路径，Bryan G. Norton（2005）在《可持续性：整个生态系统管理的哲学》一书中强调生态环境政策的适应性，认为生态系统的适应性管理是达到可持续性的桥梁。Lorek S（2014）提出了通过改变社会的制度环境，包括正式的、非正式的以及机制和方向来消减能源消耗规模，最终实现绿色发展。Claudia（2015）首先对绿色发展的总体框架进行阐述，然后从微观企业的角度，通过跨学科和多层次的方法，分析了公司需要将外在环境成本内在化的特定举措和战略。

2.1.1.2 绿色金融

关于绿色金融的界定，White 在 1996 年提出"环境金融"一词，将其定义为在进行金融决策时需要同时考虑决策对环境的影响，"环境金融"仍然强调金融决策，环境因素仅是金融决策过程中的一部分（White，1996）。之后，有学者对环境金融进行更明确的定义，环境金融是金融业为迎合环保产业的融资需求而进行的金融创新（Salazar，1998）。Labatt 和 White（2002）研究金融创新和社会绿色经济发展的深度融合，因此建议相关部门和企业在设计相应的绿色金融产品时，要以支持绿色经济发展为出发点。绿色金融是在环境变迁的严峻形势下，金融业促进可持续发展的重要创新手段，有助于解决环境污染、温室效应等问题，促进经济、社会、环境的协调可持续发展（Scholtens，2006）。Heike（2010）认为，绿色债券可以很好地帮助社会资金与绿色项目建立联系，并能为绿色项目引入大量社会资本，有助于当地绿色经济的发展。Höhne 等（2012）提出"绿色金融"是一个泛指的概念，指的是支持可持续发展项目、绿色环境产品以及鼓励发展可持续经济政策的一系列金融投资，包括温室气体减排、工业污染控制以及生物多样性保护。

Lindenberg（2014）认为，绿色金融包括为环境产品和服务的绿色投资提供资金、避免对环境和气候的破坏，并为鼓励实施环境项目和倡议的公共绿色政策提供资金。

关于绿色金融发展的必要性，Jeucken（2010）认为，全球气候变化带来的环境风险会对金融机构的投资资金安全构成威胁，发展绿色金融已经成为金融业寻求自身可持续发展的客观需要。温室气体排放引发的全球变暖给全球经济发展带来一系列问题，绿色金融如绿色建筑、投资于可再生能源项目和其他环保项目将大大减轻温室气体排放（Chowdhury 等，2013），并推动实现持续发展目标，实现低碳经济发展（Chen，2013；Sachs 等，2019）。Wang 和 Zhi（2016）提出，绿色金融是一种创新的金融模式，旨在保护环境和实现资源的可持续利用。如果绿色金融的市场机制合理，绿色金融可以引导资金流动，实现环境风险的有效管理、环境资源和社会资源的优化配置。同时，有效的政策监管将避免信息不对称现象，解决道德风险。

关于绿色金融产品的发展，Heim 和 Zenklusen（2005）发现，股票市场的投资者对于气候变化十分敏感，一般选择投资符合污染标准的行业。Wagner 和 Schaltegger（2006）指出，可适用于各类行业的会计报告标准目前仍是尚未解决的问题。有学者进一步指出，社会和环境报告与会计报告应同时制定和实施。Weber、Fenchel 和 Scholz（2008）根据对环境署银行和非环境署银行的调查报告分析发现，环境风险分析仅纳入在贷款申请的尽职调查中，并没有纳入贷款生命周期的各个环节，尤其是监测阶段。他们认为，银行并不熟知环境风险对其贷款组合的影响。Jha 和 Bhome（2013）对绿色银行发展所采取的措施进行了实证研究，通过收集12名银行经理、50名银行员工和50名客户的主要数据，研究发现，人们普遍采用网上银行、绿色贷款、绿色信用卡以及手机银行等。Vazzano 等（2018）认为绿色信贷在评估企业信用价值时关注环境因素，既可以作为企业的激励手段，又可以作为贷款合理化的手段，成为一种成功的策略。从环境角度将财务资源分配给业绩良好的公司，引导资金投向绿色经济。Xu X 等

(2020)和 Liu X 等（2019）通过研究中国上市公司的融资发现，绿色信贷可以调节社会资本流动以加强环境治理和促进社会绿色生产，降低绿色企业的融资成本并抑制污染企业的融资能力。Celik 等（2018）分析了土耳其西南部地区 Bodrum 中心的绿色屋顶系统的节能效果和经济影响，发现政府实施绿色消费贷款可以增加当地的就业利益和节能效果。Kang H 等（2020）采用一种最佳控制模型，发现韩国绿色信贷政策促进制造商通过与供应商合作减少供应链污染。

2.1.1.3 绿色债券

关于绿色债券的界定和特征，Ivy（2013）对于绿色债券的定义侧重于污染处理和风电等绿色项目的融资，认为绿色债券是这些项目获得资金支持的一种融资方式。Anna Laskowska（2018）把绿色债券定义为固定收益证券，其发行目的是为有助于改善自然环境的企业获得进一步融资或再融资，以促进低碳经济的发展。

关于绿色债券发展的必要性，Reichelt（2010）认为，绿色债券是为缓解和适应气候变化项目提供资金的新型融资工具，其将更多资金投向绿色项目。Kaminker（2012）认为投资人需要市场为其提供收益稳定的金融产品，绿色债券能够满足这一市场需求，同时减少二氧化碳等有害气体排放对环境造成的危害。Tang A（2012）研究了金融与可持续发展之间的关系，发现绿色金融作为协调经济发展与生态平衡的重要工具，在提高环境效益与经济效益方面具有重要作用，对企业社会责任和社会可持续发展都有深远影响。绿色债券基于经济可持续发展的要求，其发展是未来金融业可持续发展的必然要求，是实现《巴黎协定》气候目标、实现低碳经济转型的新型金融工具（Gianfrate，2019）。

关于绿色债券的定价，Brennan 等（1985）认为在产品定价计算公式中，加入对自然资源与产品定价二者关系的考量，提高产品定价标准化程度，扩宽了企业期权价格计算方式，设计出兼具开放性与封闭性的计算公式。Cortazar 与 Schwartz（1993）又在其研究基础上做了进一步拓展。

Schwartz 等（1998）从企业最佳环保决策的角度，系统研究了环境制度、企业运营成本和产量极值对其造成的影响，发现产出价格波动大的企业更乐意改进环保水平，并建立了企业选择最佳环保技术投资时机的期权模型。Graham 等（2001）在债券定价模型中纳入了对环境因子的考量与应用，着重分析环境风险对债券信用评级的作用，并将环境风险作为债券信用评级的重要组成部分和关键因素。Wood 等（2011）认为绿色债券定价取决于发行人接受绿色项目的能力、绿色债券发行规模等多种因素。Simon 和 Kael（2015）基于美国绿色债券市场从 2008—2014 年的债券发行信息数据，通过实证检验分析，得出发行绿色债券的风险较小，收益率较高的结论。Malcolm Baker（2018）采用美国绿色市政债券的数据作为研究样本，在进行定价分析时，依次控制债券的期限长短、评级高低和月固定效应等变量后，分别对税后的绿色债券和非绿色债券进行了收益率最小二乘法回归分析，得出绿色债券的发行更具有溢价效应，并且由第三方认证的绿色债券较其他债券具有更多的溢价。Baker 等（2018）通过控制市政债券期限等有关变量，对美国绿色市政债券和普通市政债券的税后收益率进行实证分析，结果表明绿色债券存在溢价现象。

关于绿色债券的风险，绿色债券信息披露机制的不规范可能会导致逆向选择问题，进而触发流动性不足并导致流动性风险（Bagehot，1971；Amihud，1980；Veys，2010）。Wood 等（2011）通过分析，指出目前大部分绿色债券的评级较高，其主要风险在于绿色债券标准缺乏统一标准，一定程度上增加发行人第三方认证的成本，从而带来绿色债券市场的流动性风险。Della 和 Stewart（2011）从绿色增长的激励角度出发，详细分析了世界银行、亚洲开发银行、欧洲投资银行以及美国政府发行绿色债券的规模、信用评级以及运用的情况。绿色债券的本金和利息偿是基于运营商对绿色项目的收费权。投资者所面临的风险主要来自每个能源项目的现金流量变化风险和项目建设风险。Lin（2012）通过实证研究，得出绿色债券融资成本与流动性之间呈负相关关系，这一关系会随着时间的推移而减弱。Ehlers 等（2016）认为绿色债券发行人可能会面临与环境相关的金融风险，气候变化、环境制度的改变等都会对绿色债券投资产生影响。Tripathy（2017）认为绿色债券不仅具有普通债券所具有的风险，还具有独特的环境风险，而且这种风险难以具体的量化。Reboredo（2020）运用在险价值模型即 VaR 模型研究绿色债券与金融市场的价格相关性。研究发现二者之间并不存在紧密联系，这对环保型投资人的风险管理决策具有影响。

关于绿色债券发展存在的问题，Sophia Grene（2011）指出，为了提高企业对绿色债券的融资需求，绿色债券市场制度体系与相关政策还需进一步完善。Wood 和 Grace（2011）提出，绿色债券的定义、发行规模等缺乏统一的强制性标准，加大了发行人进行第三方认证的成本。Lin（2012）指出，绿色债券信息披露机制的缺失或不规范意味着信息不对称的存在，从而会导致逆向选择的出现。Snowdon（2016）提出，绿色债券市场正处于快速发展阶段，但是存在信息披露透明度问题，该问题能否解决对绿色债券市场的发展重要。Josué Banga（2019）指出，绿色债券管理制度的缺失、较高的交易成本等是发展中国家发展绿色债券市场的主要障碍。Anna Laskowska（2019）认为阻碍绿色债券发展的因素包括：绿色债券方面的政策不完善、确认"绿色债券"地位（认证）的难度相对较高、对环保投资的认识不足以及监管的不确定性。还有一部分学者从成本费用的角度分析了绿色债券发展过程中的不足。Pauline Deschryver（2020）指出缺乏统一的全球化标准、缺乏流动性与多样性等会限制绿色债券的进一步扩张，并建议采取制定统一标准、改善信息透明度、建立引导新兴经济体投资的机制等措施来充分发挥绿色债券的潜力。

关于绿色债券发展的建议，Mathews 和 Kidney（2010）认为相关机构应该推出一些优惠政策积极鼓励投资者加入到绿色债券的购买之中，同时还可以广泛吸纳一些养老基金，使投资者的种类更加多样化。Wood 等（2011）指出绿色债券的发展离不开绿色债投资项目与发行规模等的影响，其发展应当符合投资者的需求。Clapp（2015）认为在绿色债券和普通债券同等收益情况下，投资者往往十分热衷于对绿色债券进行投资。而由于投资者在不完全清楚绿色债券这一工具的情况下,往往会回避资金投资于绿色债券。Scan Kidney(2015)基于对中国颁布的相关政策的分析,认为与世界上其他国家相比,中国为绿色债券的发行提供了更为优惠和便利的政策环境,在中国企业发行绿色债券拥有更为有利的环境和发行土壤,能够有效推动绿色债券的发行。Hotchkiss(2017)通过对绿色债市场的分析,指出必须要完善债券市场规则和有关条例。Kidd(2018)指出顶层设计的完善是绿色债券市场健康发展的有力保障。

2.1.2 绿色债券标准

国外学者对于绿色债券标准的研究围绕国际上《绿色债券原则》和《气候债券标准》两大绿色债券标准展开。

关于《绿色债券原则》(Green Bond Principals,GBP),GBP 是 2014 年 1 月由包括美银美林、花旗银行、摩根大通银行、法国巴黎银行在内的投资银行建立的国际资本市场协会(ICMA)共同制定的一项自愿性原则。GBP 规定绿色债券是所得款项仅用于符合条件的绿色项目、资产和商业活动的融资或再融资的一种工具(Park,2018)。GBP 对绿色债券发行的四个关键部分进行相应的规定,包括资金的使用情况、项目评估和选择过程、资金的管理和报告(Hyun 等,2019)。其中,GBP 中第一项资金的使用情况涉及九大类领域,包括:可再生资源的生产、传输和产品;新建和翻新建筑物以及智能电网中的能效和储能;防止污染的温室气体控制和土壤修复;包括农业和渔业在内的自然资源的可持续管理;陆地生物多样性保护,包括沿海和流域环境的保护;清洁交通,例如电力或混合公共铁路;可持续水资源管理,包括纯净饮用水和可持续城市排水系统;适应气候变化,包括气候观测和预警系统;生态效率,例如生态标签和资源效率的包装与分配(Trompeter,2017)。

关于《气候债券标准》(Climate Bonds Standard,CBS),2011 年 11 月,

气候倡议组织①（CBI）发布了《气候债券标准（1.0 版）》，随后不断对其进行更新与完善，分别于 2015 年 11 月和 2019 年 11 月发布了《气候债券标准（2.0 版）》和《气候债券标准（3.0 版）》。CBS 是目前市场上细分程度最高的标准体系，其中规定绿色债券的认证包括设定标准、评估标准的符合程度、加盖认证章以及合规性检查。与 GBP 相比，CBS 更规范，并提供更清晰、针对特定部门的资格标准，相比于绿色债券原则仅建议债券发行方使用外部审查来认证项目的可持续性相比，CBS 的规范性体现在将第三方认证在内的外部审查纳入绿色债券认证中。作为认证的条件，CBS 要求独立的第三方审计机构来确保债券发行方符合气候债券标准。由 CBI 批准的认证机构必须根据现有的审核标准向其提交正式的报告（Ehlers and Packer，2016）。相比于 GBP 仅建议债券发行方使用外部审查来认证绿色项目的可持续性相比，CBS 的规范性体现在将第三方认证在内的外部审查纳入绿色债券认证中，要求独立的第三方机构对债券发行方符合 CBS 进行认证。

2.1.3 企业绿色债券

关于降低企业的融资成本，Robert Heinkel（2001）将市场上的投资者与企业按照是否具有环保意识进行分类，发现由于绿色投资者只会投资注重环保的企业，因此污染企业的股票需求将减小，融资成本将上升。Wilkins、Michael（2014）认为，由于公司的需求以及投资者希望将资金分配给对社会负责和对环境可持续的投资，绿色债券有利于开发一个庞大

---

① 气候债券倡议（Climate Bonds Initiative，CBI）是一个聚焦于投资者的国际非营利机构，关注的重点是帮助降低大型气候相关基础设施项目融资成本，并为希望通过加大资本市场投资而实现气候目标的政府部门提供支持。气候债券倡议组织是绿色基础设施投资联盟（Green Infrastructure Investment Coalition）的发起机构。"致力于动员 100 万亿美元的债券市场来解决气候变化问题。为促进对快速过渡到低碳和气候适应型经济所需的项目和资产的投资，使命是帮助降低大规模气候和基础设施项目的资金成本，并支持各国政府寻求更多的资本市场准入，以实现气候和温室气体减排目标以及其他可持续性目标。"

而流动的市场，以减少交易成本和投资成本。Wenxia Ge（2015）提出，债券持有人关注企业承担社会责任的情况，社会责任表现良好的企业可以发行票面利率较低的债券，从而降低企业的融资成本。Zerbib（2016）通过对绿色债券认知的研究中发现，绿色债券融资方式与非绿色债券融资方式相比，在发行成本、税收成本等方面具有显著优势，企业通过绿色债券融资可以降低企业的融资成本。Gianfrate（2019）认为，绿色债券的信用利差相对较低，可以有效降低发行人的融资成本。Suk Hyun（2020）研究发现，经过第三方认证或获得气候债券倡议组织认证的绿色债券发行成本更低。

关于提升企业的市场价值，Bansal 与 Roth（2000）认为，当企业行为与当前社会规范和价值观念相一致时，企业市场价值将会得到提升。Jenck 等（2004）认为，企业的声誉被视为提高公司市场价值的重要动力。Mathews 和 Kidney（2012）认为，绿色计划可以提高资金的吸引力，并将公司在可持续发展方面的努力传达给外部利益相关者。Van Renssen（2014）分析了目前促进国际绿色债券市场发展的原因。主要原因有各国能源相关政策的约束造成了对传统能源的投资减少，以及各类机构都越来越重视对于自身绿色环保形象的树立，而加入绿色债券市场有助于自身形象的提升。Johansson 等（2015）进行相关数据的搜集，并在实证分析的基础上，得出企业发展绿色债券的原因。实证结果表明：发展绿色债券可以在声誉方面得到赞誉，在相关绿色债券的政策规定方面得到优惠，以及可以有效进行企业内部结构的升级等原因，以上原因均为绿色债券的发展与壮大作出了有力推动。Berensmann（2017）指出绿色债券由于需要披露收益用途，所以可以缓解信息不对称，提升信息透明度，并且绿色债券可以提升发行人声誉，吸引更多元化的投资者，例如绿色投资者，对企业发展有利。Tang D Y 和 Zhang Y（2018）认为，绿色债券能够带来积极的股市公告效应，进而帮助提升企业价值。发行绿色债券体现了发行人的环境友好与绿色环保理念，不仅可以推动社会低碳经济、产业转型升级，还有助于企业树立良好社会形象。投资者关注到企业参与绿色经济转型发展的良好形象时，会更加关注企业个股从而增强股票流动性，预期企业业绩增长并推动股价上升。Baulkaran（2019）得出发行绿色债券企业的累计超额收益率显著为正，意味着股东们将这种融资形式视为价值提升的手段。Tang Y J 和 Zhang Y P（2020）通过实证发现绿色债券可以帮助扩大投资者基础，因为发行绿色债券可以吸引更多的媒体曝光，并被有影响力的投资者用来满足其投资要求。Wang J Z 和 Chen X、Li X X 等（2020）研究发现，发行绿色债券会带来正的股票回报率，这是因为企业参与可持续融资实践从长远来看会增加企业价值，因此受到股东的青睐。

2.1.4 政府绿色债券

关于市政债券收益率的影响因素，Junbo Wang 等（2008）利用具有流动性风险的广义模型，实证研究分析得出市政债券收益率主要影响因素包括流动性风险、违约率的高低及个人所得税。忽视流动性风险效应会导致对市政债券收益的严重低估。Allen 和 Dudney（2008）研究包括穆迪和标准普尔等不同评级机构对市政债券收益率的影响。Bill Simonsen 等（2010）利用1994—1997年俄勒冈市政债券销售的数据，就管辖权大小和销售类型（竞争性或谈判性）对市政债券利率的影响进行实证分析，发现管辖权较小要支付市政债券市场利息成本罚款，而与协议销售相比，竞争性的销售导致利率大幅降低。Massimo Pinna（2015）对意大利市场上市政债券收益率的影响因素进行实证研究，指出尽管地区的违约风险很重要，但各省市之间的信用并不相关，只有主权风险和利率风险才能在很大程度上解释收益率的差异。一些其他方面影响因素的分析有：Vijayakumar（1995）对市政债券赎回决定影响因素进行研究，包括储蓄存款利息随时间下降水平、债券发行规模、到期日、信用评级以及政府形式等。Mary Jean Rivers（1997）提出城市规模大小和地域特征会影响市政债券市场运作。还有学者对保险市政债券的影响因素加以研究和分析，包括信用风险、到期日、票面价值和看涨期权等（Denison，2003）。Kenneth Daniels

等（2010）运用系统方程方法，就信贷质量、资产期限、发行人和发行特征对市政债券到期日的影响进行验证和分析。

关于市政债券的成本，包含交易成本、借贷成本等。Mark D Robbins（2002）国家政府能否利用限制通过谈判出售免税债券的做法来节省资金，新泽西一项研究发现，在政策变化前后，通过竞争发行出售可以节省大量成本。其他条件不变，政策改变后，竞争性销售没有显著较高的利息成本，这表明有机会增加竞争性销售债券的使用，而不会招致成本增加。Peng 和 Brucato（2004）对缓解市政债券市场信息不对称的市场与制度机制加以实证分析，得出自我认证、销售方法、承销商认证和保险市政债券的基本信用评级，都有助于解决信息不对称问题，从而降低发行人的借款成本。L E Harris 和 M S Piwowar（2006）鉴于市政债券市场独特的市场结构和大多数债券所观察到的低交易频率，专门设计了衡量交易成本的方法，并刻画了市场特征如何影响交易成本。Mark D Robbins 和 Bill Simonsen（2013）提出与任何市场一样，市政债券销售也具有相关的交易成本，利用 2007—2009 年加利福尼亚市政债券交易成本的数据，发现加利福尼亚市政债券有相当可观的交易成本规模经济，而联营债券的销售可能会节省大量资金。

关于市政债券的信用评级，Freedma 和 Stahl（1994）对市政债券信用质量的评级方法和模型进行研究，比较了纯量化模型与定型模型的不同，指出定性模型更适用于研究市政债券信用质量问题。George Palumbo 和 Mark Zaporowski（2012）针对免税债券保险业的不稳定性，提出了全国 965 个县、市政府信用评级决定因素的有序概率模型，研究表明，经济基础多元化、收入和人口增长率以及现有的完全信任和信贷债务对信贷评级的相对重要性。此外，税收限制的存在降低了对信用质量的感知，而支出限制则提高了信用评级。

关于市政债券的风险与防范，市政难题是指实证研究发现长期免税收益率高于理论上预测的收益率，与应纳税一般债券相比，市政债券承担更多的违约风险，包括昂贵的看涨期权。违约风险和看涨期权都无法解释市政难题。John Chalmers（2006）研究指出系统风险不能解释市政难题。Johnson（1996）对市政债券投资的风险因素进行分析，表明投资者应该对市政债券风险进行评估，包括信用风险、利率风险以及在某些情况下的赎回风险。

关于绿色市政债券，其收益用于为具有环境效益的项目融资。目前，绿色市政债券与普通市政债券在结构、风险和回报率方面基本相同（Saha和D'Almeida，2017）。有资格通过绿色债券融资的项目包括可再生能源、能源效率、可持续废物管理、可持续土地利用、生物多样性保护、清洁运输、清洁水以及各种气候适应项目（Saha和D'Almeida，2017；Climate Bonds Initiative等，2015）。Karpf和Mandel（2018）基于彭博新闻社1880只绿色市政债券，以及同一发行人发行的36000只普通债券，通过分析绿色市政债券和普通市政债券之间的收益率差异，发现两者的总体平均收益率差为0.23，即23个基点。Baker等（2018）研究了2010—2016年市场中发行的2083只绿色市政债券和643299只普通市政债券，并运用进行固定效应回归，发现绿色市政债券溢价约为6个基点。Partridge和Medda（2018）创建了绿色市政债券指数并进行绩效分析，发现在2014年10月至2017年10月期间，绿色市政债券指数在收益率优于标准普尔市政债券指数。Larcker和Watts（2019）选取640对匹配的绿色和非绿色市政债券作为样本，发现绿色市政债券溢价为0.45个基点。

2.1.5 国外文献评述

"绿色发展""绿色金融"等概念较早地由国外学者提出，绿色债券作为绿色金融的重要工具，国外有关文献在绿色债券基本理论方面的研究为我国的研究奠定了坚实的理论基础；目前，国外绿色债券标准已基本发展完善，国外文献主要针对《绿色债券原则》和《气候债券标准》两大标准分别展开研究并进行对比分析；有关企业绿色债券的研究主要是运用实证分析，对企业绿色债券发行的动因进行探讨分析；国外文献对于政府绿色债券的有关研究，主要是针对市政债券的成本、风险等进行定量分析，绿色债券作为一种新型债务工具，目前关于绿色市政债券的国外文献研究并不多。

2.2 国内文献综述

2.2.1 绿色债券基本理论

2.2.1.1 绿色发展

关于绿色发展的界定，刘思华（2001）认为绿色经济本质是可持续发展经济。杨志、王梦友（2010）指出绿色经济是"后工业""后市场""后资本主义"的生态文明，是以生态环境容量和自然资源承载力为约束条件、以保持生物多样化为基础、以人类福祉为本和人类代际可持续发展为目的新的经济发展形态。李佐军（2012）认为绿色发展是对传统发展方式的辩证否定。王玲玲、张艳国（2012）指出绿色发展包含环境、经济、政治、文化等诸多子系统，是一个系统概念。中国国际经济交流中心课题组（2013）认为绿色发展就是将绿色经济与经济发展相结合的经济发展模式，绿色经济不是经济发展的障碍、成本和负担，而是经济发展新的动力、利润和增长点。赵建军（2013）认为绿色发展是具有中国特色的可持续发展之路。伍国勇、段豫川（2014）指出绿色经济强调在经济社会发展的同时，保护人类生存环境，保障人类社会发展的健康基础。王新玉（2014）研究了低碳发展与循环发展、绿色发展的关系。李晓西（2015）指出"绿色化"是对绿色经济与发展生态文明理念的继承。潘家华（2015）认为绿色化是一种生产生活方式。洪银兴（2016）认为绿色发展就是确立绿水青山就是金山银山的理念，是保护生产力的有效手段。秦绪娜、郭长玉（2016）认为绿色发展观在发展的问题上强化了生态的维度，体现出极强的自然意识、生态意识与和谐意识，具有深厚的生态意蕴。赵峥（2016）指出绿色发展是一种高效可持续的发展模式，其关键是发展，核心是将资源环境视为内生增长要素，通过转变发展方式，用绿色的理念、智力、资本、技术及制度实现高效率、高水平的发展，用高质量发展成效来提升绿色发展能力，促进人类共同、协调、公平、可持续发展。杨解君（2016）认为，绿色发展理念将推动我国绿色经济稳健发展，但该发展理念的落实离不开政策推动和法治保障。张定乾（2016）指出，绿色发展理念是一种通过环境保护而实现绿色经济的新型发展理念。郑海友（2016）指出，科技、资本、文化和制度是实现绿色发展最重要的四大支撑体系。邹巅、廖小平（2017）认为绿色发展是绿色和发展内在融合所形成的一种又好又快的可持续发展方式。

  关于绿色发展的机制机理，邓远建、张陈蕊、袁浩（2012）从生态资本运营角度，提出通过建立包括积累机制、转换机制、补偿机制和激励机制在内的完善的生态资本运营机制体系以实现经济社会的绿色发展。胡鞍钢（2014）构建了绿色发展"三圈模型"，分析经济系统、社会系统及自然系统的共生性、交互机制以及绿色增长、绿色财富和绿色福利的耦合关系。谢雄标（2015）阐述了数字化对企业绿色发展的作用机制，即通过智能化使工艺流程优化而使生产过程绿色化、资源配置高效化进而产生资源节约；通过网络化可使企业获取知识和传播信息进而对企业绿色技术创新和企业形象塑造产生影响。吕薇（2016）提出推进绿色发展重在完善体制和机制，包括严格监管与有效激励相结合的长效机制、建立全寿命周期的资源利用效率和环境影响效果评价机制、完善环境保护责权利机制、强化依法保护和治理机制、完善环保工作协调机制、建立健全绿色金融体系和机制。赵领娣等（2016）梳理了产业结构调整、人力资本以及绿色发展效率三者之间的作用机制，并识别前两个因素及其交互项对后者的作用方向以及影响力度。秦书生、晋晓晓（2017）指出推动绿色发展的机制主要包括政府环境管理机制、市场驱动机制和公众参与机制。周文翠（2017）指出建立目标导向机制、教育培训机制、监督激励机制、组织保障机制、文化熏陶机制等相应的实现机制,从而使政府有效地履行生态责任。

2.2.1.2 绿色金融

关于绿色金融的界定,高建良(1998)认为绿色金融是金融机构通过其业务运作支持可持续发展,并将环境保护作为其行事准则之一的金融政策。乔海曙(1999)认为,绿色金融的核心目标是运用环境价值与经济价值评估方法,测度由人类经济活动导致的自然资源与环境损失,并将这一方法运用到金融资源分配和金融活动评估中。熊学萍(2004)指出学术界普遍认为金融机构在日常经营中始终贯穿的环保思想,就是绿色金融的体现。潘岳(2007)认为绿色金融是服务于环境经济的一揽子综合化产品与服务,包括绿色信贷、绿色信托、绿色担保等。安伟(2008)阐释了绿色金融的基本概念,并重点围绕宏观调控政策,遵循市场经济法律建设和生态文明建设框架,与信贷、保险、证券、基金及其他金融衍生品相协调,推动节能减排与推动经济发展。方灏等(2010)认为改善生态环境过程中所体现的创新行为、盈利行为等,即为绿色金融的根本内涵。王凤荣(2018)从绿色金融的供给端与绿色投资的需求端阐述了绿色金融的内涵,认为从供给端来看,绿色金融是包括绿色信贷、绿色保险、绿色证券、绿色产业基金以及碳排放权交易等在内的绿色金融产品。而从绿色投资需求来看,则为相关绿色领域的绿色金融服务。谢铖、朱波(2019)认为绿色金融内涵包括两方面的内容,一是强调金融机构的绿色发展,二是强调金融机构通过提供金融服务实现经济、社会、环境的可持续发展。

关于绿色金融发展的必要性,李树(2002)在我国首次提出绿色金融战略,指出在我国经济发展方式转变的过程中绿色金融发挥了重要的作用。绿色金融为发展绿色项目提供配套资金,推进我国绿色产业经济发展和经济可持续增长,是加快经济转型的重要途径(于永达等,2003;李晓西等,2015)。周健(2010)提出,为了应对全球环境危机,必须要在经济发展过程中考虑生态保护的因素，将生态观念引入到金融发展中来。绿色金融有助于增强金融机构的风险管理能力，推动金融机构和社会经济的绿色转型，绿色金融的发展对金融机构自身发展也具有重要的作用（何建奎等，2006；王玲玲，2017）。钟宇平（2016）指出绿色金融能为发展绿色产业和改造传统产业提供配套资金支持，同时促进国民经济健康发展，是我国推进绿色发展的必经之路。马骏（2017）认为，目前我国有必要发展绿色金融，并用经济学原理对我国环境污染问题进行阐释，这主要是由我国目前的交通运输结构、能源结构以及产业结构的不合理造成的。同时，我国应着力改善目前的经济结构，通过提高绿色项目投资回报率将污染型经济结构转变为低碳环保型经济结构。何茜（2020）表示由于国民对环保节能减排的响应越来越高，呼声越来越响，愈发意识到绿色金融的重要性，进而推动经济金融部门对金融问题的密切关注，绿色金融的内涵正在从单一绿色金融工具层面扩展到更广泛意义上的支持可持续发展、提高资源利用率、支持产业结构转型升级的金融生态系统层面。陈涛（2021）指出，"十四五"规划、2035年远景目标纲要提到我国努力在2030年之前实现"碳达峰"的目标，2060年之前实现"碳中和"的目标。我国经济结构处于绿色低碳转型阶段，所需的资金比较多，绿色金融的发展对于我国经济结构的绿色低碳转型具有很大的促进作用。

关于绿色金融产品的发展，绿色信贷是企业履行社会责任的直接体现。我国应为企业实施绿色信贷提供必要的政策支撑和资金支持（陈柳钦，2010；屠红洲等，2018）。王先菊（2012）主要从社会公众、金融机构以及地方政府三个方面对我国绿色信贷的发展现状进行分析，同时针对存在的问题提出可行性的应对策略，提出商业银行以"赤道原则"为基础进行风险管理，未来需要进一步完善银行信贷机制，助力绿色金融的发展。沈洪涛和马正彪（2014）指出发展绿色信贷对环境保护效果明显，但还要综合考虑地方政府面临经济发展压力时的政策取向。刘锡良和文书洋（2019）认为金融机构可以通过信贷决策改善经济增长质量，因此发展绿色金融是支持经济高质量发展的重要手段。李毓等（2020）研究发现，绿色信贷可以促进我国整体产业结构升级，谢婷婷和刘锦华（2019）指出，绿色信贷对我国绿色经济增长具有显著的正向促进作用。绿色信贷在宏观上可以促进产业结构升级，改善环境质量，支持绿色发展。但其内在逻辑是微观上通过抑制重污染企业发展，或支持绿色项目实现的。如苏冬蔚和连莉莉（2018）考察了绿色信贷政策对重污染企业投融资行为的影响，发现绿色信贷对重污染企业具有显著的融资惩罚效应和投资抑制效应。蔡海静等（2019）研究发现，绿色信贷政策实施后，"两高"企业的新增银行借款明显减少，与此同时城市所产生的污染物也明显下降。陈幸幸等（2019）、丁杰（2019）和王康仕等（2019）都表达了类似观点，认为绿色信贷提高了重污染企业的融资约束。邱英杰、杨晓倩（2019）提到，绿色信贷为绿色产业提供更多的资金支持，应摒弃不符合环保要求的绿色项目，实现产业转型和升级发展。目前社会经济发展迅速，商业银行应丰富和发展绿色金融产品体系，推动绿色低碳发展，创新绿色金融工具，如发行低碳信用卡等（马骏，2015；宁晓龙等，2021）。王遥等（2021）认为虽然我国目前已基本覆盖各类绿色金融工具，但仍以绿色债券、绿色信贷为主，其他绿色金融工具尚未普及，绿色金融品种较为单一，绿色金融衍生品需进一步创新。

关于绿色金融发展存在的问题，于永达等（2003）在整理海外绿色金融研究资料的基础上，指出我国相关研究欠缺，金融业和公共部门尚未意识到绿色金融发展的重要性，仍需向其他国家学习。谢清河（2010）探讨了我国发展绿色金融面临的挑战与机遇，其中融资机制的不健全和风险补偿配套政策等制约了绿色金融的发展。王小江等（2009）指出绿色金融将环保和金融两大领域形成联动，对技术和专业要求较高，而监管无标准、政策执行无考核以及缺少推进绿色金融政策的激励机制是导致我国绿色金融政策无法落实的原因所在。张蓉（2012）认为发展绿色金融可以有效降低因环境成本的上升而新增的风险，但由于风险与收益的不对等，绿色金融难以引起金融机构的兴趣，故而主动性不足，亟待政府引导和推动。胡静（2019）认为绿色债券的综合成本不具有优势，绿色债券的发行人在支付利息费用之外，还要支付评估费用等。顾鹏（2020）将绿色债券与具有相同发行人特征的可比债券进行了对比，发现相对于其他债券，一些公司发行的绿色债券的利率优势并不突出。

关于绿色金融的发展路径，麦均洪、徐枫（2015）认为政策引导是绿色金融发展的首要选择。李毓桔、李国旺（2018）认为中国正兴起绿色金融创新浪潮，绿色金融发展必须要创新。葛察忠（2015）认为目前我国绿色金融发展局限于绿色信贷的高度发展，发展存在单一性，提出产品创新路径，倡导金融机构积极推进绿色产品与业务的研发支持，推动产品向多元化、丰富化的方向发展，提高产品与服务的覆盖面，满足消费者不同层次的需求。黄晓军、骆建华和范培培（2017）认为绿色金融产品创新不仅局限于产品与服务的开发，还应该要简化审批程序，提高产品输出效率，加快服务进程，提高服务质量。刘乃贵、吴桐（2017）首先对欧美等发达国家的绿色金融法律进行分析总结，然后结合中国国情构建出适用于国内绿色金融发展的法律保障机制，为保障良性的市场环境应当加强绿色金融的风险防范以及监管机制，并对违法行为进行责任追究。邵汉华（2017）认为当前我国绿色金融发展的基础设施配套不足以满足其发展需求，提出加大基建力度，努力将绿色金融普惠化，扩宽绿色金融服务覆盖面。蒋先玲（2017）认为，在加大绿色金融基础设施建设力度的基础之上，要推进相应的绿色法制建设，给予绿色金融发展的制度保障。马丽（2018）认为应该积极开展国际绿色金融合作和交流活动。王波、郑联盛（2018）认为应该从绿色发展理念出发，培育公民基本绿色发展素质，加强宣传，倡导绿色消费，努力完善人才培养和引进机制，培养专业绿色人才，为绿色金融发展的可持续提供后备力量。韩玮（2019）认为我国商业银行应结合环境政策来开发环保项目创新融资模式来促进绿色金融发展。刘孝斌（2020）对长三角地区的绿色金融进行研究后总结出四项有助于绿色金融发展的建议：第一，建立一体化的绿色智能数据库；第二，统一全国绿色金融标准；第三，打造极具地域特色的绿色金融综合服务平台；第四，构建多方联动（政府、市场、机构、行业）机制。王小艳（2020）首先对"一带一路"背景下中国绿色金融的发展优劣势进行阐述，然后就其存在的劣势进行分析后提出要构建以市场为导向的绿色金融供给体系，加快绿色金融标准框架的建设等建议。

2.2.1.3 绿色债券

关于绿色债券的界定和特征，李静（2017）认为，绿色债券是所募集资金仅按照发行时的规定投向于特定项目，绿色债券与普通债券的最大区别在于资金的使用方面，绿色债券的募集资金只能投向国家重点发展的绿色环保项目。罗文倩、杨永华（2019）认为绿色债券是一种为特定绿色项目筹集资金，并承诺向投资者支付固定收益的权益凭证。胡梦泽、杨惠羽、梁毅刚（2019）则基于金融、环境视角，从绿色债券的一般特征入手，发现绿色债券具有金融和环境双重属性，即绿色债券既需要符合债券安全性、偿还性等基本特征，又要确保筹集到的资金投向绿色领域。还有学者从定量的角度，研究绿色债券的融资效率特征。例如，李顺铎、张彩虹（2020）利用因子分析模型和DEA模型，对我国境内企业发行的绿色债券的融资效率进行实证分析，发现在DEA视角下所属行业对自然环境的干扰程度越小，绿色债券的融资效率越低。

关于绿色债券发展的必要性，唐国豪（2015）以京津冀地区的大气污染治理为研究对象，对该地区的环境问题进行深入的分析，进一步提出有必要通过发行绿色债券的方式推动该地区的绿色发展。这一方案推动了地区的绿色发展。马骏（2015）提出，面临严峻的环境形势，构建绿色金融体系是推动中国经济模式向绿色发展转型的关键。肖应博（2015）提出发行绿色债券将更多的社会资金引入绿色项目，能有效帮助企业发展。王遥、徐楠（2016）提出，稳定的顶层设计基础、积极的政策环境基础、良好的市场基础、潜在的投资者基础，这些为我国发展绿色债券市场提供了良好的条件。罗帆（2016）运用博弈论，对我国绿色债券发展的必要性进行深入的探讨，提出推动我国绿色产业的发展要求发行绿色债券。针对目前我国绿色债券市场面临的困境提出可行性的应对策略，提出建立独立的绿色债券第三方认证机构以及普及绿色投资理念等建议。郑颖昊（2016）认为，绿色债券对于我国改善环境污染状况具有深远影响，通过分析我国绿色债券发展的优势与不足，指出绿色债券对我国整体金融市场发展的积极作用。未来，我国绿色债券需要进一步加快与国际绿色债券市场的对接，政府及有关部门也应积极配合绿色债券市场的发展。王琰（2018）认为，在当前绿色发展理念的指引下，我国各省份都在积极发展绿色金融，加快推动经济向绿色转型。李顺铎等（2020）从金融机构视角和企业视角对绿色债券进行分析，认为绿色债券是企业融资的重要渠道，同时绿色债券可以实现绿色信贷理念和金融创新的有机结合，推动绿色金融的发展。

关于绿色债券的定价，常清英等（2003）认为，在绿色债券发行时，其价格是首要考虑的因素，因此，需要对绿色债券的定价机制进行研究，采用的方法是把绿色债券利息添加到绿色债券的现值中。何平等（2010）基于 2007—2009 年我国绿色企业债券发行数据，通过建立 TIC 模型，对我国绿色债券成本的影响因素进行实证研究。王遥、徐楠（2016）对 2014 年由中广核发行的第一只"碳债券"进行详细的介绍，并第一次对碳债券进行定价。赵晓英（2016）认为，绿色债券定价影响因素繁多，需要对绿色因素作出全面思考，绿色债券投资人的声誉所造成的影响、环境效益等，使绿色债券与普通债券相比，定价更为复杂。李心琪、李日强（2017）认为，绿色债券的价格变化受到环境成本和信用风险的显著影响。纪文鹏、高晓燕（2018）通过控制绿色债券发行人特征等因素，实证研究，发现绿色债券发行人的信用评级对绿色债券利差有极大影响，进而影响绿色债券的定价。龚玉霞等（2018）利用二叉树定价模型研究了目前市场上流通的六只绿色债券，研究结果表明，当前我国绿色债券价格评估相对来说比较低。并对其背后的原因进行深入的探究，推动我国绿色债券定价机制的进一步完善。

关于绿色债券的风险，金佳宇、韩立岩（2016）认为，提到资本投资绿色债券最关键的就是明确绿色债券的风险类型。绿色债券的风险包括普通债券所共有的风险以及包括环境风险、政治风险以及流动性风险在内的绿色债券特有的风险等。杨娉、马骏（2017）提出，由于英国私营部门具备较强的绿色投资能力，因此创建了一批水平较高、能力较强的绿色投资人。这些绿色投资人拥有的信息披露能力和风险管理能力相对来说较高，在某种程度上使金融机构面临的风险，如环境责任风险以及经营风险有所下降。詹小颖（2018）认为，很多绿色项目技术上比较复杂，面临的风险也会更加突出。如果投资人对绿色项目技术了解不足，那么将面临更大的风险。因此，需要建立风险防范制度。安国俊等（2018）认为，在我国绿色金融发展过程中，需要同时建立第三方绿色评价体系、问责制以及信息披露制度与绿色金融风险防范机制，同时，应鼓励金融机构展开环境压力测试，建立投资风险评价机制，防止流动性风险和信用风险的发生。何雁明等（2019）具体分析了我国普通债券和绿色债券的风险因素，运用主成分分析法进行实证研究，得出绿色债券比普通债券的风险低，并结合绿色债券具有的信用风险特征，运用层次分析法建立信用风险评估体系，对我国清洁交通领域绿色债券面临的信用风险进行了深入的分析。研究得知，我国绿色债券的风险管理相对来说比较好，但整体运行状况较差，可能存在潜在的偿债风险。

关于绿色债券存在的问题，万志宏、曾刚（2016）提出，目前中国没有对"绿色债券"的"绿色性质"进行明确界定，没有出台具有统一性与权威性的中国"绿色项目和绿色资产"政策标准。杨云匀、马俊（2016）指出，针对我国绿色债券市场，我国尚无健全的法律法规体系，从绿色债券的支持项目来看，《绿色债券发行指引》中制定的绿色项目与《绿色债券发行公告》相比，无论是类型还是涵盖领域，均有较大差别。巴曙松、丛钰佳、朱伟豪（2019）指出，中国政策中关于绿色债券的标准具有矛盾性，不能达到正确引导的效果，不仅造成国内市场的多标准现象，也不利于我国绿色债券在国际上流通。孙伟力（2017）在对我国绿色债券的第三方认证细则进行深入研究后发现，目前关于第三方认证体系的程序规范，我国并没有形成统一的要求，这无形中增加了企业融资的相关成本,目前第三方认证存在程序不一、程序复杂等问题。赵晓英（2016）指出,我国中国人民银行、发改委等国家政府部门对绿色债券所认证的体系标准还没有统一,这就导致了能够发行的绿色债券企业或者项目的品种与质量参差不齐,这会阻碍我国绿色债券市场的起步发展,增加了监管的成本,降低了发行效率。赵旭凯（2017）指出,鉴于我国处于绿色金融发展初期,没有培育出一批合格的绿色投资者,与同期限同评级的普通债券相比,绿色债券的利率偏低,投资者出于个人利益选择,可能将资金投入更高收益而非环保的项目。张艳、沈惟维（2018）指出,针对发行人信息披露的政策,只要求其按季度披露资金使用情况,但并未对具体投资项目的变动与绿色项目的进展进行披露,且对于发行人所披露的信息也没有经审计或绿色认证的要求,此外,在债券存续期间,对绿色项目的调整也没有强制性要求绿色认证,发行人只需在其年报中做事后披露即可,这样就无法判定所更换项目是否符合我国绿色认证的标准。龚玉霞等（2019）认为我国债券市场的相关机制、标准不健全也不规范,导致绿色债券市场的流动性较普通债券市场而言较低,所以绿色债券的溢价率较普通债券更低,使投资者的投资积极性更低。池光胜等（2021）认为2015年以来中国绿色债券在政策支持下蓬勃发展,当前国内绿色债券市场的品种更为多样,发行主体更为丰富,债券评级更为优秀。但也出现了绿色债券融资效率不高、资金投向不精致、信息披露不及时不充分等诸多问题。

关于绿色债券发展的建议,甘远勇、王峰娟（2018）对于我国绿色认证体系不统一的问题,提出我国亟须建立健全统一、标准的评估认证体系的建议,其认为统一、标准的评估认证体系不仅能够促进绿色债券之间的横向比较,且在债券存续期间,也有助于相关监管部门开展监督工作。针对第三方认证机构体系的构建,其认为可以通过国外引进和本土培养两种方式,以加快绿色债券第三方专业认证机构的建设。巴曙松、丛钰佳、朱伟豪（2019）指出,由于发债主体在资信、行业属性等方面存在差异,因而应对不同类别的绿色债券分别制定准入标准。张艳、沈惟维（2018）

指出，关于我国绿色债券存续期间，发行人对相关信息披露不足的问题，可以借鉴由世界银行所建立的绿色债券影响报告机制中，关于定时披露绿色债券收益、资金使用情况等的经验。同时，可以积极促成绿色债券信息披露网站的建设，为绿色债券的环评项目进展及效益、资金用途、收益分配等情况设置专属板块，鼓励发行人积极披露相关信息。孙良涛（2018）建议，应强制要求发行人对绿色债券的环境信息进行披露，披露内容包括募集资金的使用情况、项目投资的具体细节、资金的投入进度、产生的环境及经济效益等，在项目的存续期间，发行人应当持续贯彻此要求，定期将绿色项目的环境信息报告通过指定的方式向社会披露。崔创雄（2018）针对我国缺乏合格绿色投资者的问题，提出相关建议，其认为政府部门应出台相关优惠政策，提升投资者的热情，激发绿色债券市场的活力，促进绿色债券市场的繁荣发展。对于发行人来说，由于绿色债券具有的特殊性，其相对于普通债券，在评估认证、信息披露等方面会增加发行人的融资成本，发行人发行绿色债券的积极性相应降低。因此，其建议地方政府及监管部门针对绿色债券，制定如适当减免绿色债券投资者的税收、地方政府提供贴息、担保补贴等优惠措施，来支持企业发行绿色债券。柴洪、杨林娟（2019）采用对比分析法，提出应该要将企业的环保信息与征信体系连接，加强对企业环境违法行为的社会监督。高清霞、蒋林益（2019）则通过借鉴国外绿色债券的发行优势及经验，认为监管部门应该逐步统一绿色债券信息披露的标准和框架，引导发行人在规定期限内全方位地说明资金使用情况及项目运作状况。马骏（2019）认为金融监管机构未来应着重考虑加大对绿色建筑、生态农业等重要领域的政策支持力度，积极探索绿色债券支持绿色建筑的新方案，可以通过增加绿色债券产品的多样性以及推动绿色资产支持证券（ABS）发展，支持绿色建筑。钱立华等（2020）阐述了我国绿色债券市场的发展现状与面临的问题，认为需要进一步鼓励和推动绿色金融产品的创新与发展，完善绿色债券配套激励措施。

2.2.2 绿色债券标准

关于绿色债券标准的形成特点，与国际市场通过自下而上路径形成的自愿性标准不同，国内绿色债券市的政策层是推动发展的首要力量，通过自上而下路径形成了指导性准则（王遥、徐楠，2016）。这样的形成路径导致我国绿色债券标准体系存在诸多矛盾，产生诸如绿色标准界定不一、市场分割、分部门多头监管等问题，可能给被监管者提供了"监管套利"空间，不利于绿色债券市场健全发展（黄韬等，2018）。建议统一绿色债券范畴与监管标准并规范绿色债券的协调监管机制，以解决分部门多头监管与市场分割问题，形成权威性的规范标准、提供明确的政策信号以促进市场规范化（詹小颖，2016）。

关于绿色债券标准的具体规定，国内绿色债券标准体系与国际市场保持高度一致，但在个别细节问题上存在差异：一是项目分类。国内标准体系对项目的认定结合了中国经济发展现状的限制，充分考虑到我国当前能源消费习惯、产业升级、经济转型等现状，在平衡环境保护、资源利用和经济发展三者之间关系时更好的考虑中国国情，有其合理性和必要性（张辰旭，2018）。二是募集资金管理。我国发改委发布的《绿色债券发行指引》规定发债企业可以利用募集资金偿还非绿色项目贷款，以及补充营运资金的规定，同其他监管单位以及国际通行标准相悖，可能会增加"漂绿"等违规操作的风险（洪艳蓉，2017）。建议对募集资金投向等细节问题进行统一规范，采取专户或专项台账管理方式实现债券资金的封闭管理，确保绿色债券募集的资金投资于绿色环保项目，降低"漂绿"或产生虚假绿色项目的风险（王遥等，2016）。三是信息披露。国内环境信息的披露要求大多是"自愿性披露"，导致披露不够充分、定性描述过多以及信息披露频率过低等问题存在，对绿色债券市场的监督与约束机制产生负面影响（詹小颖，2016）。建议加快推进统一细化的信息披露标准，推进强制性信息披露政策落地（陈志峰，2019），并将披露信息细化到具体项目投资细节和资金投入情况，并采用量化指标以有效防范公司背信风险（张辰旭，2018）。四是第三方认证。国内各认证机构依据的评估标准、评估方法与评估体系不尽相同，难以确保各绿色认证评估报告的质量，也不便于不同评估报告的横向对比。建议尽快出台绿色债券第三方认证行业性标准文件，统一规范国内绿色债券第三方认证的评估标准、评估体系与方法，促进我国绿色债券认证业务兼具中国化与国际化特点（王遥、曹畅，2016）。五是激励措施。国内绿色债券激励措施主要有放宽准入条件、简化发行流程、出台激励政策以及鼓励绿色投资群体（万志宏等，2016）。但在绿色债券市场发展初期，激励措施需要充分且具有针对性才能起到激励发行人的作用。建议采取债券贴息、担保补贴、投资补助、设立专项基金等方式降低绿色项目成本、提高绿色项目收益，提升发行和投资绿色债券的吸引力（谢岩，2017）。通过扩大绿色债券投资主体范围、推广绿色投资理念，积极培养市场绿色偏好、培育绿色投资者（金永军、万志宏等，2016）。

2.2.3 企业绿色债券

2.2.3.1 企业发行绿色债券的动因

关于降低企业的融资成本，耿建梅（2014）指出企业发行绿色债券进行融资，不仅可以提高企业的融资效率，而且可以降低企业融资成本以及实现企业股东财富最大化。马骏（2015）、曹畅等（2015）通过对比研究绿色债券融资和普通债券融资，发现企业选择发行绿色债券融资可以有效地降低企业的融资成本。这主要是由于政策方面的支持以及税收方面给予的优惠。王语然（2017）认为，绿色债券的融资成本分为发行成本、风险成本和信息成本。绿色债券的绿色属性，使其发行利率较低，从而发行成本较低。高晓燕、纪文鹏（2018）提出，企业发行绿色债券可以降低企业融资成本，这是因为绿色债券的第三方认证程序具有专业的评估方法与流程，被视为绿色债券的信用背书，可以有效缓解发行人与投资者之间信息不对称问题，提高债券发行人和债券本身的公信力，从而降低投资者对绿色债券的风险预期。同时，绿色债券作为解决公共环境负外部性的金融创新工具，不仅受到国家政策的大力扶持，也获得社会公众与媒体的广泛关注。发行绿色债券获得的正面媒体报道不仅能够帮助投资者更加全面深入地了解投资产品，还可以增强投资者信心，降低投资者要求的回报率。所以，绿色标签可以使绿色债券产生负溢价，使发行人进行绿色债券融资的财务成本更低。金佳宇和韩立岩（2016）指出绿色债券融资成本低是由于其自身特性导致，因为绿色债券具有较高的信用评级，所以相较于普通的公司债券其风险较低，所以融资成本也相应较低。杨希雅等（2020）通过使用实证研究方法发现，公募绿色债券的融资成本明显较低，这类企业在得到更多政策扶持的同时所付出的成本也较低，所以企业收益提升也更显著。

关于提升企业的市场价值，陈淡泞（2018）指出，随着国家环保宣传力度的加大与公民素质的普遍提高，市场中投资者绿色意识逐渐增强，具有绿色偏好。绿色债券的发行企业更加注重社会责任，追求环境效益与可持续发展，面临的环境惩罚风险较低。该特性符合市场中关注环境效益的稳健型投资者需求，增强了市场对环保企业的关注度。因此，企业发行绿色债券会获得投资者的积极支持与认可，显著提升公司股价的累计异常收益率，有助于放大企业内部价值，促进企业的绿色健康发展。马亚明（2020）研究认为，绿色债券对于提升企业价值有持续的作用，且第三方认证会提升这种优势效益。

关于拓展企业的融资渠道，肖应博（2015）从绿色债券相关制度建设对角度出发，分析绿色债券所带来的积极作用，认为发展绿色债券是构建绿色金融体系的重要方向，在满足企业融资需求的同时，有利于可持续发展目标的实现。曹明弟、王文（2015）从国内外绿色债券市场发展趋势的角度出发，认为面对国内经济绿色转型升级所产生的巨大资金缺口，中国绿色债券市场具有巨大的发展潜力，绿色债券能很好地满足其资金需求，同时有利于拓展企业的融资渠道。李永坤、朱晋（2017）从绿色债券的发行期限所带来的积极效应来看,指出作为直接融资工具的绿色债券,现今国内的发行期限多为5年以上。这种中长期的债券发行特点不仅能降低银行信贷期限限制多带来的错配风险,缓解企业中长期资金需求问题,也是完善我国绿色金融体系的发展趋势。

2.2.3.2 绿色债券融资对企业绩效的影响

绿色债券属于债券融资工具,学者关于债券融资对企业绩效的影响效果主要有三种研究结论。第一,债券融资对企业绩效产生积极影响。债券融资可以为企业带来财务杠杆效应与节税效应,使负债利息作为财务费用可以在税前利润中扣除,为企业合理避税(李扬,2011)。此外,债券强制性到期还本付息的特性,会在一定程度上对管理者产生激励、约束作用与较强的破产威胁作用,可以显著抑制上市公司的无效投资行为,从而有效改善企业的投资效率(黄伟麟等,2015),有利于公司治理有效性和企业价值的提升,对企业绩效产生积极影响。马步云(2020)运用从2016—2019年发行绿色债券的非金融企业季度非平衡面板数据,实证分析发现在短期中发行绿色债券有利于提高公司绩效,且优于其他债券。第二,债券融资会对企业绩效产生负面影响。由于我国债券市场对发债企业的要求较高,为了达到债券发行条件,企业在发行债券时会通过盈余管理的方法提高盈利水平,降低了会计信息质量与债务契约的执行效率,导致投资者要求的投资回报升高,增加了债券的融资成本(朱松,2013;钟宇翔等,2016)。发行公司债券带来的大量自由现金流,加剧了上市公司的过度投资(李慧,2014),容易激化股东与债权人之间的利益冲突,降低公司治理效率,增加公司经营风险,显著降低企业绩效(杜莹,2002)。第三,债权融资与企业绩效呈倒"U"形关系,较低的上市公司债权比例有助于发挥债权治理效应,提升公司绩效,而较高的债权比例会致使增加负债的边际收益为负,影响债权治理效应的发挥,对公司绩效产生负面影响(徐向艺等,2006)。

2.2.4 政府绿色债券

关于地方政府债券发行的必要性，刘优辉（2004）就地方政府发行公债的两个方面即必要性和可行性进行研究，从政府债券与债务以及经济体制机制方面对我国地方政府发行公债的必要性进行分析，并从中央财政债券发行与管理经验、债券发行市场与消化能力以及外部经济条件等方面分析其可行性。徐明亮（2007）对我国地方政府债券发行的必要性、可行性进行了研究。

关于地方政府债券发行的影响或效应，其影响或效应到底为正还是为负，还没有统一的结论。郭濂（2014）在总结我国地方债发展历程的基础上，提出发行地方政府债券具有重要的作用：有利于规范现有地方政府举债行为，促进债务风险防范与处理；弥补债券市场结构方面已存在的不足，使债券市场的投资工具趋于多样化发展，从而促进我国资本市场的发展。郑薇、陈艳红（2017）对我国引进地方政府债券制度的积极意义进行研究，指出有利于完善分税制和分级财政体制，促进财政职能的强化、地方政府财政困境的缓解，对我国金融市场进行补充和完善等。王永钦、戴芸（2015）将地方政府债券融资问题引入到财政分权模型中，对财政分权下地方政府债券设计包括不同的发行方式与最优信息准确度进行研究，得出自主发行债券会带来激励问题和地区发展差异问题以及发行中的打包、拆包和最优信息准确度管理问题。

关于地方政府债券的发行制度，曹小武（2010）通过深入研究和细致分析，指出首要关注的应该是地方政府财权、事权匹配改革的问题，地方投融资平台清理后，逻辑上理所当然地要发行省级债券。毛晖、张胜楠（2016）指出我国现行地方政府债券发行制度存在发行主体范围有待扩大、债务限额管理机制需要优化、债券发行期限结构存在错配风险、债券市场化程度有待提高、相关配套制度不完善等问题，提出要进一步优化地方政府债券发行主体结构、构建发债主体评价体系，逐步放松债务管理限制，不断丰富地方政府债券期限种类。

关于地方政府债券发行存在的问题及建议，宾建成（2002）从地方政府债券发行的主体、方式、种类、利率和期限等多个方面对我国地方政府债券的具体运作情况进行研究，进一步提出确定发行规模、提高债务资金使用效益、建立地方政府债券偿债机制与法律监督机制等对策建议，以加强地方政府债券监控和管理。李冬梅（2005）基于新制度经济学理论，对我国发行地方公债的问题进行探讨。肖娜（2009）分别从发行方式和种类、中央对地方债务的管理模式以及地方政府债券的管理规章和风险防范四个方面对国内和国外地方政府债券进行比较和分析，指出我国应强化地方债管理模式，建立适合自己的债务规模控制和风险防范机制。中国财政科学研究院金融研究中心课题组（2016）对2015年地方政府融资新规出台并实施后，地方政府融资实践过程中的问题和原因加以分析，指出地方政府融资存在规模相对不足、债权结构分配和现实偏差大、政府与社会资本合作模式落地难等问题；主要原因有经济新常态下的财政减收增支导致地方融资压力加剧，地方政府发行债券的事权主要受中央政府控制，容易产生信息不对称。还有一些学者主要对美国的市政债券发行经验进行研究，认为我国应借鉴以强化地方政府监管体制等方面（刘云中，2004；周尚文，2010；韩健等，2014）。

关于地方政府债券发行的风险与防范，刘利刚等（2005）指出地方政府举债能否最终实施，必须要对发债的风险加以认真考虑。随后一些学者提出地方政府债券风险包括偿债风险、道德风险、信用风险等多种风险（卢艳阳，2009；张宪东，2010）。王劲松（2009）认为地方政府债券在信用、市场、财政、操作和公共风险5个方面存在风险。金大卫（2010）提出地方政府债券风险防范工作就显得尤为重要，应该建立完善的硬约束机制：设立地方政府债券审核委员会、对融资资金的用途加以明确规定和严格把关以及确定地方政府债券的主要责任人等。万莎（2010）基于经济学的角度，即分别从宪政经济学理论、财政联邦制理论、政府竞争与博弈论三方面就我国地方债发行面临的风险进行研究和分析，得出可能会面临巨大的债务、过度发债等风险,因此,为了控制各种发行风险,必须从宪政、预算、财政以及监管方面加强约束力度。还有一些学者们从实证分析的角度,建立 KMV 模型等地方政府债券风险进行定量分析(周鹏;2010)。

关于绿色市政债券,王琰(2018)提出,借鉴国外优秀的经验,为推动我国各地的经济实现快速发展,我国可以通过发行绿色市政债券,实现产业转型发展。在条件允许的情况下,试点地区可先发行绿色市政债券,既为绿色市政项目筹集资金,又为我国绿色债券的发展积累宝贵的实践经验。

2.2.5 国内文献评述

在借鉴国外绿色债券有关理论研究的基础上,我国学者结合国内发展的实际情况,提出适用于我国国情的绿色债券理论;关于绿色债券标准,国内文献主要从形成特点和具体规定两个方面阐释国内外绿色债券标准存在的差异,并为我国绿色债券标准的完善提出建议;我国学者主要从发行动因及企业绩效影响两方面对企业绿色债券展开研究;与国外有关文献研究一致,我国学者对于地方政府债券发行影响、发行制度、存在问题以及建议等方面的研究较多,由于政府绿色债券起步较晚,目前相关研究仍较少。

2.3 国内外文献评述

国外提出"绿色金融"这一概念的时间较早,绿色债券作为绿色金融的重要工具,国外学者对其进行细致深入的研究,视角较为具体,在定性分析和定量分析方面为我国提供了经验借鉴。我国绿色债券发展时间较短,与国外"自下而上"的发展模式不同,我国绿色债券的发展是"自上而下"由政府推动,国内学者基于我国国情进行研究,文献研究主要是对目前我国绿色债券发展的现状、存在问题、国际经验、发展建议等宏观层面的分析。目前,从国内外关于绿色债券的研究来看,政府绿色债券的有关研究并不多,由于我国地方政府自 2019 年开始发行绿色债券,绿色债券作为一种新型债券,国内相关研究仍为匮乏,本报告从政府绿色债券出发,弥补现有绿色债券研究的不足。

第 3 章
理论基础

3.1 习近平新时代中国特色社会主义思想

3.1.1 人与自然和谐共生的科学自然观

3.1.1.1 自然是人类生存的根本

人类社会中最基本的关系之一就是人与自然的关系,大自然为人类提供了生存的空间和生产生活的物质能量,人类依赖于自然环境和自然资源而生存,并且在生产生活的过程中对自然进行改造和利用。在人类文明发展的历史过程中,人类与自然的关系也在不断发展变化,从最初的原始文明到农耕文明、工业文明,人类对自然也从原始的盲目崇拜,到敬畏和有限的利用,再到肆无忌惮的开发甚至破坏。在工业革命之后,许多资本家奉行资本至上,忽略了人类对自然强烈的依赖,一心掠夺更多的资源要素,进行更大规模的工业生产,从而榨取更多的剩余价值。于是,人类疯狂地开采掠夺自然资源,不断排出工业废物和污染物,最终对自然造成了极大的破坏。面对生存环境的恶化,人类才终于开始反思与自然的相处之道,逐步转变生产方式,努力追求绿色生态文明。人类对人与自然关系的思考和认识最终决定了人与自然的关系,马克思主义生态观很早就阐明了"人与自然的统一性",马克思认为:"人类是自然界的产物,是处在自然环境中并且和其一起发展起来的。"[①] 人类本身就是大自然的一部分,应当尊重自然,保护自然,对大自然的改造和利用应当顺应自然规律,不能凌驾于自然之上,否则,就像恩格斯所说:"我们不要过分陶醉于我们人类对自然界的胜利。自然界会对我们每一次取得的这样的胜利进行报复。每一次胜利,起初确实取得了我

---

① 马克思恩格斯选集(第3卷)[M]. 北京:人民出版社,2012:410.

们希望的结果,但是随着时间推移却发生完全不同的、预料不到的影响,常常把最初希望的结果又消除了。"①

3.1.1.2 生态兴则文明兴

习近平总书记在准确把握马克思主义生态观的基础上,进一步提出"人与自然是生命共同体,人类必须尊重自然、顺应自然、保护自然"②的理念,阐释了人与自然不可分割,共生共存的关系。多年来,我国在经济发展的过程中,曾经忽视了对生态环境的保护,空气、水源、土地、森林都受到了不同程度的污染破坏,面临着严峻的环境"欠账"问题。在2019年世界园艺博览会上,习近平总书记在开幕式讲话中指出:"纵观人类文明发展史,生态兴则文明兴,生态衰则文明衰。工业化进程创造了前所未有的物质财富,也产生了难以弥补的生态创伤。杀鸡取卵、竭泽而渔的发展方式走到了尽头,顺应自然、保护生态的绿色发展昭示着未来。"习近平总书记传承了中华传统文化"竭泽而渔,岂不获得?而明年无鱼;焚薮而田,岂不获得?而明年无兽"等朴素的自然观,在马克思主义的基础上结合我国的发展实际,作出了生态兴衰决定人类文明兴衰这一论断,从历史规律的角度深刻阐明了自然对人类的重要意义,顺应历史规律,重视生态文明建设,积极维护生态平衡,是我国全面建成小康社会和建设社会主义现代化强国的重要方面,也是中国特色社会主义道路的智慧选择。

3.1.1.3 保护自然价值和增值自然资本

马克思对人和自然在生产中的作用提出了社会生产力和自然生产力两个概念,马克思指出:"不考虑社会生产的发展程度存在差异的话,劳动生产率受到自然条件的影响。从经济角度看外界自然条件可以分为两类:

---

① 马克思恩格斯选集(第3卷)[M]. 北京:人民出版社,2012:998.
② 习近平. 决胜全面建成小康社会夺取新时代中国特色社会主义伟大胜利——在中国共产党第十九次全国代表大会上的报告[M]. 北京:人民出版社,2017:50.

生活资料的自然富源，例如肥沃的土地、提供渔产的优质水源等；劳动资料的自然富源，如奔腾的河流、矿产、森林、风力等。"① 认为自然生产力是社会生产力的基础，社会生产力被自然生产力所制约。习近平生态文明思想进一步丰富了马克思主义的自然生产力理论，认为自然环境具有生态价值，并且这种价值可以不断增值。习近平总书记指出："保护生态环境就是保护自然价值和增值自然资本，就是保持经济社会发展潜力和后劲，使绿水青山持续发挥生态效益和经济社会效益。"② 保护好生态环境，使"原料—产品—废料"模式转变为"原料—产品—原料"模式，从而促进自然环境的生态价值不断增值。应当建立生态产品价值实现机制，通过构建有效的市场化机制将自然环境转化为兼具经济价值和社会效用的生态产品，建立健全生态产品市场交易制度，促进自然资本价值与经济发展协同增长。

3.1.2 我国社会主要矛盾的转化

3.1.2.1 满足人民日益增长的生态环境需要

党的十九大报告中指出，我国社会主要矛盾已经转化为人民日益增长的美好生活需要和不平衡不充分的发展之间的矛盾，必须坚持以人民为中心的发展思想。经过改革开放40余年的发展，我国社会生产力水平已经显著提高，人民生活水平也不断飞跃，但经济快速发展所带来的环境问题却开始频发。随着我国社会经济水平的不断进步，人民对美好生活的需要不再限于物质水平的提升，而是更为迫切的需要良好的生态环境和美丽家园。习近平总书记指出："我们要利用倒逼机制，顺势而为，把生态文明建设摆到更加重要的位置。这也是民意所在。人民群众不是对国内生产总值增长速度不满，而是对生态环境不好有更多不满。我们一定要取舍，到

---

① 马克思恩格斯选集（第2卷）[M]. 北京：人民出版社，2012：239.
② 习近平. 习近平谈治国理政（第3卷）[M]. 北京：外文出版社，2020：361.

底要什么?从老百姓满意不满意、答应不答应出发,生态环境非常重要。"① 大自然是人类生存的空间和发展的基础,良好的生态环境具有公共产品属性,政府是提供公共产品的主体,应当积极承担保护生态环境的责任。中国特色社会主义道路,一直是坚持以人民为中心,人民的利益高于一切,满足人民不断增长的美好生活愿望,生态文明建设正是其中的重要方面。做好生态文明建设,为人民提供优质的生态产品,是应对社会主要矛盾变化的着力点,体现了以人民的愿望为奋斗目标、全心全意为人民服务的根本信念。

3.1.2.2 良好生态环境是最普惠的民生福祉

习近平总书记深刻指出:"生态环境既联系着人民群众生活质量,又联系着社会和谐稳定;保护生态环境就是保障民生,改善生态环境就是改善民生。"② 生态环境的好坏与人们的健康和日常生活息息相关。例如,2012年前后,北京、河北等地雾霾频发,呼吸不到新鲜的空气,人们不免为自己的健康感到担忧,雾霾天气不能进行户外活动,日常出行也受到了影响。环境是与人们的生活最直接相关的要素,能够对人们的衣食住行产生直接影响,碧蓝的天空、清新的空气和水、优质的生态产品以及美好的环境能够给人们带来踏实感、获得感、幸福感,切切实实地惠及每一个人的生活。正如习近平总书记所强调的"良好生态环境是最普惠的民生福祉","环境就是民生,青山就是美丽,蓝天也是幸福",这些重要论述充分肯定了良好的生态环境对民生改善的重要性,是对人民不断增长的生态文明需要的积极回应。坚持加强生态文明建设,治理改善环境污染,就是为人民提供更好的民生福祉,提升人民的获得感和幸福感,建设让人民满意的美丽中国。

---

① 中共中央文献研究室. 习近平关于社会主义生态文明建设论述摘编[M]. 北京:中央文献出版社,2017:83.
② 建设生态文明,增进民生福祉[N]. 人民日报,2014-10-28.

3.1.3 "两山"理论

3.1.3.1 "两山"理论的提出

2013年9月,习近平总书记在哈萨克斯坦的纳扎尔巴耶夫大学演讲时强调:"中国明确把生态环境保护摆在更加突出的位置。我们既要绿水青山,也要金山银山。宁要绿水青山,不要金山银山,而且绿水青山就是金山银山。"① 其中"绿水青山"代指自然环境,"金山银山"代指经济发展,用简单浅显的语言深刻阐述了经济发展与自然环境之间的辩证统一关系,以及对二者的价值取舍和协调转化,这一经典论述深入人心。"两山"理论已经成为习近平生态文明思想和新发展理念的重要内容。

历史表明,在处理自然环境与经济发展两者的关系时,容易出现两个极端:一个极端是以牺牲生态环境为代价,片面追求经济的增长。我国过去长期以来采取的粗放型的经济发展模式,最终导致生态环境问题频发,需要积极转变发展方式,实现可持续发展。另一个极端就是为了保护自然环境而限制了经济的发展。习近平总书记曾将对"两山"关系的认识过程划为三个阶段:"在实践中对绿水青山和金山银山这'两座山'之间关系的认识需要经过三个阶段:第一个阶段是用绿水青山换来金山银山,一味开发索取资源,忽略了对环境的承载能力的考虑。第二个阶段是既要金山银山,但是也要保住绿水青山,这时候经济发展和资源告罄、环境恶化之间的矛盾逐渐突出,人们意识到环境是人类生存发展的基础,要留得青山在,才能有柴烧。第三个阶段是认识到绿水青山可以源源不断地带来金山银山,绿水青山本身就是金山银山,我们种的常青树就是摇钱树,生态优势变成经济优势,形成了浑然一体、和谐统一的关系。"② 建设美丽中

---

① 中共中央文献研究室. 习近平关于社会主义生态文明建设论述摘编[M]. 北京:中央文献出版社,2017:20—21.

② 习近平. 之江新语[M]. 杭州:浙江人民出版社,2007.

国既需要提高人民的物质生活水平,也需要良好的生态环境,"两山"理论既是协调生态环境与经济发展关系的认识论,也是方法论,有助于指导我们把握"绿水青山"转化为"金山银山"的度,在提升生态环境的同时推动我国经济健康发展。

3.1.3.2 既要绿水青山,也要金山银山

"既要绿水青山,也要金山银山"回答了我国在现代化建设的过程中怎样实现科学发展的问题,我国已经实现了全面建成小康社会的目标,打赢了脱贫攻坚战,消除了绝对贫困,但我国仍然是发展中国家的地位没有改变,要想实现社会主义现代化的目标,还需要进一步提升发展水平。"两山"理论在反对盲目追求经济发展而破坏生态环境的同时,也反对为了保护环境而阻碍了经济发展。恩格斯曾经指出:"其实,自然界和劳动组合叠加起来才是一切财富的源泉。"[①] 绿水青山能够带来良好的生态生产力,为社会生产提供可再生的生产资料,提供潜在的经济发展基础,使之转化为物质资本,直接推动生产力水平的发展,使生态优势转变为经济发展优势。将生态文明建设与消除贫困、减少收入差距有机地统一在一起,以物质资本和自然资本在均衡发展的范围之内、能够有效替代为前提,在发展中保护,在保护中发展,是我国生态文明建设的发展目标。

3.1.3.3 宁要绿水青山,不要金山银山

"宁要绿水青山,不要金山银山"展示了习近平总书记在贯彻绿色发展理念方面的坚决性与果断性。自然力是有限度的,如果不顾自然的承载力一味进行开发,自然力的数量和质量都会急速下降,人类会失去最基本的资源和生产资料。社会生产力和生产效率的提高能够,在一定程度上替代土地、河流、矿产等自然生产力,但这种替代是有限度的,这种限度甚

---

① 杨发庭,刘长利. 绿色发展的价值意蕴、现实困境及实践指向 [J]. 中共山西省委党校学报,2016,39 (03):92-95.

至会随着时间的推移而发生改变。失去了绿水青山的金山银山是无法持续的，是难以增值发展的，保护自然环境和自然力也是保护生产力。因此，"两山"理论认为宁肯减缓经济增长速度，也要维护生物与生态环境的自然力，体现了维护生态环境的决心。"宁要绿水青山，不要金山银山"划定了经济发展的底线，必须守住生态红线，不能超过雷池一步，依据自然力的再生产规律发展社会生产力，实现经济发展良性循环。

3.1.3.4 绿水青山就是金山银山

良好的生态环境不仅能够间接地为社会生产提供物质基础，也可以成为直接的生产要素。通过发展绿色产业，生态产业，努力发挥环境优美地域的吸引作用和集聚作用，凝聚技术、人才、项目、资金等各项稀缺要素，将绿水青山发展为金山银山。习近平总书记在2016年12月的中央经济工作会议上指出，要加快发展绿色金融，支持制造业绿色改造，引领实体经济清洁发展。完善绿色产业发展支持政策，发展绿色金融，推进市场导向的绿色技术创新，加快服务体系和基础设施建设，推动产业发展、技术研发、落地推广有效融合。

3.1.4 人类命运共同体论

3.1.4.1 全球生态治理是人类发展的必然选择

习近平总书记在2019年北京世界园艺博览会开幕式上的讲话指出："建设美丽家园是人类的共同梦想。在全球环境挑战面前，人类是一荣俱荣、一损俱损的命运共同体，没有哪个国家能独善其身。唯有团结协作，我们才能有效应对海洋污染、气候变化、生物保护等全球性环境问题，实现联合国可持续发展目标。只有并肩同行，才能让绿色发展理念深入人心、全球生态文明之路行稳致远。"生态问题毫无疑问是全球性问题，在过去几千年人类文明发展的过程中，就曾经出现过苏美尔文明、罗马文明因为过度开发导致加速瓦解的历史教训。近代工业革命以来，人类不断将资源开发与生产发挥到极致,极大地改变了地球的生态面貌,环境问题接踵而来。在气候变化、能源危机等问题面前,任何一个国家都无法独善其身,每个国家在生态治理问题上的做法和其他国家的做法造成的影响最终都会作用于地球上的每一个人。因此,全球生态治理不能只依靠一两个国家的努力,只依靠一两个国家的努力也解决不了问题,只有全世界各国通力合作才能实现生态治理的目标。习近平生态文明思想提出构建人类命运共同体的重要方面,是建设生态文明,与联合国在生态治理方面的价值理念高度契合,中国也会努力承担自己的一份责任。

3.1.4.2 树立国际形象,彰显大国担当

在给生态文明贵阳国际论坛的贺信中,习近平总书记写道:"中国将继续同世界各国开展生态文明领域的深入交流合作,承担应尽的国际义务。"[①] 中国是负责任的大国,一直坚持正确的义利观,在习近平生态文明思想的指导下,积极参与生态治理国际合作,积极寻求符合中国特色的绿色发展道路,将应对环境问题转化为转变经济发展结构的重大机遇。中国一直积极响应《巴黎协定》、联合国可持续发展议程等重要国际生态治理活动,在习近平生态文明思想的全球共赢观的指导下,党中央作出了力争 2030 年前实现碳达峰,2060 年前实现碳中和的重大战略决策。积极承担全球生态共治责任,主动作为,积极起到引领作用,有助于进一步树立良好的国际形象,加强国际话语权,扩大国际影响力。

在习近平生态文明建设思想的指导下,中国正为解决全球生态环境问题发挥中国智慧、贡献中国方法,为实现全球生态共治共建展现"中国样板"。打造"绿色一带一路",积极推进"一带一路"国家在环保技术、绿色产业、清洁科技、基础设施建设等方面的合作;提升跨国企业的环保意识和责任感,增强对"走出去"项目的要求管控及当地生态环境保护;把握新一轮能源科技发展和能源结构优化趋势,建设全球能源互联网;

---

① 习近平. 习近平谈治国理政(第 1 卷)[M]. 北京:外文出版社,2014.

实施积极应对气候变化国家战略,推动和引导建立团结协作、高效共赢的全球气候治理体系,平衡推进联合国可持续发展议程,努力讲好中国环保故事,用实际行动回击了西方的"中国威胁论",赢得了良好的国际声誉。

3.1.5 以系统思维建设生态文明

3.1.5.1 生态文明建设的系统阻碍

与社会中的要素,诸如经济、政治、社会、文化等方面的治理程度与效果相比,生态治理的效果相对滞后,客观原因主要包括生态效果的滞后性、生态效益的溢出性、生态效率的系统性[1]。生态效果的滞后性是指在环境保护和污染治理方面,投入大而收效慢,前人栽树后人乘凉,当代人的努力成果需要经过几十年之后才能发挥出越来越大的效益,因此生态文明建设主要依靠政府系统的投入与规划。生态效益的溢出性是指生态效益的外部性。在污染治理的过程中,环境逐步改善的成果具有正的外部性,周围的环境也会随之受益,因而存在"搭便车"的现象,因此,往往需要政府制定完善的制度和规定,统筹引领生态建设。生态效率的系统性,是指生态环境治理的效率受制于生态客体和治理主体的系统性,二者的内部制度结构会影响生态环境的治理效果。面对这些系统性的阻碍,必须以系统思维开展生态文明建设,统筹好建设主体系统和生态环境客体系统,使投入发挥最大效益。

3.1.5.2 山水林田湖草是生命共同体

生态系统是由各个相互关联的要素有机集合而成,这些要素相互作用,组成了开放、动态的系统结构,每个要素的变化都可能影响全局,生态文明建设应当秉持系统思维,不能只是"头痛医头,脚痛医脚",应当

---

[1] 胡长生,胡宇喆. 习近平新时代生态文明观的理论贡献[J]. 求实, 2018 (06): 4-20, 107.

综合施治。习近平总书记指出:"山水林田湖草是一个生命共同体,人的命脉在田,田的命脉在水,水的命脉在山,山的命脉在土,土的命脉在树。生态修复和用途管制必须遵循自然规律,如果种树的只管种树,治水的只管治水,还耕的只管还耕,很容易顾此失彼,最终造成生态的系统性破坏。"① 如果人为地割裂自然环境的整体性,这一片种树,那一片治水,都没有形成良好的生态循环系统,就只能起到短期片面的作用,无法起到协同效应,使资金投入发挥最大效益。所以,如何摆布山水林田湖草,需要做好顶层设计,从全局观出发,统筹兼顾,整体保护。

3.1.5.3 分级分类系统化管理

以系统思维建设生态文明,应当搭建好制度体系,实施分级分类管理,使建设主体形成有序的管理系统,齐心协力,各司其责。《全国主体功能区规划》将我国的全部国土空间分为了不同等级的主体功能区,分别是禁止开发、限制开发、重点开发、优化开发。根据地区的不同功能等级统筹谋划产业布局、人口布局和城镇化格局,对国土空间进行系统管理。划定生态保护红线,习近平总书记提出:"生态红线的观念一定要牢固树立起来,在生态环境保护问题上,就是要不能超过雷池一步,否则就应该受到惩罚。"② 建立推行"河长制""湖长制",落实责任,避免互相推诿,有利都争,无利不为的现象。

3.1.6 "两严论"制度保障

3.1.6.1 建立严格的刚性约束制度

2013年5月,在十八届中央政治局第六次集体学习中,习近平总书

---

① 中共中央宣传部. 习近平新时代中国特色社会主义思想三十讲 [M]. 北京:学习出版社,2018.
② 中共中央文献研究室. 习近平关于社会主义生态文明建设论述摘编 [M]. 北京:中央文献出版社,2017:99.

记指出:"只有实行最严格的制度、最严密的法治,才能为生态文明建设提供坚实保障。""两严论"是习近平生态文明思想和国家生态文明建设规划落实的重要保障,体现了我国转型科学绿色发展的决心和果断。在《生态文明体制改革总体方案》中,对生态文明建设工作的责任制度和处罚制度作出了规定:完善相关绩效考核制度,采取破坏生态环境责任终身追究制,根据生态环境破坏的情节轻重进行问责,采取谈话、责令公开道歉、党政组织处理处分、追究刑事责任等相关处罚措施,建立全国环保督察制度。

3.1.6.2 建立健全生态文明建设配套制度

为了更好地进行环境保护,我国实行了垃圾分类和回收利用制度,从上海、北京等地开始试点,逐步推向全国。2019年1月,《关于建立以国家公园为主体的自然保护地体系的指导意见》由中央全面深化改革委员会审议通过。该意见提出建立国家公园体系,对具有国家代表性的重要自然生态系统实行更好的保护,形成以自然保护区为基础、国家公园为主体、包含各类自然公园在内的自然保护地管理体系,对加强自然生态系统保护修复具有重要意义。此外,为了推动生态经济发展,我国正努力建立完善资源有偿使用制度,实行资源总量管理。以建立产权制度为基础,确立自然资源资产明晰所有权,设立自然资源资产所有权人职责统一行使的体制,促进自然资源资产市场化交易。

3.2 可持续发展理论

3.2.1 可持续发展理论的提出

可持续发展理论是人们对人类中心主义的思维模式带来的环境和社会

问题不断反思，对过度工业化产生了警醒而逐渐形成的。在对待自然界的态度上，人类中心主义认为人类高于自然，具有改造自然、征服自然的神圣权利①，在这种思维模式的影响下，工业革命以来人类为了提高物质生活水平过度开发和利用自然资源，造成了空气污染、气候变暖、物种灭绝、能源危机等许多严峻的环境问题。1962年，美国生物学家瑞秋·卡尔森（Rachel Carson）出版了《寂静的春天》，讲述了一种DDT杀虫剂对鸟类和生态环境的极大危害，引起了社会对环境资源问题的强烈反响，并催生了生态中心主义的思维模式。生态中心主义认为人类并不高于自然，人类与其他生物一样都是自然界的组成部分，既然人类只是自然界的一部分，部分就不可能也不应该主宰整体②。相反，人类的生存发展无法脱离环境空间和生态供给，试图将人类的主宰地位施加于自然界并降伏之，不仅不自量力，而且是一种自我毁灭的有害行为。生态中心主义还认为，自然资源并非取之不尽、用之不竭，对自然资源的掠夺性开采和利用，将导致生物多样性锐减、生态环境恶化，从而危及人类自身的生存。

过度的工业化、过快的人口增长、过分追求物质生活水平和经济增长，将耗竭地球环境的承载力。1972年，非正式国际学术组织"罗马俱乐部"发表了以《增长的极限》③为题的报告，基于数学模型，预测未来一个世纪，伴随着人口的快速增长和经济需求的急剧膨胀，资源耗竭、环境污染、生态破坏、生物多样性锐减将不可避免，面临"增长的极限"的危机。但是《增长的极限》将生态环境与经济发展视为对立关系的观点，以及将环境保护置于比经济增长更优先地位的政策主张，也逐渐受到人们的质疑。事实上，环境保护与经济增长不一定是非此即彼的对立关系，辅以市场机制和管制措施，两者可以转化为相互兼容的共存关系，这种观点孕育了可持续发展的理念。

1983年12月，联合国通过了第38/161号决议，成立世界环境与发展

---

①② 黄世忠. 支撑ESG的三大理论支柱[J]. 财会月刊, 2021 (19): 3-10.
③ Meadows D. H., et al.. The Limits to Growth [M]. Universe Books, 1972.

委员会（World Commission on Environment and Development，WCED），探索研究环境恶化与经济水平之间的关系。1987 年，WCED 发布了题为《我们共同的未来》的报告，正式提出了可持续发展模式，将"可持续发展"定义为"在满足当代人需要的同时，不损害后代人满足需要的选择机会的发展方式"[①]。WCED 的报告既秉承了人类中心主义的思维模式，提出了需要的概念，主张将满足人类基本需要特别是世界上穷人的需要作为优先的政策目标；也继承了生态中心主义的合理成分，提出了极限的概念，承认受限于技术发展水平和社会组织效率，环境难以满足当下和未来的需要，人类必须改变消费习惯以减小不堪重负的生态环境承载力。WCED 对可持续发展观念的具体阐述主要包括十个方面：（1）满足人类需要和对美好生活的向往是发展的主要目标，可持续发展要求满足人类的基本需要，并为人类向往更美好的生活提供机会；（2）可持续发展倡导将消费水平控制在生态环境可承受范围之内的价值观；（3）经济增长必须符合可持续发展的基本原则且不对他人进行剥削，可持续发展要求提高生产潜能和确保公平机会以满足人类需要；（4）可持续发展要求人口发展与日益变化的生态环境产出潜能保持和谐；（5）可持续发展要求遏制对资源过度开采从而危及后代人满足其基本需要的行为；（6）可持续发展要求人类不可危害支持地球生命的自然系统，包括大气、水、土壤和生物；（7）可持续发展要求世界各国确保公平获取有限的资源并通过技术手段缓解资源压力；（8）可持续发展要求合理使用可再生资源，防止过度开发和利用，要控制不可再生资源的开发率，以免危及后代人的发展；（9）可持续发展要求对植物和动物加以保护，避免物种多样性的减少影响后代人的选择余地；（10）可持续发展要求将人类活动对空气、水和自然要素的负面影响最小化，以保持生态系统的完整性。

WCED 的主张不仅是基于代际公平的思想，也体现出了代内公平和社会、经济、环境协调发展的思想，得到了世界各国的广泛认可，成为可持

---

① WCED. Our common future [M]. Oxford：Oxford University Press，1987：34-44.

续发展理论的重要基石。1992年，在联合国世界环境与发展大会上，各国首脑共同签署了《21世纪议程》，发表里约宣言，提出了可持续发展战略。可持续发展理论开始逐步走向实践。2015年9月，联合国可持续发展峰会在纽约总部召开，193个成员国在峰会上通过了《联合国2030年可持续发展议程》，提出了旨在指导各成员国解决2015—2030年环境、社会和经济问题的17个可持续发展目标。

作为人口大国，我国敏锐地意识到可持续发展道路是符合我国国情的正确选择，1992年，我国发布了《中国21世纪人口、资源、环境与发展白皮书》，从此拉开了可持续发展的实践序幕。党的十五大报告指出："我国是人口众多、资源相对不足的国家，在现代化建设中必须实施可持续发展战略。"习近平新时代中国特色社会主义思想也充分强调了坚持可持续发展战略的认识。

3.2.2 可持续发展理论的含义

3.2.2.1 可持续发展理论的内涵

我国可持续发展理论研究的开拓者牛文元先生提出可持续发展理论的内涵可以概括为外部响应、内部响应两个方面。"外部响应"是指可持续发展理论对自然与人关系的反映：人的生存和发展需要各类物质与能量的保证，需要生存容量和生态资源的供给，同时也无法摆脱来自于自然发展演化的挑战和危机，正是在人与自然相互作用、协同进化之下，人类社会才能不断延续。"内部响应"是指可持续发展理论对人与人之间关系的反映：可持续发展是人类文明新的发展阶段，其核心问题包含了推进社会公平有序、组织结构、理性认知与和谐发展不断提升的能力，以及协调处理各类社会关系的能力，诸如当代人与后代人的关系、本地区和其他国家乃至全球各国之间的关系，因为只有在合作共赢、和谐发展的氛围中，才能求得人类全体的可持续进步。

综上，对可持续发展的内涵的认知：（1）只有当人类向自然的索求与人类对自然的回报相平衡；（2）只有当人类当代的获得与对后代的付出相平衡；（3）只有当人类不仅仅追求本国的发展，也能考虑到其他国家乃至全人类的利益时，此三者的共同交集构成了可持续发展理论坚实的基础[①]。

3.2.2.2 可持续发展的原则

可持续发展理论主要有三大基本原则，分别是公平性原则，持续性原则和共同性原则。

公平性是指选择与发展机会的平等性。可持续发展的公平性原则是指要实现两个重要方面的公平：一个是本代人与后代人之间的代际公平，另一个是本代人之间的代内公平。可持续发展不是要牺牲当代人获得满足的机会，而是保证当代人的基本需求，并且努力实现他们的美好生活愿望，努力帮助不发达地区的人们获得发展。可持续发展除了要实现本代的公平，还要实现后代人的公平，因为自然环境的容量和生态供给是有限的，相比于我们的后代，我们在环境开发与资源利用上先天占据了无竞争的主宰地位。从公平性原则的角度，未来各代人理应在满足生活需要与追求更发达的发展方面享有与当代人平等的权利。因此，公平性原则要求当代人在追求更发达的生产和更高水平的经济的同时，考虑到后代人生存的需要与追求发展的机会，代际公平要求当代人不能处于对后代人的支配地位，而是各代人享有平等选择的机会空间。

持续性是指生态环境受到外界的作用力和影响时自我调整与持续运转的能力。物质和能量是满足人类生存需要的基础，因此，可持续发展的前提条件是资源的可持续获得和生态环境的可持续性。面对环境危机和能源问题，调整生产发展方式迫在眉睫，人类必须合理规划资源消耗标准，不超出生态环境的持续性范围，维护可再生资源的再生能力，有计划地适度

[①] 牛文元. 中国可持续发展的理论与实践 [J]. 中国科学院院刊, 2012, 27 (03): 280-289.

利用不可再生资源，寻找研发作为补充的替代资源，维持自然环境自净恢复能力。可持续性原则也从侧面映照了公平性原则。

共同性原则是指可持续发展总目标的实现，需要全球共同努力，团结协作，有效配合，地球是一个整体的生态系统，人类生活在这一系统中并互相依存，任何一个微小的作用都可能影响整个系统，这一特性决定了可持续发展关系着全人类的命运与发展。因此，实现建立各国彼此尊重、团结协作、高效共赢的全球环境治理体系非常重要。正如《我们共同的未来》中写的"今天我们最紧迫的任务也许是要说服各国，认识回到多边主义的必要性"，"进一步发展共同的认识和共同的责任感，是这个分裂的世界十分需要的。"[1] 实现可持续发展的重要议题是协调人类各国之间、人类与自然之间的关系和发展，这是人类共同的道义和责任。

3.2.3 可持续发展理论的内容

3.2.3.1 三大支柱模型

如图3-1所示，三大支柱模型强调社会、环境、经济三个方面的协调统一，三大支柱具有同等的重要性，相互作用，同步发展。虽然可持续发展理论的提出是源于日渐严峻的生态环境问题，但随着理论的不断发展，现在可持续发展理论已经超越了环境保护的范围，成为指导人类发展的思想战略，要求人类在发展中讲求转变经济结构、提升产出效率、关注社会公平和营造和谐环境，最终实现人的全面发展。

三大支柱模型与联合国及其下属机构提出的主流可持续发展理论的核心思想是一脉相承的，体现了包容性绿色发展的理念。人类社会发展过程中主要面临两大不包容与非绿色问题：全球收入不平等问题具有扩大趋势，而相比于发达国家，收入不平等问题在发展中国家更为凸显；重工业密集与资本至上的粗放发展方式，造成了环境恶化的重大危机。正是由于

---

[1] WCED. Our common future [M]. Oxford: Oxford University Press, 1987: 34-44.

发展过程中的"包容性"不足和"绿色化"缺位，带来了经济结构失衡、生态发展缺位、社会发展失谐三大问题，根本原因是资本利益至上发展方式的内在矛盾，以及由此导致的驱动包容性绿色发展制度体系的短板及经济结构转型制约。①

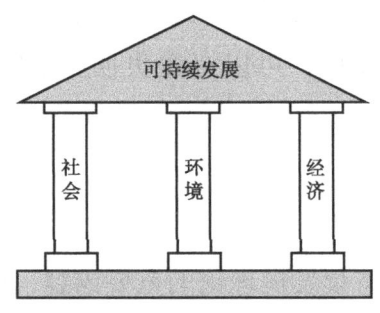

图 3-1　三大支柱模型

资料来源：Research Gate。

包容性发展理念要求在社会可持续发展方面，秉承人类中心主义观，主张公平性既是促进经济增长和环境保护目标得以实现的重要前提，更是社会发展的政策目标，即致力于构建旨在消除贫困和饥饿、创造教育和工作机会、抵制种族和性别歧视、提供清洁饮水和卫生设施、构建和谐社会的公平社会环境。包容性发展理念要求在经济可持续发展方面，既要倡导人类中心主义观，也要吸纳生态中心主义观，强调不得以环境保护为由无视经济增长，也不得以生存环境为代价片面追求经济发展，这样才能永葆经济发展的活力。此外，高质量的经济增长应当是一种低碳、绿色的发展模式，评价经济发展质量的方法应当适当改变，把耗能、排放和污染等环境成本考虑在内。包容性发展理念要求在环境可持续发展方面，采纳改良的生态主义观，呼吁社会发展和经济增长应当充分考虑环境资源的承载力，必须抵制罔顾环境资源承载力的过度经济社会发展和对自然资源的掠夺性开采，鼓励在经济社会发展的同时回报大自然，加大对生态环境修复

---

① 周小亮. 包容性绿色发展：理论阐释与制度支撑体系 [J]. 学术月刊, 2020, 52 (11)：41-54.

和保护的投入。包容性绿色发展理念与我国中国特色社会主义思想观念是一致的,2016年杭州G20峰会上,习近平总书记强调,让世界经济走上强劲、平衡、可持续、包容增长之路。在某种意义上,包容性绿色发展理念不仅涵盖了我国经济转型发展的动力源泉以及未来高质量发展的内在规定,也实现了我国发展客观规律性、趋势性与人民美好生活的有机结合。因此,通过包容性绿色发展,可以有效贯彻、落实习近平新发展理念与思想。①

3.2.3.2 代际公平

代际公平问题是可持续发展理论的重要内容,被视为可持续发展理论的基础内容之一。20世纪80年代,代际公平理论随着可持续发展的提出而产生,其核心观点是"后代人优先原则"②。美国学者爱迪·B.维思认为后代人将他们的地球权益托管于当代人,每代人在对自然的开发利用方面应当是机会平等的,因此,当代人不应当不适当地限制后代人在满足发展需要和创造价值时可作出各种选择的机会,应当为后代人保存自然资源和生态文明的多样化,使他们享有与当代人相适应的平等的多样化权利。《我们共同的未来》的报告中所提出的可持续发展定义,"在满足当代人需要的同时,不损害后代人满足需要的选择机会的发展",很大程度上就来源于代际公平思想。

代际公平问题启示和警醒了人们停下过度开发的脚步,修复对自然环境的严重破坏,为子孙后代保留一片美丽家园,但代际公平理论的"后代人优先原则"不够客观全面,在某些方面,我们应当适当考虑优先解决当代人所面临的问题,例如帮助部分落后地区发展,消除贫困和饥饿,缩小贫富差距,后代人是建立在当代人的基础之上的。当代人不能停止发

---

① 周小亮. 包容性绿色发展:理论阐释与制度支撑体系 [J]. 学术月刊, 2020, 52 (11): 41-54.

② 方行明, 魏静, 郭丽丽. 可持续发展理论的反思与重构 [J]. 经济学家, 2017 (03): 24-31.

展的脚步，如何保持后代人享受到的自然资源与当代人完全平等是很难实现的，并且这一原则只注重了后代人享受的自然资源，忽略了当代人发展给后代人带来的更多的经济资源，文化资源和先进科技，其实这两方面并不冲突，追求包容性的绿色发展才是可持续发展的目标路径。

3.2.3.3　代内公平

代内公平是指当代人与人之间的横向公平，也是可持续发展公平原则的重要方面，在全球层面主要表现为国与国之间的公平，也是实现代际公平的基础[1]。联合国环境与发展大会1992年在里约召开，代内公平被作为主题之一，也被许多国际组织文件和条约提及，基于这一原则通过了《里约环境与发展宣言》，其目标就是推动形成更高水平的合作，使各国建立公平、团结、共赢的全球伙伴关系，并提出了消除贫困，保护不发达地区和发展中国家的权益。

有学者认为，代内公平是指代内所有人享有平等的自然资源权益和优美生态环境，但享受资源和环境的完全平等是很难实现的，世界各国的地理位置、自然条件，资源矿藏都有所不同，经济发展水平和国际话语权也存在巨大差异，有些国家已经成为发达国家，国力强盛，而有些国家还较为贫困，经济落后。因此，代内公平应该追求各国生存发展的平等，道路选择的平等，环境责任承担的公平。尊重和支持落后地区的经济发展，努力消除贫困，尊重发展中国家继续发展经济水平、赶超发达国家的权利，不能让环境保护变成发达国家限制发展中国家发展的借口，在环境责任的承担上，应当努力做到各国公平，排放责任的分摊目前仍然存在难题，但可以通过碳排放权交易制度等方式，对为环境保护作出贡献的国家进行补偿。

---

[1] 方行明，魏静，郭丽丽. 可持续发展理论的反思与重构[J]. 经济学家，2017（03）：24-31.

3.2.3.4 可持续发展三元素

我国从事可持续发展理论研究的牛文元提出，可持续发展理论可以被凝练为三个有机统一的本质元素，分别是发展的"公平元素""动力元素"和"质量元素"①。

所谓可持续发展公平，是指在社会系统向可持续发展目标不断贴近过程中，始终秉持公平原则，使发展成果为全体社会成员所共享，同时任何一个国家的发展不应以限制其他地区发展为代价、后代人发展的机会公平也不能被当代人剥夺，充分保障人际关系、国际关系、代际关系的协调合理性②。"公平元素"的表征指标包括某个国家或地区的贫富差距、人际差异、区域差异、代际差异以及对它们的克服能力和方法。其中包括人际社会财富占有的公平、代际资源共享的公平和区际平等发展的公平的总和。

可持续发展的动力，是指推进社会系统向可持续发展目标不断贴近的"能力集"。"动力元素"表现为国家或地区向可持续发展目标贴近的"动力"表征，包括"发展能力""发展速度""发展效率""发展潜力"及这些表征的可持续性。其中包括国家或地区财富价值创造人力资本、金融资本、文化资本和社会资本四类资本的加总水平与总体效能，以及对四种资本的协调安排、结构优化、质量升级，尤其是对于科技及其他方面创新能力和国际竞争力的积极培育。

可持续发展的质量，是指向可持续发展目标不断贴近的过程中对"自然应力"的度量。可持续发展质量的理想函数是随着时间的推移，地球的物态平衡能力、环境支持能力、自然容量能力在人类社会发展进程中保持"常数"③。"质量元素"的衡量方法是某个国家或地区的"物态平衡""环境支撑""生态供给"和"自然容量"及其对于实现和优化物质

---

① 牛文元. 中国可持续发展总论 [M]. 北京：科学出版社，2007.

② Lubchenco J. Entering the century of the environment: a new social contract for science. Science, 1998 (279): 491–497.

③ 牛文元. 持续发展导论 [M]. 北京：科学出版社，1994.

和精神需求程度的集合。其中包括某个国家或地区自然物质、能量和信息的效率水平；生态服务与自然容量的支持水平；物质文明和精神文明的协作发展以及三者的综合能效水平。

可持续发展的目标函数，应当是动力、公平、质量三大元素的交集最大化，体现了实现国家乃至全球可持续发展目标与提升可持续能力的最高要求。

3.3 环境保护理论

3.3.1 我国环境保护思想的产生发展

3.3.1.1 新中国成立初期环境保护思想的萌芽

早在新中国成立初期，毛泽东同志就提出："在十二年内，基本上消灭荒地荒山，在一切可能的地方，都要种起树来，实行绿化。"[①] 此外，毛泽东同志还先后提出了优先发展林业，兴修水利工程，治理黄河、淮河水患等政策，强调开荒时要注意保护植被和水土均衡，不能上游开荒下游洪灾。1973 年，第一次全国环境保护会议在北京召开，会议确定了环境保护的三十二字总方针："全面规划，合理布局；综合利用，化害为利，依靠群众，大家动手；保护环境，造福人民。"党的第一代领导集体提出的一系列有益于环境保护的措施正是我国环境保护思想的萌芽。

3.3.1.2 系统的环境保护思想初步形成

党的十一届三中全会之后，以邓小平同志为核心的第二代中央领导集体在全力发展经济的同时，也关注了生态环境保护问题。邓小平同志在分

---

① 毛泽东. 建国以来毛泽东文稿（第6册）[M]. 北京：中央文献出版社，1992：4.

析中国的特点时指出:"耕地少,人口多特别是农民多,这种情况不是很容易改变的,这就成为中国现代化建设必须考虑的特点。"① 提出要对农业用地保护给予高度重视,有效保障农业的健康发展,同时,对过去"围湖造田""毁林造田",开垦草原造田的做法都表示了反对。

此外,当时由于森林的过度砍伐,造成土地沙化,水灾频发。1982年,邓小平同志指出:"植树造林,绿化祖国,造福后代。"② 通过种树种草,在保护环境的同时给人们带来经济效益。《关于开展全民义务植树运动的决议》通过后,每年的植树节邓小平同志都会亲自参加义务植树活动,在邓小平同志的领导和感召下,国内兴起了全民义务植树运动,对几代人造成了极大的影响。

邓小平同志主张利用先进的科学技术来保护环境,发展农业生产,因地制宜,聘请专家研究地区环境、土壤情况,看环境、土地适合种植什么经济作物就鼓励多种植。针对工业水污染问题,提出要发展先进科技解决工业废物给环境带来的损害,不断加大环保技术领域的科研投入。

在邓小平同志的重视下,我国环境保护相关制度和法律逐渐出台。在1983年第二次全国环境保护会议召开时,保护环境被确定为我国基本国策之一。会议决定实行"谁污染,谁治理""强化环境管理"和"预防为主,防治结合"三大政策。1989年12月,《中华人民共和国环境保护法》正式通过,此后,《中华人民共和国水污染防治法》《中华人民共和国大气污染防治法》《中华人民共和国矿产资源法》《中华人民共和国森林法》《中华人民共和国土地管理法》《中华人民共和国草原法》接连颁布,我国环境保护法制化体系逐渐形成。在环境经济政策方面,确立了排污收费制度、实行排污申报登记和排污许可证制度、试行生态环境补偿费;财政方面,实行财政补贴、税收优惠、水资源与矿产资源税等政策。

---

① 邓小平. 邓小平文选(第二卷)[M]. 北京:人民出版社,1994:164.
② 邓小平. 邓小平文选(第三卷)[M]. 北京:人民出版社,1993:21.

3.3.1.3 环境保护思想的进一步探索

1994年3月，国务院通过了《中国21世纪议程》，党中央将可持续发展确定为我国的发展战略，主张将经济发展与人口、资源、环境问题结合起来，统筹考虑。江泽民同志在2002年中央人口资源环境工作座谈会上谈道："我们绝不能走人口失控增长、毁坏自然环境、过度消耗资源的发展道路，这样的发展不仅不能持久，而且最终会带来很多不好解决的难题。我们既要保持经济健康快速持续发展的良好势头，又要抓紧解决环境、资源、人口工作面临的突出问题，着眼于未来，确保实现可持续发展的目标。"[①]

此外，我国环境保护法律体系进一步拓展，《中华人民共和国节约能源法》《中华人民共和国固体废物污染环境防治法》《建设项目环境保护管理条例》等法律法规相继发布；环保经济手段方面，开始实行大气排污交易试点，全面推行排污许可证制度。

3.3.1.4 环境保护思想趋于成熟

2003年出台的《关于完善社会主义市场经济体制若干问题的决定》中，明确提出"五个统筹"，其中包括统筹人与自然的和谐发展，提出坚持"以人为本，树立全面协调、可持续"的科学发展观，体现了不能单一强调经济发展导致环境恶化，影响到人们的健康和生活质量的观点。党的十六届五中全会，建设环境友好型和资源节约型社会被确定为我国的发展方针。党的十七大报告中指出："促进国民经济又好又快发展，关键要在加快转变经济发展方式、完善社会主义市场经济体制方面取得重大新进展。"在党的十七大报告中，我国经济发展的目标从原来的"又快又好"变成了"又好又快"，首次将经济发展质量放在发展速度的前面，反映了我国发展理念的重大转变。同时，党的十七大报告中第一次把"生态文

---

① 江泽民. 江泽民文选（第三卷）[M]. 北京：人民出版社，2006：461.

明"写入了中央文件,这赋予了环境保护工作一个更深刻的内涵,通过努力实现人与自然和谐共生,取得建设美好生态环境与新的发展方式带来的物质成果,精神享受和制度先进。

为了实现人与自然和谐发展的目标,我国采取了更严格的约束政策,以及更多样的经济手段。责任落实方面,采取责任人制,以地方政府和有关部门领导为当地环保问题第一责任人,同时将环保工作纳入官员晋政绩考核制度。2011年10月,国务院《关于加强环境保护重点工作的意见》中首次提出了守住"生态红线"重要概念。经济政策方面,2006年,"环境保护"科目首次被列入中央财政预算。生态补偿、绿色证券、绿色保险、绿色信贷等环境经济政策试点逐步启动。

3.3.1.5 环境保护思想进一步深化完善

中国特色社会主义事业"五位一体"总体布局,"生态文明"是其中重要一环,首次提出了"建设美丽中国"的希望图卷。党的十九大以来,习近平新时代中国特色社会主义思想确立,习近平生态文明思想成为我国环境保护和绿色发展道路的重要指引。部署污染防治攻坚战,深入实施大气、水、土壤污染防治三大行动计划,我国进一步对环境保护法律制度体系进行了细化完善,《中华人民共和国环境保护法》的修订被称为"史上最严"的环保法,《大气污染防治行动计划》《关于全面加强生态环境保护坚决打好污染防治攻坚战的意见》《关于划定并严守生态保护红线的若干意见》等重要文件陆续发布。

环境经济政策方面,以逐步完善市场机制为基础,施行经济激励型政策工具。环保部、保监会明确部分行业需强制参加环境污染责任保险;碳排放权交易市场在试点后正式启动;基本建立排污权有偿使用和交易制度。2016年8月,中国人民银行等七部门共同发布《关于构建绿色金融体系的指导意见》,加速了绿色金融体系的发展进程,绿色金融产品规模迅速发展,种类不断得到丰富,环境权益交易市场不断完善。同年,我国环境保护税立法通过,意味着过去的排污费政策完成了由费改税。在一系列努力下,我国的生态环境较之从前已经得到了改善,领导干部和人民群众的环保思想也在逐步提高。

3.3.2 环境保护相关经济理论

3.3.2.1 外部性理论

外部性是指一个经济主体的活动对其他人产生了一种有利或者不利的影响,而这种影响带来的益处或损失都不由他所获得或承担。

如图 3-2 所示,当经济主体的活动具有正的外部性时,边际个人成本(MPC)会高于边际社会成本(MSC),经济主体为了实现个人利益最大化,会选择图 3-2 中 E_1 点对应的价格 P_1 和数量 Q_1 进行生产。但从社会总体效率而言,边际社会成本线 MSC 与需求线 DD 的交点 E_2 对应的生产价格 P_2 和数量 Q_2 才是最优解,由于正外部性的存在,边际社会成本 P_2 中没有反映出经济主体带给社会的成本,边际个人成本高于边际社会成本,导致经济主体不愿意生产超过 Q_1 数量的产品,产品数量小于社会所需的 Q_2,无法实现帕累托最优,造成的社会福利净损失为三角形 AE_1E_2。为了激励经济主体以更低的价格 P_2 生产更多的产品数量 Q_2,政府可以通过财政补贴等方式对经济主体的成本进行弥补,使补贴额等于经济主体带给社会的边际外部成本,促使经济主体从事正外部性活动,增加社会福利。

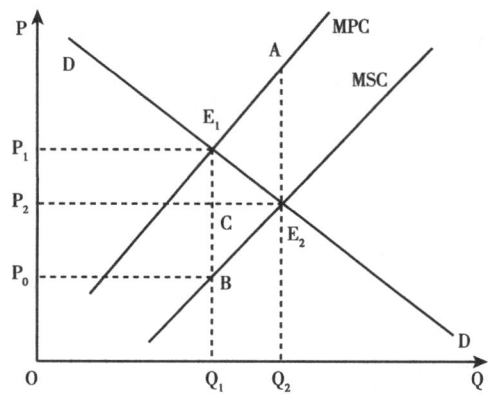

图 3-2 正外部性局部均衡分析

经济主体从事负外部性活动时正好相反，如图3-3所示，边际社会成本（MSC）高于边际个人成本（MPC），经济主体以更低的价格E_2生产了更多数量Q_2的产品，造成社会福利的净损失为三角形AE_1E_2。由于价格E_2中没有反映出负外部性活动带给社会的成本，过低的价格造成过量产出，导致资源配置的低效率。为了使经济主体按照社会效率最优解的价格P_1生产Q_1价格的产品，可以通过向经济主体征税的方式，使其自行负担负外部性活动给社会带来的外部成本，提高社会总体福利。

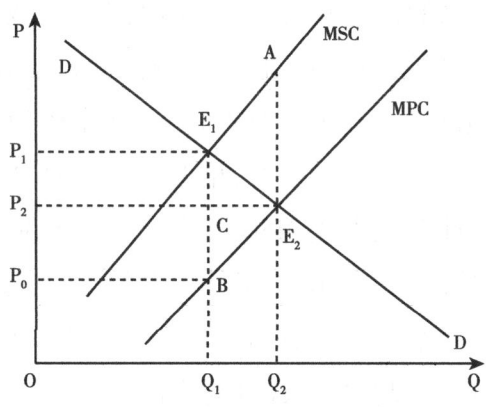

图3-3 负外部性局部均衡分析

解决外部性问题的主要办法包括对负外部性行为征税、对正外部性行为给予补贴、行政准入、排放权交易等。环境问题是典型的外部性问题，位于河流上游的一家工厂排污，可能会对工厂周围和下游的生态环境都造成破坏，而植树造林、污染治理有助于改善生态环境，能够使其他居民享受到优美环境带来的益处。外部性会导致市场失灵，因此环境保护和生态治理工程需要政府的介入和支持，建立相关制度规定体系，实行生态补偿、征税、排放权交易等政策，利用财政资金进行专项投资等，我国一直以来的政策做法与此是相符的。

3.3.2.2 公共产品理论

优美的生态环境具有非竞争性和非排他性的特点，属于典型的公共产品。短期来看，当增加的人口不超过大自然的承载能力和修复能力时，消费者人数增加带来的边际成本的增加几乎为零，而通过收费的方式限制人们对优美生态环境的享受也是很难实现的。理论上看，公共产品可以完全由政府提供，也可以由政府和私人混合提供。从我国的环境保护思想来看，我国政府一直非常重视为人民提供良好的生态环境，并且实施了一系列有效的政策，既采用了政府直接投资拨款进行污染治理、植树造林、相关基础设施建设等方式，也采取了生态补偿，建立排放权市场交易机制等间接方式。

3.3.2.3 环境库兹涅茨曲线假说

1991年，美国经济学家格鲁斯曼（Grossman）和克鲁格（Krueger）实证研究了环境质量与人均收入的关系，得出的结论是：随着某个国家或地区经济的发展（主要以人均收入为指标），初期环境污染物会随之逐渐增加，环境质量恶化，如果经济持续增长，那么，当人均收入达到某个水平后，环境污染物数量随之达到顶峰，随后开始下降，环境质量开始好转。后来，借用库兹涅茨的人均收入与收入不均等之间关系的倒"U"形曲线，被称为环境库兹涅茨曲线。

格鲁斯曼和克鲁格认为经济增长对环境质量的影响有三种途径：第一种是规模效应，经济增长需要使用更多的资源，同时更大规模的生产会带来污染排放量的增加；第二种是技术效应，更高的经济发展水平能够带来更好的、更高效率的生产技术和环保技术，随着经济发展水平的提高，研发支出上升，推动技术进步：一方面能够提高生产率，提高资源的利用效率，节省单位产出投入的要素，降低生产给自然带来的影响；另一方面清洁技术不断进步，能够有效进行资源循环利用，减少单位产出排放的污染物，环保技术的发展也能够带来更高的污染治理效率；第三种是结构效应，随着经济水平的发展，供给和需求结构不断发生变化，经济结构从早期的农业逐渐转向能源密集型重工业，污染增加，随后经济结构转向服务业和知识密集型产业，带来的污染较低，社会平均单位产出的污染下降，环境质量改善①。此外，可以通过分析得出，随着经济发展水平不断提高，人们的物质生活需求逐渐满足，对美好环境的需求必定会提升，保护环境绿色发展的理念受到更多的认同，在进行交易和投资的过程中，对绿色环保因素也会越来越重视；同时，随着市场机制越来越完善，随着自然资源越来越稀缺，价格逐渐上升，需求量有所下降，并不断提升其使用效率，同时促进经济转向低资源密集产业，都会最终促使环境得到改善。

事实上，环境库兹涅茨曲线假说还存在许多局限性，例如使用的环境污染指标主要包括环境污染和自然资源枯竭两大类，而其他指标如土地沙漠化，气候变化等由于很难衡量并没有被考虑在内，又如经济水平只是对环境质量有影响的因素之一，还有许多其他因素对环境质量存在影响，而环境库兹涅茨曲线主要是被证实符合北美当时的现实情况，对是否完全符合发展中国家和其他国家的情况还有待研究，但环境库兹涅茨曲线还是具有一定的参考价值和启示。需要明确的一点是，环境库兹涅茨曲线并不意味着随着经济水平的增长，环境质量就会自发的逐渐好转，而是体现了经济发展和环境质量之间的一种辩证关系，认为经济水平提升与环境质量提高能够并行，但前提是实施有效的环境政策，理想状态下的环境库氏曲线是在经济发展的不同阶段采取相机抉择的有效环境政策，降低曲线的峰值，使经济发展对环境的破坏降到较低水平②，因此，现阶段我国实行合适有效的环境政策是非常重要的。2015年3月，时任环保部长陈吉宁在十二届全国人大期间，答记者问"我国环境治理工程中的问题"时指出："一个是我们创新能力不强，还有就是我们的环保政策没有跟经济政策和发展政策做深度的融合，随着创新能力的增强，随着政策深度融合发挥作

---

① Gene M. Grossman, Alan B. Krueger. Economic growth and the environment [J]. The Quarterly Journal of Economics, 1955, 110 (02): 353-377.
② 安锦. 财税政策介入环境保护的经济学理论分析 [J]. 企业经济, 2009 (10): 70-72.

用,中国环境治理的进程会进一步加速。"① 我国正在逐渐打通经济政策与环境政策之间的壁垒,将二者融合起来,让经济增长对环境质量的影响更好发挥出来。

3.4 绿色金融理论

3.4.1 绿色金融的内涵

3.4.1.1 绿色金融的由来

从 20 世纪六七十年代开始,许多欧美国家的环保意识开始逐渐增强,1962 年《寂静的春天》发表,给世界带来了巨大的触动,政府、学术界和普通公众纷纷开始思考生态环保问题:一方面,联合国提出了可持续发展的理念,许多国家纷纷响应,有些国家还出台了环境保护的法律制度;另一方面,环保理念逐渐深入人心,特别是在欧美一些发达国家,绿色环保成了公众的价值理念,融入了公众的消费观,一些消费者愿意付出更高的价格购买绿色环保的产品,公众的消费观也影响到了企业的生产和融资。随着国家对环境保护问题越来越重视,环保相关法律和政策也越来越完善和严格。Thompson(1998)认为,环境问题可能会引发企业的金融风险。首先,如果借款人经营失败破产,可能会引发贷款人的直接风险,承担借款人受环境污染的资产的清理导致的损失、费用和对应的法律责任;其次,贷款人可能承担环境责任引发的借款人还款能力降低的间接风险。而相反的是,关注环境保护相关的社会责任投资能够得到财务和非财务上的回报,表现为同时实现经济目标,以及社会环境责任和绿色可持续

---

① 陈吉宁:中国环境治理的进程会进一步加速. http://www.xinhuanet.com/politics/2015lh/2015/03/07/c_134046745.htm.

发展的目标①。因此环保因素开始向金融领域渗透，金融机构逐渐开始重视借款人项目的环保情况和环境资产。②

3.4.1.2 绿色金融的内涵

自绿色金融理论产生以来，国内外学者和政府都分别对绿色金融的内涵进行了界定，至今学术界还没有形成绿色金融的标准定义。Salazar（1998）将绿色金融定义为寻求有效环境保护途径的必要金融创新，认为应当通过金融方式的创新辅助实现环境保护的目的。③ Cowan（1999）认为绿色金融是"绿色经济和金融学的交叉学科"，核心问题是发展绿色经济的资金融通问题，也就是为绿色项目提供金融服务。④ Labatt 和 White（2002）则将绿色金融界定为金融工具，认为绿色金融是以市场为基础，辅助绿色项目融资，促进绿色发展，改善环境质量，转移环境破坏风险的金融工具。⑤

国内对绿色金融的研究较晚于国外，国内学者对绿色金融含义的界定主要有以下三种：第一种是将绿色金融界定为金融政策范畴，即金融机构依据政府政策或规定的要求，履行社会责任，在开展发放贷款、股票债券融资等融资项目时，将环保因素纳入融资条件的考察，使绿色环保企业获得资金优先权，排除资金向非绿色项目流动；第二种是将绿色金融界定为创新金融工具，认为绿色金融是以推进环保和可持续发展为目标的金融工具，如绿色债券等产品；第三种是将绿色金融定位为特殊的金融活动或上升为发展战略，即从经济系统的角度，考虑金融业属于服务业，应当要求

---

① Thompson P. Bank lending and the environment：policies and oppotunities [J]. International Journal of Bank Marketing，1998（06）：243 – 252.

②⑤ Labatt S，White R. Environmental finance：a guide to environmental risk assessment and financial products [M]. Canada：John Wiley & Sons Inc，2002.

③ Salazar J. Environmental finance：linking two world [Z]. Presented at a Workshop on Financial Innovations for Biodiversity Bratislava，1998（01）：2 – 18.

④ Cowan E. Topical issues in environmental finance [Z]. Research Paper Was Commissioned by the Asia Branch of the Canadian International Development Agency，1999（01）：1 – 20.

金融业以环保和可持续发展为基本原则进行经营，从而实现经济水平与生态文明协同发展，同时实现金融业自身的可持续发展。相比较而言，目前第三种观点比较受到国内学术界的广泛认同。①

2016年，中国人民银行等七部门联合出台的《关于构建绿色金融体系的指导意见》中提出：绿色金融是指为应对气候变化、支持环境改善和资源节约资源高效利用的经济活动，即对环保、清洁能源、公共交通、基础设施、绿色建筑等领域的项目投融资、环境社会风险管理、落地运营等所提供的金融服务。这是我国政府官方机构对绿色金融内涵的界定。

此外，G20绿色金融研究小组将绿色金融概念上升到了系统层面，体现了绿色金融的发展目标和未来方向：能为促进可持续发展带来环境正效益，引导社会资本流入绿色发展领域的金融生态系统，包括减少土壤、水源和大气污染，降低温室气体排放，提高资源使用效率，减缓和适应气候变化并体现其协同效应等。②

3.4.2 绿色金融理论基础

3.4.2.1 环境产权理论

初始产权界定是产权进行市场交易的基础，只有产权明晰，才能由市场主体进行市场交易。因此，环境产权理论是绿色金融的基础，只有环境资源具有明晰的产权，才能开展绿色金融业务，进行绿色金融产品的市场交易。

环境产权理论来自于外部性问题和科斯定理，科斯定理提供了解决外部性问题的一个重要方法，即界定产权并进行产权交易。产权是一种关系，是附属于物的存在和使用权利所带来的行为关系，这种关系受到社会普遍的认可和保护，而不是指物对人的附属或权属关系。环境产权理论是

---

① 张宇，钱水土．绿色金融理论：一个文献综述［J］．金融理论与实践，2017（09）：86-91．
② 马骏，程琳，邵欢．G20公报中的绿色金融倡议（下）［J］．中国金融，2016（18）：30-32．

外部性理论的延伸和进一步拓展,核心内容认同一切交易和经济活动的前提是制度设计与确立,而制度设计考量的标准是效益最大化。效益最大化标准不仅包括经济活动的结果效率,还包括引导人们同时关注这类社会经济活动带来的潜在的社会与环境风险,并且致力于建立有效的市场机制进行调节,降低这些风险和影响①。绿色金融理论与实践,是环境产权理论在可持续发展和现实社会中环境治理方面的应用和体现,绿色金融产品正是基于产权理论实现了市场化和资产化,并在环境损害评估与环境利益分析,以及可持续发展等相关经济与政策制度的选择中发挥作用。

环境问题是典型的外部性问题,环境污染具有负的外部性,环境治理活动具有正的外部性。根据"科斯定理",产权的界定是解决外部性问题的重要途径,明确界定环境资源产权是环境外部性问题内部化的关键所在。根据"科斯定理",生态环境不仅可以被清晰地确定产权,而且产权明晰后还可以进行市场交易,通过建立完善的市场机制,使各环境利益相关主体之间如排放需求企业与其他企业能够通过谈判、产权交易等交易成本较低的市场化方式进行交易,将外部性内部化。

排放权理论是在产权理论的基础上形成的,绿色金融理论的发展也是建立在环境产权和排放权理论基础之上,通过对环境要素的价值进行评估,以证券等金融产品的方式进行量化并进入金融交易市场,成功实现了从环境价值到经济价值的转化,正是因为环境产权理论使这种交易成为可能,才有了绿色金融的发展,并推动环境保护和可持续发展的实现。

3.4.2.2 环境资源价值理论

环境资源价值与商品价值的区别在于:商品价值可以直接通过一般等价物即货币来反映,而环境资源的价值是间接体现出来的,很久之前,人们甚至没有意识到环境资源和商品一样具有价值,但随着人们环保意识的

---

① 李妍辉.论"环境金融"的几个基础理论[J].湖北经济学院学报(人文社会科学版),2014,11(06):34-36.

增强，可持续发展理论的深入，环境经济学的发展，人们对环境资源价值也越来越重视，学术界也开始重视环境资源价值的研究。环境资源价值理论也是绿色金融发展的基础，在进行绿色信贷等许多绿色金融活动时，可能需要对环境资源的价值进行评估，并由此对成本和收益进行估计，最后进行决策。

最初的环境资源价值观点来自西方经济学的"效用价值论"。效用价值论认为物品的价值取决于它的效用，物品应该具有满足人类主观需要的效用，否则是无价值物品。环境资源对人类是有用的，人类的生存发展无法脱离良好的生态环境，因此它具有价值。

马克思主义的"劳动价值论"则认为，不是人类劳动创造的劳动产品是没有价值的，因此只有叠加了人类劳动价值的环境才是有价值的，否则是没有价值的。例如原始森林等从未被人类劳动创造过的自然资源的绝对价值是零，除非经过对满足人类生存的环境功能的创造，而只有人类劳动才能在价值为零的基础上创造这种功能价值，通过人类劳动赋予了自然环境相对价值，即过人的劳动创造的间接价值。现实情况是进入20世纪以后，人类为环境资源的保护、高效利用、再生付出巨大的生产劳动和技术研发劳动，这些环境资源是具有相对价值的。

现代意义上的环境价值论是人类中心主义与生态中心主义的综合，认为自然环境具有内在价值，这种价值源于自然环境为人类生存和发展提供的必需的物质和能量，这种价值不依赖于人类的意志或评价的属性而改变，独立于人这一主体，因此是自然环境的绝对价值，即"内在价值"；另一方面认为自然资源还具有循环使用的价值，取决于资源的开发技术、条件和稀缺性，由人类通过考虑资源稀缺度和生态补偿幅度来确定的，这种环境价值不仅具备资源共有的有限性和稀缺性等特性，还需具有开发成本递增性、再生困难性等特征。[①]

---

① 李妍辉. 论"环境金融"的几个基础理论 [J]. 湖北经济学院学报（人文社会科学版），2014，11 (06)：34-36.

随着经济和金融体系的发展，特别是绿色金融的兴起和发展，环境资源的价值货币化成了一个重要问题。正是因为自然环境要素能够通过评估、计量渠道转化为货币化的价值形式，绿色金融业务的交易才得以开展。确定环境资源价值有两种常用方法，分别是边际成本定价方法和市场定价方法。边际成本定价方法是通过增加一单位的产量所需要的额外成本来确定环境资源的价值，市场定价方法则是通过市场的供求关系平衡来确定环境资源的价值。

环境资源价值理论的重要意义在于，明确了环境具有价值并通过纳入成本核算等方式评估计量自然环境价值，实现了自然环境内在价值向货币形式的部分转化，为绿色金融理论和实践奠定基础。通过建立测算环境价值的方法和指标体系，透视企业或行业的环境成本或利润，量化集中支付的环境价值费用以进行合理规划，促使更多资金流向绿色产业，最终实现对生态环境的有效保护和合理利用。

3.4.3 绿色金融理论的主要内容

3.4.3.1 企业社会责任理论

企业社会责任理论的主要思想是企业在追求经济效益的过程中，也要主动承担对社会和环境造成的影响，从而树立正面的企业形象，促进企业发展。

1924 年，英国学者谢尔顿（Olliver Sheldon）首次在《The Philosophy of Management》（管理哲学）一书中提出了"企业社会责任"一词，其对企业社会责任的阐释为满足各种人类需要，包括产业内的和产业外的，含有道德因素，受到了社会关注。1953 年，伯文（Howard R. Bowen）发表的《商人的社会责任》一书，提出企业的社会责任是指企业遵循社会的价值目标，遵守相应的准则、作出相应的决策和行动的义务，被后世誉为"企业社会责任之父"。1975 年，Davis 和 Blomstrom 进一步明确了"社会责任是指企业在获取自身利益的同时，兼顾履行维护社会整体利益"。

20世纪七八十年代，企业社会责任理论引起了社会的广泛反响，这一时期也是人们环保意识逐渐增强的时期，人们意识到了过去大肆开发和生产给地球生态环境带来的严重破坏，开始探索绿色发展和可持续发展道路。于是，企业社会责任理论也顺理成章地被人们所接受，国际组织、各国政府和消费者都对企业有了更高的环保要求。企业为了提升品牌形象，规避政策风险，也开始主动接受并承担社会责任。

企业社会责任理论主要包括三个最具有代表性的理论：社会回应理论、社会表现理论和利益相关者理论。企业社会回应是指企业对社会公众呼吁或需求所作出的反应，是行动导向的企业社会责任。社会回应包括了决定做什么和如何做如何管理两方面问题，强调企业应当对社会的需求作出有效回应。

企业社会表现是企业的社会响应政策、计划，响应行动、过程，企业社会关系及可观察到的结果的总和。企业社会表现具有三个原则，即机构合法性原则、公共责任原则和管理决策尺度原则。机构合法性原则是指政府机构和社会赋予企业合法地位，保障企业权利，企业组织在享受运用这种地位和权利的一举一动中必须对社会负责；公共责任原则是指企业应对其经营给社会带来的直接或间接不良效应负责；管理决策尺度原则是指企业的经理人作为企业社会表现决策实践者，其决策应该为社会效益负责。

利益相关者理论认为企业的利益相关者不仅包括企业的股东、债权人、职工、消费者、供应商等伙伴，也包括政府部门、其他居民、媒体、协会组织等的约束监督集团，甚至包括生态环境等可能受到影响的客体。古典经济学认为企业的目标就是利润最大化，企业应当优先考虑股东、债权人等人的利益，而企业社会责任理论则扩大了企业利益相关者的范围，主张企业将承担社会责任转化为企业发展的一个契机，在承担社会责任的同时也实现企业的发展和盈利的增长。

在绿色金融政策实施的过程中，商业银行等金融机构承担着非常重要的角色。从企业社会责任理论的角度来看：一方面商业银行承担着督促其他企业承担环保责任的角色，通过将环保因素纳入信贷等业务决策中，督促企业履行环保的社会责任;另一方面,商业银行作为企业本身,也应当承担社会责任,通过运营绿色金融产品业务,保障绿色金融政策的实施与发展,在利润最大化与社会责任之间寻找平衡。

3.4.3.2 赤道原则

赤道原则是在处理项目融资过程中评估、计量、确定潜在环境和社会风险的应用性原则。随着企业社会责任理论的发展,作为企业,商业银行也感受到了承担企业社会责任的压力,当银行为一些大型项目融资后,如果这些项目给环境带来了不好的影响,商业银行也会因此受到社会的批判,给银行声誉带来损失。赤道原则的重要意义在于,它将项目融资中所需的抽象的环境和社会标准具体化,明晰化,为银行在开展业务时评估和计算潜在的环境与社会风险提供了应用化的操作指南,是绿色金融发展的重要内容。

2002年,在国际商业银行会议上,国际金融公司(世界银行的附属机构)与花旗银行等九家商业银行共同提出并制定了"赤道原则",是用于评估融资项目是否对社会和环境产生不利影响的准则。赤道原则要求金融机构在投资决策时,除考虑经济效益之外,还要考虑项目对环境和社会造成的影响,并且采取相应的措施促使项目起到保护环境的作用。银行会把项目分为A、B、C三类对应高、中、低风险等级,对于环境与社会风险等级为A类和B类的项目,借款人需要完成项目的《环境评估报告》,对解决项目落地过程中可能引发的环境与社会问题进行阐述。A类项目(部分情况包括B类项目)需要完成与项目当地利益相关居民的磋商之后,并制定提交《环境管理方案》,说明在项目实施过程中采取的降低污染与控制环境和社会风险的措施。项目在运行过程中,需要接受"投诉机制"的监督,并定期发布报告,披露项目信息和温室气体排放信息。

赤道原则的内容结构主要包括序言、适用范围、原则声明和免责声明四部分。其中,序言部分简要阐明了赤道原则诞生的背景、动因,赤道原则实行的目的和赤道原则的应用意义;根据适用范围部分的规定,赤道原则适用于三种情况,包括所有融资总成本超过1000万美元的全球各行业新项目和对环境或社会造成重大影响的扩充、改建原有项目，项目融资财务咨询服务也适用该原则。原则声明部分明确了赤道金融部门投资前需要遵循的十项条款，是赤道原则的核心，赤道金融部门承诺在贷款时必须严格审核，只有符合以上十项准则的，才能通过。

赤道原则的出现进一步促进了金融机构发展方式和理念的改变，金融机构在开展经济活动时开始将环境和社会责任因素作为参考标准。同时，金融机构的发展方向也有所转变，以往商业银行等金融机构进行项目融资时，通常优先考虑短期内获得高收益的项目，忽略了短期收益低而长期回报大的绿色产业，而赤道原则的出现使金融机构加大了在绿色产业方面的投资。

虽然赤道原则并非国际条约，也不具有法律效力，但已经成为行业内一个公认的标准。截至2017年底，全球共有37个国家的92个大型金融机构采纳了赤道原则。然而赤道原则在我国发展较为缓慢，2008年宣布采纳赤道原则的兴业银行是我国首家"赤道银行"，此后直到2017年江苏银行才成为我国第二家"赤道银行"。近年来，我国绿色金融市场迅速发展，我国金融机构也应当逐步采纳赤道原则，完善环境和社会风险评价体系，进一步促进我国绿色金融的发展。

3.4.3.3 哈特威克法则

哈特威克法则建立了实物资本与自然资本之间的关系，主要规定的是自然资本本金和孳息实现可持续的准则。哈特威克（Hartwick，1977）最初在《美国经济评论》发表了《Interregional equity and the investing of rents from exhaustible resources》（代际公平与可耗竭资源的租金）一文，认为"将可耗尽资源的所有利润或租金投资于可再生资本，如机器等，这一法则可以解决当代人在面临可耗竭资源时'过度消费'导致后代人短缺的道德问题[①]。"此后哈特威克（1978）进一步证明了这一准则，使

---

① Hartwick, J. M. Interregional equity and the investing of rents from exhaustible resources [J]. The American Economic Review, 1977, 67 (05): 972-974.

用柯布—道格拉斯（Cobb - Douglas）生产函数，在消耗性资源与可再生资源存在一定的效用交换、经济规模报酬不变、劳动力供给不变、无技术增长、和资本给定等严格的假定下，需要满足三个条件，自然资源消费水平才能保持不变：第一，充分利用劳动力和资本；第二，不可再生资源的生产要满足霍特林（Hotelling）规则，即资源租金按利率增长；第三，来自不可再生资源的开采租金即资源租金必须全部投资于资本，而不能消费掉。此外，哈特威克借鉴 DHS 模型进一步完善假设，必须将所有开采可耗竭资源获得的稀缺租金转化为人工资本投资以保护可持续发展，其实现程度取决于人工资本对自然资本的替代弹性[①]。

虽然哈特威克法则的假设条件比较严格，现实中自然资源消费水平恒定不变也不一定能够完全实现，但对绿色金融如何通过资源配置实现环境可持续发展的目标还是具有一定的启示。哈特威克法则假设实物资本和自然资本之间可以相互替代，这也是绿色金融理论的基础，绿色金融也是通过资源配置将实物资本投向自然资本。有学者将"哈特威克法则"（Hartwick Rule）关于可耗竭资源约束下实现可持续发展的资本条件归纳为两个原则：即真实储蓄原则和替代原则[②]。真实储蓄原则要求从可耗竭资源有效的开采中获取的稀缺租金作为储蓄全部用于再生产，不能用于消费；替代原则要求生产技术的提高可以使经济发展中可耗竭资源和资本形成有效的替代关系，比如提高能效的技术或者节约资源的技术等。

为了尽可能实现这两个原则：一方面，需要做到资金来源于消耗性资源所产生出的额外的效用，必须用于进行对可再生资源的投资，确保环境资源存量不降低；另一方面，在环境资本投资市场内部充分发挥市场化激励作用，将资金配置到具备资本边际效益优势的技术和项目，实现环保投资与环境资源之间的有效替代。如果通过制定和执行较为严格的环保法规

---

① Hartwick, J. M. Increasing returns, exhaustible resources and optimal growth [J]. Economics Letters, 1978, 1 (03): 231-235.

② 李建涛，梅德文. 绿色金融市场体系：理论依据、现状和要素扩展 [J]. 金融论坛，2021, 26 (06): 17-26, 38.

和环保标准，使企业遵守法规能够实现自然资本存量不降低，则绿色金融需要通过管理传统污染行业的环境政策风险；此外，假设现有的经济体使用环境资源所支付的租金（如排污费、排放权拍卖收入等）以及开发生态资源获得的收益（生态旅游收入、土地增值、健康收益等）反映了所有的稀缺租金，则绿色产业投资的环境效益应当至少不低于稀缺租金，通过投资环境效益产出率大于资源租金率的绿色产业来实现替代原则。

从产业发展的角度，哈特威克法则的两个原则可以分别对应绿色金融服务传统行业转型和新兴节能环保行业的发展。自然资源消耗行业须满足真实储蓄原则，使资源存量不降低，对应传统高耗能行业，绿色金融通过配置金融资源在前端影响社会资源配置，使经济发展摆脱资源能源密集型发展方式，尽可能不再增加新的环境破坏；自然资源创造部门须满足替代原则，实现资源利用技术的提高，确保资源增量可持续，对应新兴节能环保等绿色产业，带来新技术、新资产。

在金融市场的具体建设方面：一方面需要完善传统信贷市场、证券市场、债券市场、保险市场的绿色金融功能；另一方面，新型绿色金融市场支持绿色产业发展促进新环境容量形成，故需要新建绿色项目市场、绿色权益市场如碳交易市场等。

第 4 章
国外绿色政府债券探索与实践

4.1 国际绿色政府债券发展概况

4.1.1 全球环境风险催生绿色政府债券

国际绿色政府债券的发展是从关注环境风险问题开始的。人类社会在世界范围内面临着各类自然灾害的挑战，气候的极端变化，环境问题不断升级，影响着社会经济的可持续发展。应对气候变化的紧迫性和重要性已在全球得到广泛认识。《巴黎协定》标志着全球气候谈判的关键时刻和196个缔约方正式致力于低碳经济。2009年在哥本哈根举行的第15次缔约方会议上，各国一致同意将大气中的温室气体浓度稳定在一个相对安全的水平，以防止人类对气候系统的危险干扰，"我们必须减少全球排放，以便将全球平均气温的升幅控制在比工业化前水平低2摄氏度以下，并合作尽快实现全球和国家排放的峰值"。而即使实现了这一目标，世界各地的公民、企业、投资者和政府也将承担巨大的成本和挑战。全球能源基础设施需求以及与气候变化相关的日益紧迫的问题和风险，为世界提供了向低碳气候适应型经济转型的前所未有的投资机会。当整个社会经济向低碳、循环、可持续模式转变时，"绿色金融（Green Finance）"或者说"可持续金融（Sustainable Finance）"的概念应运而生。实现碳中和需要大量的绿色、低碳投资，其中绝大部分需要通过金融体系动员社会资本来实现，绿色金融是环境可持续性的驱动力。

实现碳中和需要数百万亿美元的绿色投资。关于碳中和所需要的绿色低碳投资规模，许多专家机构有不同的估算。根据国际能源组织（IEA）的预测，如果将气候变暖控制在2摄氏度之内，到2035年，对低碳技术和能源效率的投资需求会增加15.2万亿美元，而能源投资需求会增加36.5万亿美元。根据经合组织（OECD）的报告显示，全球范围内当前全球能源、运输、建筑和水基础设施占全球温室气体排放量60%以上，基础设施系统仍需要在全球范围内进行大规模改造，从而避免灾难性的气候变化，全球每年将需要6万亿—7万亿美元的投资，以满足对环境修复、能源效率、清洁能源、清洁交通和绿色建筑等部门的绿色投资需求。为了促进全球向环境可持续和低碳经济转型对气候变化的日益担忧，加剧了尽快向低碳经济过渡所需资金的需求。到2030年，为了实现《巴黎协定》中提出的减排目标，预计在气候解决方案上的投资需达到93万亿美元。如果没有金融部门的进一步参与和创新，就不可能完成这些目标和义务。

随着环境问题的影响越来越大，治理环境的成本不断加大，金融产品被赋予了更多的社会责任，有的国家将环保责任写入相关环境法律，并制定相应的金融法规，运用法律制度的强制力促进绿色金融工具的发展。虽然投资需求的规模是众所周知的，但决策者需要更清楚地了解如何调动足够的债务和股权资本，为向低碳和气候适应型（LCR）经济转型提供资金。债务是LCR基础设施投资的主要资金来源，金融市场可以通过满足世界各地对低碳项目（从城市交通基础设施到可再生能源设施）日益增长的需求，帮助解决气候挑战。而债券融资、可再生能源再融资和能源效率被视为一个整体机制。鉴于巨大的绿色投资需求，债券是解决此类项目的合适融资工具。鉴于巨大的绿色投资需求，传统的债务融资来源将无法满足需求，因此有必要引入新的融资方式，以杠杆化更广泛的投资者基础，包括那些在全球管理超过100万亿美元资产的机构投资者（如养老基金、保险公司和主权财富基金）。绿色债券市场的发展可以为银行绿色贷款和投资者绿色股权融资提供额外的资金来源。

要实现《巴黎协定》的目标，就需要一些排放水平最高的国家重新审视自己，规划和实施转型路径，以适应气候变化的新形势。绿色和可持续债券已成为能为这些转型国家提供资金的重要工具。绿色债券以其较低的融资成本，作为发展绿色经济的融资工具，逐渐成为开发低碳项目越来越重要的融资来源，受到各国政府的高度重视。宏观环境及政策因素推动绿色债券发展，越来越多的国家意识到绿色经济发展的重要性，全球大部分国家纷纷向绿色经济转型，资金需求量庞大，国际上绿色债券市场加速发展。

作为全球可持续发展的重要融资手段，绿色债券（Green Bond）的概念第一次出现，是在2007年，欧洲投资银行发行了世界第一只以环保为主体的债券，称作气候意识债券，气候意识债为应对气候变化项目的直接资金来源，开启了绿色债券的发展之路。随后的2008年，世界银行为了应对目前全球的气候环境问题，而筹资进行国际改善，发行了全球第一只绿色债券。自此类债券发行后，越来越多的多边机构、政府与企业开始绿色债券的发行，绿色债券的规模已经越来越大。

从气候债到绿色债，表明募集的资金将专款专用于绿色产业与绿色项目，绿色债券市场规模日益壮大，成为低碳融资的重要方向。绿色债券市场在世界范围内作为一种全新的金融市场，在2013年之前的发展速度相对缓慢，但之后呈现出暴发式增长。根据全球气候债券组织的统计，全球绿色债券的发行总量从2013年的106亿美元快速增长到2020年的10248亿美元。全球绿色债券市场已经从2013年的少量交易发展到每年超过2500亿美元的市场，发行人数量和多样性持续增长。2020年来看，前三大绿债发行国家分别为美国、德国和法国，发行量分别为521亿美元、418亿美元和370亿美元。发行绿色债券的地理范围进一步扩大，发行主体也更加多元化。

绿色债券市场正在增长，吸引了更广泛的发行方。绿色债券的发行主体从最初的多边开发金融机构，如欧洲投资银行、世界银行，到后来的商业银行、工业企业，以及各国中央银行、地方政府，还有些高等院校，如麻省理工学院发行了绿色建筑债，总体上发行人结构日益丰富，政府及其支持机构作为主体的占比越来越高。从可查询的2020年发行人结构来看（见图4-1），绿色主权债券占债券发行总额的12%，地方政府和政府支持机构发行额占比合计有28%，发行规模占比最高，2020年的特征是公共部门发行人类型的增长，而私营部门发行人数量要么保持不变，要么萎缩。公共部门发行人通常不太容易受到市场动态的影响，因为它们往往有长期投资计划。环境问题是典型的公共问题，因此理论上政府应为此承担责任，并发行绿色政府债券。

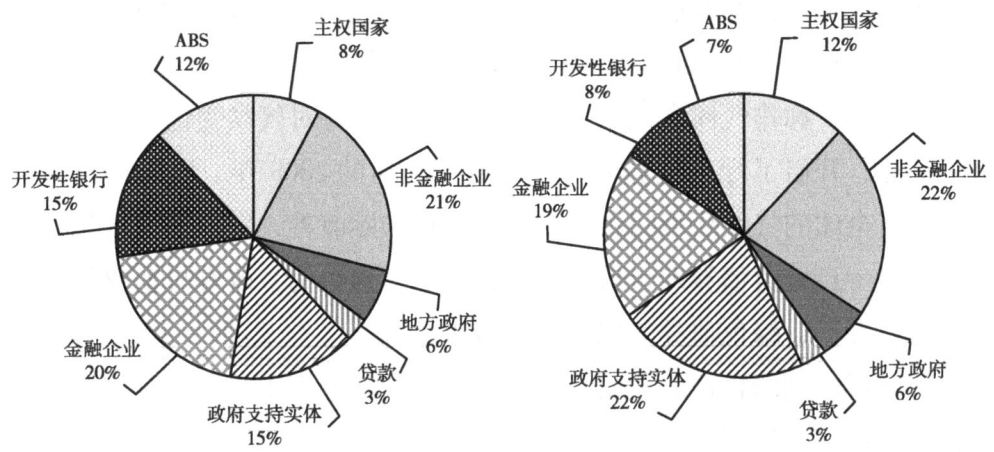

图4-1 不同时期发行人主体结构对比

资料来源：万得资讯，中金公司研究部，数据截至2020年12月31日。

政府在绿色债券发行中扮演越来越重要的作用。越来越多的城市和地方政府通过发行绿色市政债券/地方政府债券来支持城市公共事业和基础设施建设。美国拥有全球最大的绿色市政债券市场，占全球发行总额的5/8。而且，除了地方政府以外，中央政府也开始步入绿色债券发行队列。2016年11月，波兰发行全球首只绿色主权债券。此后，不少国家都在积极筹备发行绿色主权债券。绿色主权债券占各类绿色债券发行规模甚至已经超过绿色资产支持证券。中央政府、地方政府以及政府机关部门发行的绿色政府债券规模合计占新发行绿色债券总额的1/3①。

绿色债券包括国家信用背书的政府债券。绿色政府债券，是指募集资金主要投向节能环保、清洁能源、绿色交通、绿色建筑等绿色领域的政府债券，在国际上已有了较好的实践。绿色债券在属性和行业分布上以金融行业债券和政府债券为主。通过对绿色债券投向各行业资金的分类统计

---

① 资料来源：气候债券倡议组织（CBI）。

(见图4-2),可以发现累计39%绿色债券筹集资金流向金融行业;政府债与公共事业方向次之,分别为27%和15%;能源、工业等行业总计共占20%左右。

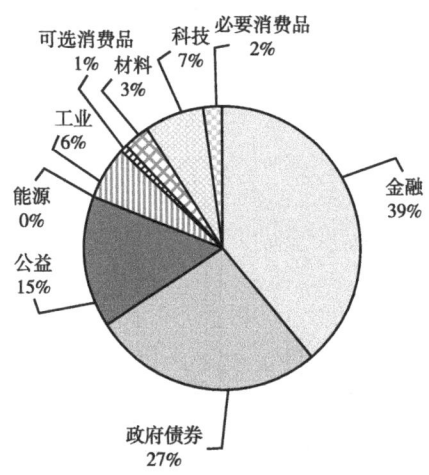

图4-2 绿色债券投向行业分布

数据来源:彭博资讯。

根据CBI组织的数据,截止到2020年,全世界绿色债券累计发行规模达到1.0728万亿美元,主要集中在欧洲、亚太、北美地区(见图4-3)。2016年11月,波兰发行全球首只绿色主权债券,发行规模为7.5亿欧元。随后,2017年1月,法国接力,发行70亿欧元规模的绿色主权债券。目前发行了主权绿色债券的国家总数达到16家。随着绿色金融体系的推进,中国绿色债券市场发展引人注目,发行规模累计1237亿美元,现已位居世界第二,2020年中央政府、地方政府以及政府相关部门发行的绿色政府债券规模合计827亿美元。

虽然欧美等发达国家仍是绿色债券的主战场,但发展中国家的绿色债券市场正逐步走向规模化。2016年,来自中国、巴西、印度、菲律宾、摩洛哥等10个新兴市场国家的政府和机构加入到绿色债券的发行队伍中来,中国是新兴市场最大的绿色债券发行国。从绿债存量规模看(见图4-4),欧洲位列全球首位,亚洲次之,北美洲排名第三,为推动全球绿债市场发展的主力军；存量绿债发行期限结构整体偏中长期，发行期限以3年到15年的中长期期限为主；发行成本与发行市场存在极高相关性，欧洲及超国家组织发行利率较低，而非洲相对最高，绿债在成熟市场发行比在新兴市场可享受更多融资成本优势。

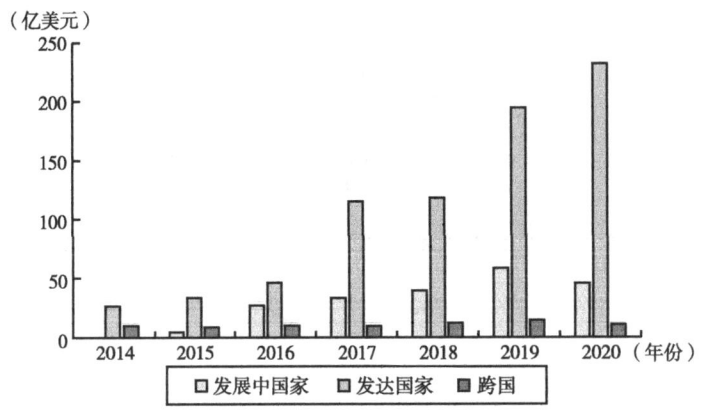

图4-3 绿色政府债券规模

资料来源：绿色债知几何？ https://wallstreetcn.com/articles/3629080。

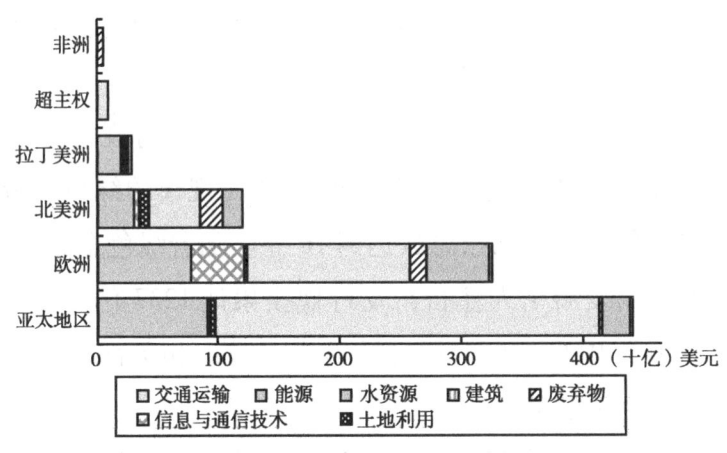

图4-4 不同地区气候相关债券发行主题情况

资料来源：气候债券倡议组织。

"绿色"概念不再单一，募集资金用途日益广泛化，行业分布的多元化，或可激发创新绿色项目，挖掘市场潜力。长期以来，节能和清洁能源开发一直是绿色债券的主要资金用途,2016 年以来,这一惯例被打破。用于水资源节约的资金占比由 2015 年的 9% 提高至 2016 年的 14%,用于基础设施建设和交通运输的资金占比均提高了 2 个百分点。全球范围内发行的绿色债券所支持的绿色项目,并非仅单纯致力于保护环境或降低高碳耗能源使用等,而是与国家层面的发展目标有所结合。目前可负担的清洁能源、可持续的城市和社区、气候行动为募集资金投向的前三甲。国家政府在全球范围内为绿债市场主要参与者,作为发行人的主权财富基金和政府的存量规模均超过 2000 亿美元,而超国家组织多为政府背景投资部门或国家联盟投资机构,具有良好的信用资质和较低的风险水平,因此整体上评级结构以 AAA 高等级为主。

4.1.2　绿色政府债的作用和机遇

全球经济都处于转型中,2021 年经济总量占世界 70% 以上的国家已作出了碳中和承诺。绿色债券在转型融资中的作用突出。绿色政府债券具有良好的投融资功能和环境效益,是发行人、投资者和社会环境实现多方共赢的金融工具,可以更好地帮助政府有效实现公共政策和产业政策目标;其实质是政府利用公共财政和金融手段将社会闲置资金引导至绿色产业,促进国内经济的增长方式低碳转型和可持续发展。

绿色政府债券有很好的市场信号作用。学术研究结果表明,股票价格对绿色债券发行有积极的反应。其中一项特别表明,这种反应的数量和重要性在《巴黎协定》之后有所增加。这种反应的一个决定性因素是,投资者预期在这样的协议之后会出现更多与气候、绿色环保相关的投资机会,因此,他们更看重政府债券发行的"绿色"标志。绿色政府债券向投资者发出了一个信号,即该经济实体正准备保护收入不受气候变化风险的影响。

绿色政府债券还可以吸引更低的资金成本。对美元和欧元气候债券的研究表明,广义而言,绿色政府债券在询价发行过程中往往会吸引更大的账面价值和价差压缩，这可以让发行人有可能挤压定价，有可能达到"绿色期（Greenium）"，即绿色期发生在绿色债券价格在收益率曲线内、引起发行者的资本成本更低的时候。鉴于对绿色和更具弹性的基础设施的投资需求，公共部门发行绿色债券，为《巴黎协定》下的国家发展目标提供资金。

绿色政府债券会吸引了更广泛的投资者，包括众多授权投资绿色和/或社会产品的基金。最新的关于绿色债券的研究表明，56%的绿色债券分配给了"绿色"投资者。除了新的银行投资者外，绿色债券往往还会吸引更广泛的投资者，从养老基金到拥有绿色委托的资产管理公司，再到央行，投资者基础多元化。通过给自己的债务贴上"绿色"或"可持续"的标签，就像一些主权国家已经做的那样，政府可以在促进国内绿色债券市场发展的同时，发出一个明确的市场信号，并吸引更多多元化的投资者加入。

而投资绿色政府债的好处还在于，绿色债券在二级市场能保持其价值。越来越多的证据表明，与普通债券相比，绿色债券在二级市场的波动性更低。债券市场流动性增加的迹象正在日益显现：一方面，2020年3月，新冠肺炎疫情大流行导致金融市场陷入停滞。投资者报告称，在市场对其他类型的金融工具关闭时，他们仍可以进行绿色债券交易。这一点很重要，因为它表明绿色债券为投资者提供了更大的灵活性；另一方面，任何复苏的努力都需要更多的资金投入。各国政府为应对新冠肺炎疫情造成的紧急情况而采取的卫生措施将导致财政支出增加，经济活动减少，从而导致财政收入下降；再加上促进各国经济复苏的公共政策议程，这很可能各国都会要求增加公共债务。无论对发达经济体还是新兴经济体而言，公共绿色债务不断上升，再加上有的国家存在资本大量外流和出口减少的情况，债券市场可能多少会给大家留下这样的印象：一旦存在疫情造成的衰退和情形，对"绿色"投资融资将是可行和必然，而不是一种可选的战略。

4.2 发达国家绿色政府债券实践情况

发达的经济体，国家制度的体系构建比较完善，在政府绿色债券领域起步较早。全球80%的绿色产品来自发达市场（DM），欧洲的债券发行以政府支持的实体和非金融企业为首，各占25%。绿色市政债的发行可以很好地解决地方政府城镇化环保产业投融资的问题。主要分为两类：一类是一般责任债券，以地方政府的财政收入为主要偿债资金来源；另一类是收益债券，以政府项目建成后的收入还本付息。英国、法国、加拿大和美国等国的地方政府以及伦敦、巴黎、多伦多、斯德哥尔摩、加利福尼亚等地区的政府，均发行过一般责任型绿色债券。夏威夷等地区的政府还发行过绿色基础设施收益债券。在美国很大一部分市政债券用于环境工程和能源建设，而在英国和日本的污水处理融资来源很多都是来自地方政府发债。

2021年上半年，政府支持实体的绿色债券发行总额为351亿美元，较2020年上半年增长31%（2005—2020年气候债发行规模见图4-5），其中规模最大的单笔交易是24亿美元，整个项目都是根据气候债券标准认证的。美国发行者合计占该领域总发行量的13%，紧随其后的是法国占12%（见表4-1）。

"交通运输"气候主题在气候相关债券领域中占主导地位，其次是能源和水资源（见表4-2）。铁路公司发行最为广泛，几乎占了所有气候相关债券交通运输类别的发行量。据估计，超过40%的气候相关债券将在短期内到期，这为在绿色、社会和可持续发展贴标债券市场上为气候相关业务进行再融资提供了机会。

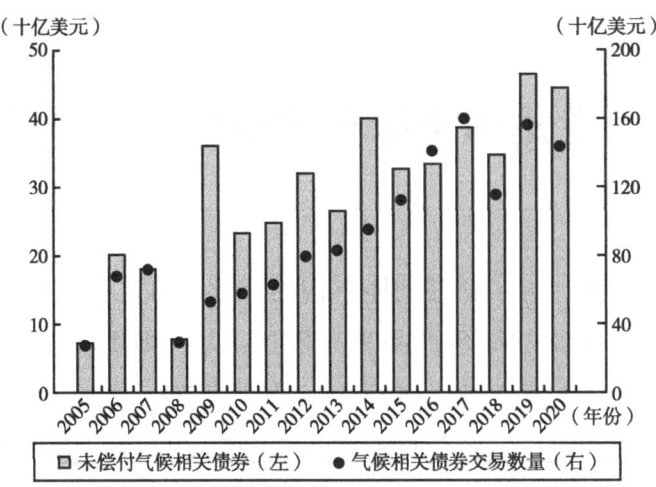

图 4-5 发达国家气候相关债券发行规模

资料来源：气候债券倡议组织。

表 4-1　　　　　　　　气候债券发行规模国家排行

国家	未偿付气候相关债券（美元）	市场份额（%）
法国	1737 亿	37
美国	866 亿	19
英国	539 亿	12
加拿大	331 亿	7
德国	314 亿	7
奥地利	166 亿	4
日本	134 亿	3
西班牙	102 亿	2
挪威	73 亿	2
瑞士	71 亿	2

资料来源：气候债券倡议组织。

表 4-2　　　　　　　　发达国家气候相关债券发行主题情况

气候主题/排名	金额（美元）	市场份额（%）	发行人数量
1. 交通运输	1957 亿	42	51
2. 能源	1088 亿	23	73
3. 水资源	673 亿	15	33

续表

气候主题/排名	金额(美元)	市场份额(%)	发行人数量
4. 信息与通信技术	479 亿	10	5
5. 废弃物	317 亿	7	15
6. 土地利用和农业	133 亿	3	25
7. 建筑	100 万	<1	1

资料来源:气候债券倡议组织。

4.2.1 欧盟

欧盟是绿色债券发展历程中的主要参与者与先行者,以欧盟为代表的绿色金融发展相对领先。欧盟在绿色债券方面的发展历史悠久。2007年欧洲投资银行(European Investment Bank,EIB)向欧盟27个成员国投资者发行全球首只绿色类债券——"气候意识债券",推动了绿色债券的国际化层面的发展,并加速其规模的跨国扩张。

欧盟的绿色政策体系较为成熟完善。作为成员的发达国家的绿色金融从法律制度、市场主体和绿色金融工具等方面,已经形成了较为完善的体系。在绿色金融政策体系方面,各国政府及央行不断加强绿色金融顶层设计,制定相关法案、政策,在绿色债券、绿色信贷、绿色保险、绿色基金等产品领域已形成较为成熟的产品体系。同时,国际金融机构也在发行和实践绿色产品中扮演着重要的角色。从发行币种也可以看出,欧盟在绿色金融、可持续发展等方面已经发挥了引领作用,成为主权绿色债券的发起者和推动者。

欧盟的可持续金融发展政策对绿色金融活动分类标准和信息披露有着更高的要求,如发布《欧盟可持续金融分类方案》《欧盟绿色债券标准》《气候基准及信息披露规范》等报告,对绿色环境相关领域的发展提供了界定标准和参考范例。虽然欧盟分类法的技术标准细则仍在制定中,但欧盟分类法已于2020年6月颁布,定义绿色经济活动的技术标准于2021年初写入法案。虽然标准最初均为自愿性执行，但欧盟建立了强制性的绿色定义框架，这是该领域的重要里程碑。

欧委会在颁布《欧洲绿色协定》中，明确将2050年实现碳中和政策化。为应对新冠肺炎疫情冲击，欧盟推出"欧洲复苏基金"，将"绿色化"作为后疫情时代经济转型可持续发展的主要动力之一，《欧洲绿色协定》标志着欧盟绿色转型的政策化，政策倾向日益巩固。在欧盟层面，资本市场联盟（Capital Markets Union）已将通过基于市场主导举措的绿色债券标准趋同来支持绿色债券融资列入欧盟的政策议程。市政债券发行的具体指导方针已经发布。

对债券市场的扶持，已经被欧盟牢牢地纳入了考虑范围。基于欧盟委员会关于可持续金融的行动计划，相关技术专家组（TEG）于2019年6月发布了其关于欧盟绿色债券标准的报告，旨在提高市场的有效性和透明度，并推动欧盟绿色债券的发行和投资。气候债券倡议组织调查了48家欧洲最大的固定收益资产管理公司，以全面了解固定收益投资界在应对气候风险和其他环境和社会因素时，是如何作出投资决策的。欧盟进行了相关的研究调查，调查中受访的投资者总资产管理规模约为13.7万亿欧元，固定收益资产管理规模约为4.3万亿欧元。从这项调查可以看出，这些投资者希望发行更多绿色新兴市场债券，原因是投资者对本币和较长期债券的兴趣日益增强。

2015年以来，挪威奥斯陆、斯德哥尔摩、伦敦、墨西哥、卢森堡、意大利等六地的证券交易所，先后开设了独立的绿色债券市场板块。其中，卢森堡证券交易所是全球首家挂牌绿色债券的交易所。也是目前全球绿色债券发行规模最大的交易所，其最大的绿色债券发行主体是欧洲投资银行。2016年9月，卢森堡证券交易所将其绿色证券产品独立出来，成立卢森堡绿色环保交易所（Luxembourg Green Exchange）。这是全球首个专门进行绿色证券交易的交易平台。该平台对绿色证券的绿色标签、事前审查和事后报告等制定了严格要求。绿色证券在卢森堡绿色环保交易所上市后，其发行人必须提供外部机构评级，以及募集资金专项管理与使用等方面的信息。证券交易所可以从三个方面加深绿色债券市场的深度：一是制定标准化的绿色债券发行和交易规则，促进市场规范发展；二是设立专门的绿色债券板块，使绿色债券获得更高的市场关注；三是提供更为广泛的投资者群体，从而提高二级市场的流动性。这些突出优势都有助于提高市场运行的质量，促进绿色债券市场的长远规范发展。

法国和德国是有代表性的欧盟国家。法国是第 21 届联合国气候变化大会后第一个承诺发行主权绿色债券的国家。其绿色债券发行始于 2012 年，地方政府部门为最早期的发行人，资金投向能源和绿色建筑项目，多为超过 20 年的超长期限债券，具有良好的外部审查记录，包括专业机构的外部审查和年度报告。2017 年 1 月，法国成为首家发行 70 亿欧元（约合 75.5 亿美元）22 年期贴标主权债券的发达市场国家发行人。随后该债券经过了 10 次随卖发行，总规模达到了 274 亿欧元（约合 295 亿美元），到 2020 年 7 月使其成为规模最大的单一贴标主权债券。该债券规模现可与法国财政部发行的其他国债相比肩。法国 2020 年增发了三期绿色政府债券（GrOAT），总额为 74 亿美元。法国于 2021 年推出新债券期限，法国 2039 年到期的 GrOAT 是市场上规模最大的一只绿色债券，总余额为 274 亿欧元（311 亿美元）。目前法国是最大的主权债券发行国，共发行了三笔交易（一笔是单次发行，另二笔是两次发行），总额为 129 亿美元，占到债券发行总额的一半以上。

在德国，两只绿色主权债券（按照 CBI 的绿色定义）推动德国成为 2020 年第二大绿色债券发行国，即德国 2020 年 9 月发行的首只 10 年期绿色国债和 11 月初发行的 5 年期绿色国债，总规模为 115 亿欧元（138 亿美元）。德国政府则为将其绿色债券计划与常规债券区分开来，引入了双子债券概念，并表示不希望其绿色计划影响常规债券的发行。德国的绿色债券框架将国际合作纳入认可支出项目中，反映了气候变化对全球的影响。其框架中的对此国际合作目标的定义为："协助新兴市场和发展中国家向更加环境友好的经济过渡，并支持该领域的国际合作——气候变化减缓和适应、向更多可再生能源过渡、保护栖息地生物多样性、自然资源和能源的可持续利用,包括发展可再生能源发电设施和可持续农业。"据报道①,2020年9月2日,德国联邦政府首次试水绿色债券。德国联邦财政部发行了共65亿欧元的10年期政府债券,获得了投资者330亿欧元的超额认购。从结构上来看,德国联邦政府以此作为尚未偿还的2030年8月债券的双子债券来标售,也就是说,每一次联邦政府标售绿色债券,就会在自己的账目上增加和该债券一样的传统债券规模。投资人可以交换这两者,缓解市场对于其流动性的担忧。与常规债券特点相同,德国财政代理公司(债务管理办公室)将其称为"绿色双子债券",实际上,这两支债券是不可相互替代的,将继续保持独立识别码,直到债券到期。尽管绿色双子债券规模小,但两个债券的资金流转情况是共享的,因而可以通过流入的资金确定,投资者是否会因为绿色标签中所包含的绿色价值,从而转投绿色债券。债务管理办公室已承诺随时可将绿色双子债券换成常规债券,由此债券规模大小上的差异不应影响其流动性。从风险的角度来说,德国国债的安全性毋庸置疑。从流动性的角度来看,长期以来,标普、惠誉、穆迪三大评级机构都将德国的长期主权信用评级维持在"AAA"级,德国国债一直是欧元区的无风险基准资产。德国联邦政府采取的双子债券方式,将绿色债券换成传统国债,有助于打消投资者对于流动性的顾虑,这也可能是吸引更多借款人进入绿色市场的关键。②

继德国、法国及荷兰等国发行绿色债券之后,意大利政府于2021年3月总计发放了85亿欧元的绿色债券,创下了欧洲主权国家发放绿色债券规模的历史纪录。而欧盟委员会也于2021年9月份表明,欧盟新冠肺炎病毒复苏计划中应有30%是透过这种方式筹集资金。2021年10月,欧盟启动了成为全球最大可持续债券发行国的努力,发行的120亿欧元15年期债券吸引了逾1350亿欧元的认购,是史上发行规模最大的绿色债券。此次发行的债券是欧盟委员会(European Commission)预计发行的2500

---

① https://baijiahao.baidu.com/s?id=1676802201925002448&wfr=spider&for=pc.
② http://iigf.cufe.edu.cn/info/1012/3490.htm.

亿欧元绿色债券中的第一批,占欧盟 8000 亿欧元新冠复苏基金的约 1/3。这些收益将被分发给成员国,用于能源效率、交通和自然保护等领域。作为新冠复苏基金的一部分,该委员会将审查国家支出计划,以确保资金被用于真正的环境项目,同时旨在消除所谓的"漂绿"行为。欧盟成员国必须将至少 36% 的国家复苏资金用于绿色支出。[①] 法国以 370 亿美元的发行总量位居第三。法国根据欧盟分类法六个环境优先事项(气候变化减缓、气候变化适应、水资源利用、循环经济、污染防控、生物多样性保护)来判断支出项目的绿色程度,并据此给每个预算组分配绿色系数。这项工作现已纳入预算编制过程。

在所有条件都相同的情况下,投资者总是希望使用波动较少的债务工具,如果能证明贴标主权债券相对稳定的属性,则可以帮助投资者就绿色溢价问题向其资产所有者进行进一步的合理性论述。有数据显示,截至目前,全球绿色债券总发行规模已超过万亿欧元,而其中大多数都来自于欧洲国家。西班牙、德国等欧洲国家都已经陆续发布了国家绿色债券。2021 年 9 月 7 日,西班牙绿色债券首日发售数据显示,市场对绿色债券的需求达到了 600 亿欧元,超出此前预期。而在 9 月 8 日,德国也宣布发售 10 年期绿色债券,成了最新一个发行绿色债券的国家。

欧盟在 2019 年 11 月发布了金融机构和产品必须披露可持续发展相关信息的要求,并于 2021 年 3 月开始实施。2020 年 12 月,英国宣布要求几乎所有公司在 2025 年按照 TCFD 开展信息披露。2020 年 7 月,法国金融市场管理局要求机构投资者披露环境、社会和公司治理(ESG)相关信息。此外,许多欧洲和英国机构已经披露了投资组合的碳足迹和机构自身运行的碳排放信息。欧盟启动了成为全球最大可持续债券发行国的努力。2021 年 9 月 7 日,欧盟委员会通过了一份绿色债券框架,并宣布在 10 月正式发行疫情复苏绿色债券,总计发放规模将达 2500 亿欧元。根据框架

---

① Financial Times. EU launches largest - ever green bond (2021 - 10 - 13), https://www.ft.com/content/18039150 - 3048 - 4f67 - 9ece - 9243fac969d1.

内容，欧盟计划将绿色债券筹集的资金分配给绿色项目，欧盟委员会也会及时报告获得融资的项目给环境带来的影响。2021年到2026年期间，欧盟发行2500亿欧元绿色债券的计划实施后，欧盟将成为了全球最大的绿色债券发行方。

4.2.2 美国

美国是目前全球最大的绿色债券来源国家，无论是债券数量还是规模。美国绿色债券市场主要由市政债券发行人和政府支持机构主导，政府和公共机构为推广绿色债券起到示范作用。美国地方政府和政府支持的实体发行的绿色市政债券占总发行量的23%，其中马萨诸塞州是美国第一个发行免税绿色债券的地方政府，对债券投资人减税或对发行人进行利息补贴，而加利福尼亚、纽约和夏威夷地区分别发行地区一般责任债券和收益担保债券以支持绿色项目建设。美国绿色政府债券发行始于2013年，马萨诸塞州首次发行1亿美元绿色政府债为清洁水、能效及生态保护项目融资。其后，加利福尼亚州于2014年发行3亿美元绿色政府债为水务及交通运输项目融资，当时它的销售额略低于3亿美元，收益专门用于水和公共交通项目。2014年7月，哥伦比亚特区水务局（DCWater）发行首只附加第二方意见（Second Opinion）的绿色政府债券，并论证项目的环境、社会及治理（ESG）表现。根据气候债券倡议（CBI）的统计数据，2015年，美国绿色政府债券市场的绿色政府债券市场大幅增长，发行规模为47亿美元，最大的发行方来自华盛顿州，2015年发行总额较2014年增长47%。截至2016年年中，贴有标签的美国政府债券已增至97亿美元，首批发行者来自纽约大都会运输管理局。据气候债券倡议组织统计，2017年美国共发行110亿美元的绿色政府债券，较上年增加近40亿美元，美国也成为全球第一大绿色政府债券发行国。

由于新冠肺炎疫情大流行对信心造成重大影响，2020年上半年所有类别债券的发行量都有所下降。尽管与2019年相比，总体规模每年下降

2%，但拜登政府的政策预计将广泛支持绿色债券市场，因此预计该市场将稳步增长。据气候债券倡议组织绿色债券数据库数据，2020 年的绿色市政债券发行量比 2019 年增长了 66%。2021 年 3 月的月度发行量达到了创纪录的 84 亿美元。截至 2021 年第一季度末，美国今年的发行量已经达到 2020 年发行量的 34%（见图 4-6）。

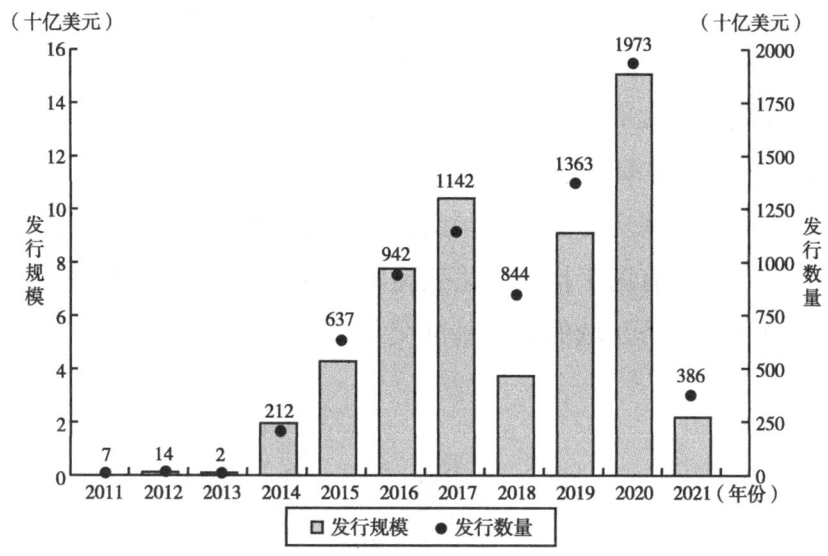

图 4-6　美国绿色市政债券发行规模

资料来源：气候债券倡议组织。

根据美国土木工程师学会（ASCE）估计，美国每年需要耗费 2 万亿美元来修复和维持老化基建设施的基本运转，另外每年还需要 2 万亿美元才能应对自然气候加速变化所带来的灾害。在财政资金不足的情况下，美国政府债以其高信用资质和独特的税收优势，为绿色投资提供了巨大机会，也激起美国州政府的极大的热情。50 个州中有一半（包括哥伦比亚特区）已经制定了经济范围内的减排目标。在美国最大的 100 个城市中，大约有一半的城市也制定了目标。3800 个州、城市、企业、大学、宗教和其他非联邦组织已经作出了气候承诺，这些承诺加在一起，到 2030 年可使排放量比 2005 年减少 25% 左右。

美国市政债券主要由地方政府或政府支持的实体发行（前者占多数，

占美国市政债券发行总量的76%)(见图4-7),并为公共项目融资,这些项目可分为不同的绿色收益使用类别,如水务、建筑、交通或垃圾相关项目。尽管资产支持证券的发行量一直很大,但从2019年到2020年,其发行量同比下降了42%。美元债几乎占美国绿色债券发行总量的95%。六家发行机构(苹果、花旗集团、数字资产信托、Equinix、Prologis和Southern Power)已经签署了欧元协议,合计占5%。缺乏货币多样化意味着国内债券市场成熟而发达。美国绿色债券市场大部分由机构MBS和美国市政债券组成,大部分由国内投资者购买。美国绿色、社会与可持续债券(GSS)市场的主要特点仍然是房利美(Fannie Mae)和市政债券的大量小规模交易,这些交易主要由国内散户或个人投资者购买。为了调动机构资金,以及可能有助于推动政策变化和大规模转移资本的专门委托,市场需要来自各个经济领域的更多基准交易。

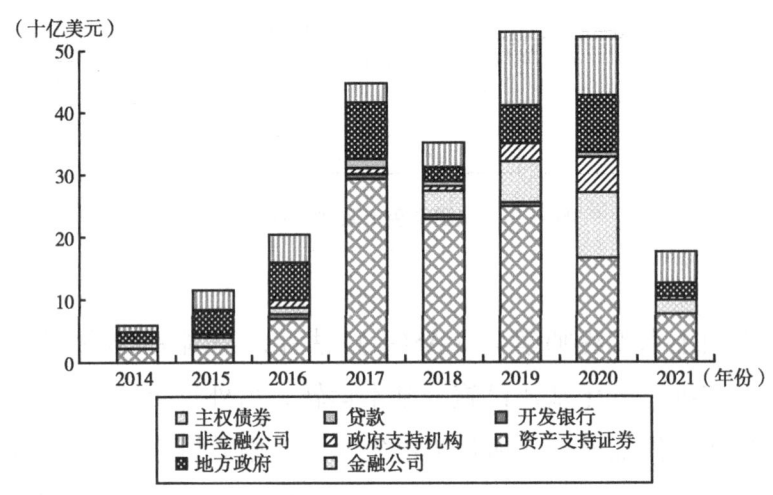

图4-7 发行主体及形式

资料来源:气候债券倡议组织。

2013年,马萨诸塞州发行了美国历史上首只绿色政府债,该期债券规模达1亿美元,募集资金用于清洁用水项目、公共建筑效能、环境整治、土地征用、开放空间保护及栖息地恢复工程等(见表4-3)。该期债券获得了投资者的热烈反响,其中30%以上获得超额认购,大约有8—10

家此前从未购买过马萨诸塞州绿色债券的投资机构也参与认购。由于该 AA+的绿色政府债利率比外评 AAA 的一般政府债更低,因此马萨诸塞州政府节约了大量利息费用。

表 4-3　　　　　　　　　马萨诸塞州绿色政府债

时间	规模	期限	利率	用途
2013	1 亿美元	20 年	3.2%	清洁用水项目、公共建筑效能、环境整治、土地征用、开放空间保护及栖息地恢复工程等
2014	3.5 亿美元	5—17 年	2.45%	为水基础设施项目提供资金,包括河床恢复,开放空间、保护和雨水管理

资料来源:曾刚,吴语香.美国绿色市政债的发展经验与启示,中国金融信息网。

在马萨诸塞州政府的尝试之后,美国政府债市场迎来飞速发展。2014 年,马萨诸塞州再次发行第二期绿色市政债,发行规模 3.5 亿美元,募集资金用于水基础设施项目,包括河床恢复、开放空间保护和雨水管理。2015 年开始,美国绿色市政债发行量开始扩容,2017 年共发行 110 亿美元,创历史最高发行量。尽管规模更大的市政债券交易在美国很少见,但 2017 年第二大市政债券交易来自纽约大都会运输署(New York MTA),交易额为 20 亿美元。截至 2017 年末,美国 31 个州(市)政府共发行 59 期绿色政府债,合计规模约 120 亿美元,占美国绿色债总规模的 27%;其中,前三大发行量的州政府分别为纽约州、加利福尼亚州以及马萨诸塞州,三者合计比重为 64%。2018 年第一季度,受到新税收和就业法案颁布影响,政府债的免税效应对投资者吸引力有所降低,美国绿色政府债发行规模减少,发行量下降明显,主要是纽约州和加利福尼亚州的发行量分别从 2017 年的 46 亿美元、43 亿美元下降至 8.35 亿美元和 15 亿美元。

5—10 年期债券在数量和数量规模上都是最大的,10—20 年期债券紧随其后,但这些债券规模较小。20 年以上的长期限债券要少得多,交易数量保持在 100 个以内,但仍占全年总额的很大比例,从 2014 年的 34% 到 2016 年的 42%。这部分由地方政府主导,即美国市政债券。许多美国市政债券是连续发行的,然后进一步细分为不同期限的债券,期限远远超过20年（见表4-4）。例如，哥伦比亚特区水务公司（District of Columbia Water）在2014年发行了3.5亿美元，并获得了穆迪ESG解决方案（Moody's ESG Solutions）子公司V.E的增发股票（SPO）。该债券将于2114年到期，是迄今为止期限最长的绿色债券。

表4-4　　　　　　　　　　美国绿色地方政府债券发行案例

发行地区	发行时间	期限	发行金额	资金用途
俄勒冈州	2019年3月	20年	4500万美元	用于建设"零排放"学校，学校将结合使用建筑节能和现场发电，以使其在一年的时间内，实现此建筑运行的零排放。
明尼苏达州	2018年10月	最长年期为28年	9600万美元	募集资金将专门用于新的公共服务中心，该中心将为警察局和其他公共服务部门提供住宿，以及用于一个新东区固体废物和回收业务以及车辆维护的储存维护设施，已承诺为两座建筑争取LEED金级认证。
密歇根州	2018年8月	最长年期为5年	1.49亿美元	所得款项将资助环境和自然资源保护计划，包括：土地修复和污染场地的再开发，保护和改善水质，污染预防，减少铅污染，回收和恢复社区滨水区，州立公园改善基础设施，增强当地娱乐机会，修复湖泊，河流和溪流中受污染的沉积物。
加利福尼亚州	2018年7月	20.3年	3500万美元	为住宅和商业建筑中的可再生能源，能源效益和节水改善提供资金。
路易斯安那州	2018年6月	19.4年	1200万美元	资助距离卡梅伦县港湾海岸线100—150码的花岗岩石防潮堤的设置，以解决和防止海岸侵蚀的影响。
加利福尼亚州	2018年6月	最长年期为27年	9100万美元	赞助马林综合医院的建设、改造和改善项目，承诺将会获得LEED银级认证水平。

资料来源：气候债券倡议组织，中证鹏元整理。

自美国债券市场成立以来，建筑一直是最主要的债券收益资助（Use of Proceeds, UoP）类别，到2021年第一季度末达到1090亿美元。紧随其后的是可再生能源（580亿美元）和水资源（420亿美元）。与水务有关的资产和项目在过去一年有所减少，而交通运输则是最强劲的一年，到目前为止,交通运输局已经通过 18 笔交易(其中 8 笔是基准规模)筹集了 113 亿美元,所有交易都通过了气候债券标准的低碳运输标准认证。其他发行基准规模工具的市政当局包括洛杉矶县 MTA、中央普吉特湾运输管理局和旧金山捷运系统,分别筹集了 14 亿美元、9.43 亿美元和 625 美元,所有这些都是为交通项目融资的。其他基准市政债券发行人包括为可再生能源项目融资的纽约电力局(New York Power Authority),以及为水务项目融资的马萨诸塞州水资源管理局(Massachusetts Water Resources Authority)、旧金山公共事业公司(San Francisco Public Utilities)和伊利诺伊州财政管理局(Illinois Finance Authority)。截至 2021 年第一季度,2020 年可再生能源资产或项目融资总额的 1/3 以上已经发行,达到 54 亿美元,垃圾和土地利用项目和资产分别占发行总量的 1.5% 和 0.6%。

尽管联邦政府在气候和环境政策上有所退步,但在过去五年中,国家层面的气候行动仍在继续,这进一步证明了次国家气候行动的力量。50 个州中有一半(包括哥伦比亚特区)已经制定了经济范围内的减排目标。比如,密歇根州的多种绿色债券为环境和自然资源保护方案提供了资金,帮助清理和重新开发受环境污染的地点、湖泊、河流和小溪;进一步保护和改善水质;防止污染,减少铅污染;填海和活化社区海滨;改善州立公园的基础设施,增加当地的娱乐机会。

自 2019 年以来,加州的绿色债券市场一直得到该州自己的绿色债券发展委员会的支持。加州于 2021 年 2 月推出了一项新的《气候企业责任法案》,该法案要求在该州经营的大型企业从 2024 年开始报告法案中范围 1—3 项目的温室气体排放,并从 2025 年开始制定并公开科学的减排目标。

纽约金融服务部(DFS,DFS 也是 NGFS 的一部分)于 2021 年 3 月发布了"建议指南",详细说明了州保险公司将如何管理与气候相关的金融风险,这是州一级的首次此类举措,可能会促使其他金融监管机构采取类似行动。

这场新冠肺炎疫情的大流行,加上 2020 年的飓风和 2021 年的冬季风暴,从得克萨斯州的大范围停电,到密西西比州杰克逊持续的水危机,暴露出美国基础设施系统缺乏韧性。三笔标有绿色市政债券的交易，以创新的方式解决了适应性和弹性问题。旧金山公共事业委员会（San Francisco Public Utilities Commission）在2020年发行了两套绿色债券，其收益用于升级供水系统，包括增强其抗震能力。2020年12月，马萨诸塞州波士顿市发行了绿色债券，以支持能效和气候恢复能力项目，特别是加强公园和相关设施抵御风暴潮和海平面上升的风险。最近的一次是在2021年3月，阿肯色州中部通过收购绿色基础设施来保护他们的流域。3180万美元的债券是第一个根据气候债券，水基础设施标准认证的基于自然的解决方案。

虽然推出时间不长，但美国绿色政府债的发行程序和监管机制相对完善。比如美国规定，州（市）政府须从以下几方面确保募集资金的使用正确：一是发行人必须要开设单独的绿色政府债募集账户，以更好地单独归集资金；二是发行人必须持续监控募集资金，在债券存续期内并未投入非绿色投资；三是资产池的名义价值必须等于或高于债券面值。同时，州（市）政府必须披露，他们是如何追踪募集资金使用情况的，以确保资金使用透明公正。

从发行程序来看，美国绿色政府债通常包括以下五个步骤：第一步，州（市）政府需明确绿色项目和绿色资产的范围。对于发行人（美国州政府）而言，只有确定了为何种绿色项目进行融资，才可进而明确偿债来源。发行人需要根据国际资本市场协会（ICMA）发布的《绿色债券原则（GBP）》和气候债券倡议组织（CBI）发布的《气候债券标准（CBS）》，来评判选择的资产或项目是否符合绿色标准。第二步，州（市）政府需选择独立第三方机构进行债券认证。目前第三方认证机构主要包括毕马威（KPMG）、安永（EY）、商道融绿（Syn Tao Green Finance）等。第三步，州（市）政府需要事前建立监控募集资金使用情况的追踪报告框架。监管机构必须在债券发行前先建立好追踪体系，设好关键指标和数据系统来持续监控。第四步，州（市）政府可以开始发行绿色政府债。发行绿色政府债与发行普通政府债的具体流程一致，取得相关部门同意之后（一般责任债券通常需要全民投票通过、其余不需要），选择独立财务咨询公司和投资银行作为独立金融顾问，并获外部信用评级。第五步，州（市）政府必须事后每年至少一次地向投资者提供，募集资金的使用核查情况。该报告必须披露资金是否被运用合理，绿色项目运行情况如何，项目给投资者和股东带来的环境效益如何。此报告可由外部审计机构完成，也可由政府内部的稽核审查部完成。

美国绿色政府债券的投资者以个人投资者为主，较好地分散了投资风险，对寻求免税利润的个人投资者最有吸引力，也为环境效益作出了显著贡献。美国政府绿色债的投资标的为可持续水资源利用、绿色建筑以及绿色交通项目，绿色债募集的资金可有效解决当地经济可持续发展问题，也为营造良好的绿色人居环境提供支持。州（市）政府的绿色政府债可以增加投资者的投资热情，扩大有环保意识的投资群体，尤其是个人投资者，既实现社会资本的正面引导作用，也使个人投资者在新的投资领域得到合理的投资回报。

美国政府绿色债的平均期限为10—20年，体现出长线资金支持绿色基础设施建设的合理性。从存续期债券来看，美国政府绿色债期限最长为40.72年，最短为9个月。按照存续期规模划分，42.55%的债券集中于10—20年，27.84%的债券分布于20—30年，19.97%的债券分布于5—10年，5年以下和30年以上的分布规模较小，分别为7.01%和2.54%。

投资政府债已成为美国居民配置资产的重要渠道之一。据Fidelity统计，美国个人投资者持有大约70%的美国政府债。作为政府债的一种特殊种类，绿色政府债不仅和普通政府债一样具有免税政策，同时还能让资金流向环保产业继而有效改善居住环境。此外发行绿色债券的政府每年需向投资者提供关于所投项目的进展情况，让投资者明晰资金流向以及投资回报，进一步增强绿色政府债的吸引力。

4.2.3 加拿大

加拿大绿色债券市场由金融企业和地方政府主导，各占发行总量的

1/3左右（分别为107亿美元和92亿美元）。自市场成立以来，这一直是一种趋势，两种发行人类型均在2020年达到创纪录的交易量。在地方政府方面，安大略省、魁北克省、渥太华市和多伦多市发行了多只绿色债券。如魁北克省和安大略省，它们分别发行了一笔价值6.09亿美元（8亿加元）的交易和两笔重新启动的初始交易。加拿大退休金计划投资委员会（CPPIB）发行的15亿加元（合12亿美元）债券是加拿大市场上最大的债券。与主权政府债券一样，加拿大的地方政府债券偶尔也会利用信用优势，这意味着发行绿色的市证债与之前的一般政府债券一起发行。政府支持的实体和开发银行在总发行量中所占的份额较小，分别为9%和6%（见图4-8）。

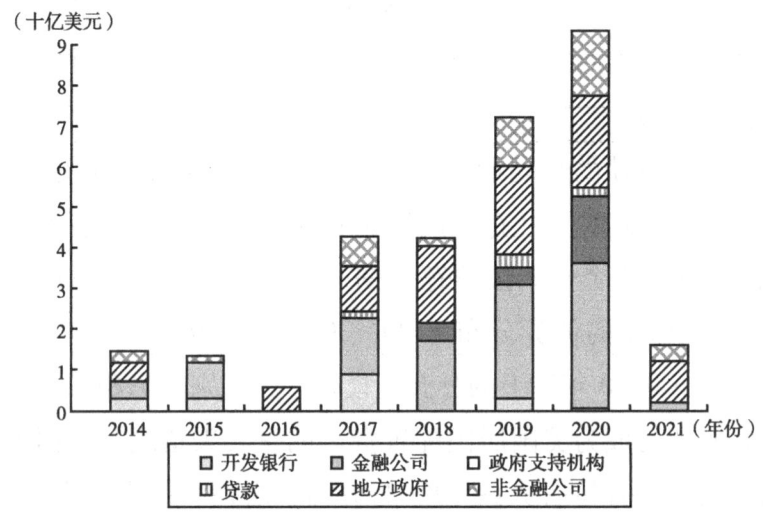

图4-8 加拿大绿色债券发行情况

资料来源：气候债券倡议组织。

发行期限各不相同，但大部分发行规模都属于5—10年范围，共28笔，规模为158亿美元。来自安大略省的57亿美元属于这一范围，20年期以上债券占总发行量的10%，发行量在2019年和2020年达到峰值。发行总额的1/3用于可再生能源项目。鉴于加拿大电力的很大一部分来自可再生能源——主要是水力发电——这就不足为奇了。这些发行人为一系列不同的项目提供资金，包括太阳能、风能、水力发电以及存储。低碳交通排在第二位，占发行总量的23%，有12笔交易仅将收益用于此类交易，其中几乎全部是地方政府。渥太华市、魁北克省、多伦多市和安大略省总共筹集了30亿美元，仅用于低碳交通项目，为轻轨和地铁等资产融资。建筑类和水类分别占18%和11%，自2016年以来均呈上升趋势。垃圾和土地利用项目很少，工业和信息与通信技术也是如此（见图4-9）。

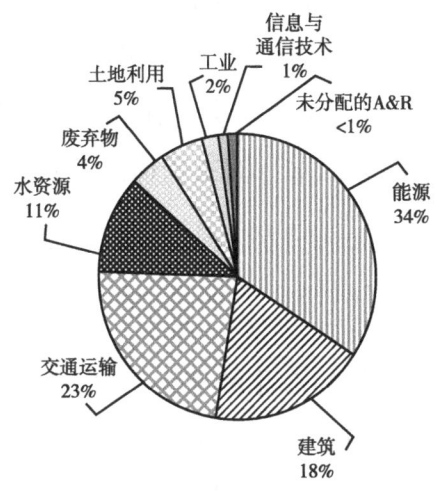

图 4-9　加拿大绿债项目分布情况

资料来源：气候债券倡议组织。

加拿大组织发行的大多数交易都带有SPO（70%）。在总计249亿美元的79笔交易中，有55笔是通过这种类型的第三方审查发行的。尽管在2014年市场启动后出现了最初的下降，但SPO供应商审查的交易自2015年以来一直在增长，到2020年达到78亿美元。其他类型的债券审查中很少有八个评级和一个认证。

加拿大想要成为世界上最环保的国家之一的目标，已被写入联邦可持续发展战略。作为联邦可持续发展法案的一部分，该战略由13个目标组成——第一个目标的核心是有效的气候行动。然而，加拿大2050年的实际净零目标，因未立法和缺乏细节而受到批评，自2020年底以来，加拿大总理贾斯廷·特鲁多（Justin Trudeau）宣布了几项措施来加强这一政策。加拿大净零排放责任法案于2020年11月提出。它的目的是通过制定一系列5年里程碑的中期减排目标，正式确定加拿大到2050年实现净零排放的目标。为了支持该法案的实施，成立了净零咨询机构，作为一个独立的专家组，为政府在脱碳途径上提供建议。加拿大加强的气候计划："健康的环境和健康的经济"于2020年12月宣布。新计划承诺初步投资150亿加元（124亿美元），以促进清洁经济和创造就业，具体的例子包括一个30亿加元（25亿美元）的NetZero加速基金，以帮助大型排放密集型企业减少排放。加拿大在2021年发行了主权绿色债券，以及2020年5月份宣布成立可持续金融行动委员会，在加拿大的省级层面扩大现有的绿色债券项目，有助于扩大已发行的主权债券的影响。

4.2.4 英国

英国一直致力于应对气候变化的努力，自1990年以来，英国已经减排43%，是七国集团中减排速度最快的国家。英国在1992年签署了《联合国气候变化框架公约》（UNFCCC），在1997年签署了《京都议定书》（Kyoto Protocol），成为《巴黎协定》的签约国；致力于《联合国2030年可持续发展议程》；并在2019年成为FJRST主要经济体，立法实现净零。2019年，英国制定了《绿色金融战略》，以使私营部门金融业务与清洁、环境可持续和有弹性的增长保持一致。为了实现《巴黎协定》的目标，所有融资都需要考虑气候变化和其他环境挑战带来的金融风险和机遇。2020年11月，英国首相提出了绿色工业革命的全面计划，提出了保护环境、促进绿色就业以及加快实现2050年零排放的计划。根据气候相关财务信息披露工作组（TCFD）的建议，英国于2020年11月宣布，到2025年，英国将成为第一个在整个经济体中引入强制性气候相关财务信息报告的主要经济体。

英国财政部、英国债务管理办公室（DMO）于2021年6月发布了《英国政府绿色金融框架》。该框架与国际资本市场协会（ICMA）绿色债券的 4 个核心内容与主要建议保持一致，具体的核心内容包括：(1) 募集资金用途，发行债券工具的收益必须用于符合条件的绿色项目，即有助于实现 ICMA 绿色债券原则中规定的环境目标的项目；(2) 项目评估与遴选，发行人的环境可持续目标、发行人确定项目符合合格绿色项目类别的过程，以及发行人识别相关项目的认定社会及环境风险的补充信息，都应该告知投资者；(3) 募集资金管理，债券发行的净收益或与净收益相等的金额，应由发行人以适当的方式进行追踪，并由发行人通过正式的内部流程证明其符合发行人贷款和投资的合理绿色目标；(4) 报告，有关募集资金用途的信息应定期向投资者公开，包括分配和预期的影响，并每年更新，直至其完全分配完。报告的主要建议包括：(1) 绿色债券框架，建议发行人在绿色债券框架或其法律文件中解释其绿色债券或绿色债券计划与上述 ICMA 绿色债券原则的四个核心组成部分的一致性，该框架以投资者易于获取的格式提供；(2) 外部审查，建议发行人任命外部审查机构以确认其绿色债券或绿色债券计划和/或框架与上述 ICMA 绿色债券原则的四个核心组成部分保持一致。募集资金用途方面，规定了合格绿色支出的不适用条款，即：(1) 曾由其他政府机构或公共部门实体发行的绿色融资工具提供融资或再融资的相关支出，以确保适当监管，避免重复计算；(2) 与核能相关的项目；(3) 燃烧化石燃料或乙醇供能的车辆；(4) 化石燃料的开发和勘探；(5) 大规模水力发电（大于 25 兆瓦），因其对生态环境有潜在风险；(6) 武器、烟草、游戏、棕榈油工业和酒精饮料的直接制造。

英国财政部与其他相关政府部门协商开展每年对合格绿色支出项目的评估和选择。英国财政部负责在每年合格支出的时间窗口内，更新潜在合格绿色支出清单。对于项目评估与遴选，为了验证每项支出的资质，英国财政部将与相关部门进行双边协作，英国财政部成立了一个跨部门绿色债券委员会，合格投资组合的每次更新都提交给跨政府部门间绿色债券委员会（IDGBB），以获取相关信息和专业评价。

跨部门绿色债券委员会（IDGBB）由英国财政部、英国债务管理办公室、国民储蓄与投资局以及其他预算涉及合格绿色支出的部门的高级代表组成，IDGBB 由英国财政部担任主席。IDGBB 具体的是由以下部门的代表组成：财政部（主席）、英国债务管理办公室、商业、能源和工业战略部（BEIS）、环境、食品和农村事务部、运输部（DFT）、外国、英联邦和发展部（FCDO），它对潜在的合格绿色支出进行评估。跨部门绿色债券委员会支持英国财政部履行以下义务：绿色融资框架的设计、实施和维护、合格绿色支出的评估和选择、绿色融资收益的分配和管理、绿色融资投资者报告。IDGBB 将批准或拒绝选定的支出作为合格绿色支出。英国财政部和国民储蓄和投资局（NS&I）将针对合格绿色支出发行绿色融资工具。绿色融资的收益将与其他英国政府债务发行的资金一样接收和跟踪。每个财政年度的绿色融资金额将由英国财政部宣布，作为年度政府融资的一部分。IDGBB 每年至少召开两次会议。除项目选择和评估外，还就框架设计、实施和维护、收益的管理、相关报告流程、与更广泛的战略目标的一致性等向英国财政部和英国债务管理办公室提供建议。所有这些问题的最终决策权在英国财政部。

募集资金管理方面，绿色融资的收益将以与其他英国政府债务融资相同的方式进行接收和跟踪，英国财政部将收益转移到一个综合账户，在那里收益将被持有和跟踪，并计划在相关绿色融资筹集之日起的两个预算年内，将所有绿色融资的收益分配给符合条件的绿色支出。财政部将在其内部信息系统（称为"绿色登记册"）内建立一个专门的跟踪程序，符合条件的绿色支出的拨款将在绿色登记簿中进行跟踪。IDGBB 将每年审查为符合条件的绿色支出筹集的所有绿色融资的收益分配，并确定是否有必要进行任何更改。

为了让投资者能够了解进度和积极影响，英国财政部计划每年发布一份绿色合格支出分配报告，并至少每两年发布一次列明环境影响和社会共同效益的影响报告。分配报告的更新将直到根据该框架将所有绿色融资的收益全部分配给合格的绿色支出。英国财政部任命 Vigeo Eiris（V. E.）对该框架进行外部审查，提供第二方意见。V. E. 审查了绿色融资框架，并得出结论，该框架是可信的、有效的，符合 ICMA 绿色债券原则。

英国财政部已任命碳信托（Carbon Trust）对绿色融资收益的预期分配与英国政府的气候目标和环境政策的一致性进行发行前影响评估。碳信托已经得出结论，收益的预期分配将与这些目标和政策保持一致。发行后外部验证如前文所述，英国财政部计划在相关绿色融资筹集一年后开始提供年度分配报告，并至少每两年提供一次影响报告。该报告将由授权独立实体进行外部验证，直到未偿付绿色融资的收益全部分配，或发生任何重大变化，审查将验证：（1）绿色融资收益资助的支出符合本框架的定义；（2）与绿色融资收益融资和/或再融资的合格绿色支出相关的分配金额；（3）募资和未分配募资的管理；（4）审查合格绿色支出的环境影响和社会协同效益。

英国政府决定设立一个利益相关者讨论论坛（SDF），在财政部和债务管理办公室的联合领导下，利用该论坛上的专家知识和专业知识，研究发行绿色金边债券和零售储蓄产品的问题。SDF 的目的是提供财政部和债务管理办公室确定的政府外部话题的一系列观点，以及根据要求，利用出席论坛的个人和组织获得的知识和经验，就技术问题提供专家意见。该文件同时宣布，英国将发行英国首支主权绿色金边债券，以及世界首创的绿色零售产品，该产品是由英国政府的零售储蓄组织，即国民储蓄与投资局（NS&I）发布的绿色储蓄债券，旨在使个人能支持绿色项目，二者目前筹集了超过 160 亿英镑的资金①。

英国财政部（HM Treasury）于 2021 年由英国债务管理办公室（UK Debt Management office）发行英国首只绿色主权债券。此外，英国将推出世界上第一个绿色零售产品：通过国民储蓄和投资局——英国政府的零售储蓄组织——的绿色储蓄债券，使个人能够支持绿色项目。英国财政部打算随后进一步发行一系列债券，以构建绿色收益率曲线。

英国政府绿色融资框架是根据《ICMA 绿色债券原则》制定的。英国

---

① UK Government Green Financing – GOV. UK（www. gov. uk）.

财政部打算将该框架与英国正在发展的环境可持续经济活动分类（"英国分类法"）保持一致。英国财政部拟将合格绿色支出排除由其他政府机构和公共部门实体发行的绿色融资工具融资和/或再融资的任何支出，以确保适当的监督和避免重复计算。

英国的绿色金边债券是一个范例，其中第一笔 100 亿英镑在 2021 年 9 月推出时获得了 10 倍的超额认购。虽然对收益的使用没有具有法律约束力的限制，但英国政府已明确界定其打算资助的投资领域，包括可再生能源、清洁交通和气候变化适应。不超过一半的收益可以用于现有项目，并且只能用于前一年开始的项目。该项目还需要明确报告绿色项目的社会效益，例如帮助过渡到低碳工作的工人数量和免受气候变化影响的家庭。还有一种世界首创的零售产品，绿色储蓄债券。

4.2.5 澳大利亚

澳大利亚的绿色政府债主要体现在地方政府方面。尽管澳大利亚拥有全球第四大退休基金，对环境问题有高度认识，其债券也在从低基数迅速增长，其市场表现依旧不如其潜力。投资者需要一个稳定的政策环境，政府不支持可再生能源及缺乏低碳的监管措施，导致本国可再生能源的前景充满不确定性。不过澳大利亚的公司对绿色贷款缺乏兴趣并没有影响州政府介入绿债市场。气候债券倡议组织预计，在州政府的帮助下，今年澳大利亚绿债市场的规模将翻两倍甚至三倍。

在澳大利亚，维多利亚州成为第一个发行绿色债券的政府，2016 年 7 月筹集了 3 亿美元，为一系列新的和现有的项目提供资金，这些项目带来了环境效益。维多利亚州绿色债券由维多利亚州 TCV 财政公司发行，也是世界上第一个获得国际气候债券认证的州或联邦政府发行的债券。

新冠肺炎疫情也导致澳大利亚的国债规模急剧上升，突破了 1 万亿澳元（约 7000 亿美元）（见图 4-10）。而不断走高的通胀还在蚕食澳大利亚民众对政府的支持，也这难怪澳大利亚财政部长 Jim Chalmers 抱怨这是"第二次世界大战以来，新政府继承的最棘手的经济状况"。

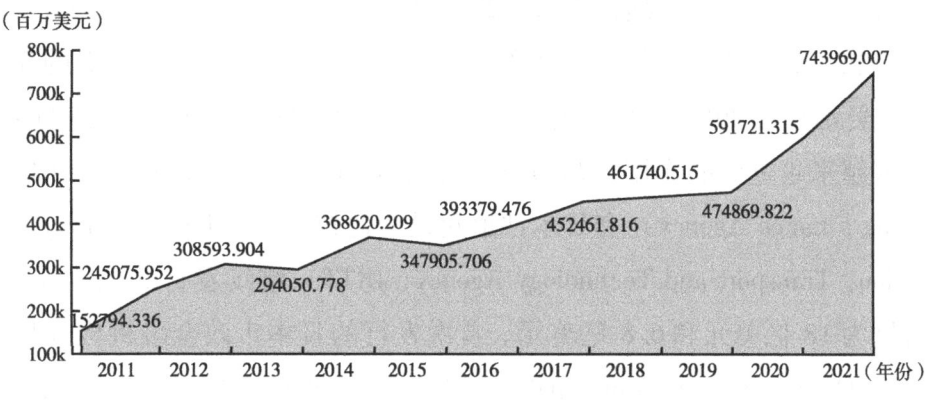

图 4-10　澳大利亚政府债务规模

资料来源：www.CDCDATA.com。

澳大利亚新总理阿尔巴内塞（Anthony Albanese）在选举中承诺，将结束澳大利亚的"气候战争"，不再让内讧阻止政府在气候行动上的努力。承诺在 2030 年将排放量减少 43%，在 2050 年前实现排放净零，加强用于迫使公司削减排放的机制。希望在绿色能源上进展更快，计划对澳大利亚的电网进行现代化改造，并推出太阳能银行和社区电池，提前对太阳能储能，增加其电网的持续性。

4.2.6　日本

2020 年 10 月，时任日本首相的菅义伟宣布日本承诺到 2050 年实现净零排放。日本也是正式承诺净零目标的三个东亚国家之一，另外两个是韩国和中国。日本对气候变化的承诺促使日本在多个方面作出努力，包括成立市场发展工作组，意图推动绿色金融，以及对气候变化相关风险的认识和适当管理。日本金融厅、日本经济产业省和日本环境部基于 ICMA 气候转型手册，于 2021 年 1 月联合组织了一个"环境改善促进有效转型融资"研究小组，旨在制定日本转型融资的基本原则。推出绿色金融门户网站，以支持和教育绿色金融利益相关者,包括发行方和投资者了解最新市场发展。

日本绿色债券市场继续扩张,2020 年日本绿色债券市场增长 1/3,金融企业和政府支持的实体主导了绿色债券发行,分别占市场份额的 32%(34 亿美元)和 29%(30 亿美元)(见图 4-11 左图)。政府支持的实体发挥着越来越重要的作用。2020 年,重复发行的日本住房金融厅(Japan Housing Finance Agency)和日本铁道建设交通技术厅(Japan Railway Construction, Transport and Technology Agency, JRTT)继续发行绿色债券,总额分别为 18 亿美元和 6.8 亿美元。首次发行的日本市政金融机构(Japan Finance Organization for Municipality)以欧元计价的基准规模(5 亿欧元/5.46 亿美元)为地方政府的水务项目融资。建筑物占累积拨款的 35%,日本住房金融厅(Japan Housing Finance Agency, 25 亿美元)是该行业最大的发行人。政府支持的实体 JRTT(31.5 亿美元)仍是交通领域最大的发行者(见图 4-11 右图)。

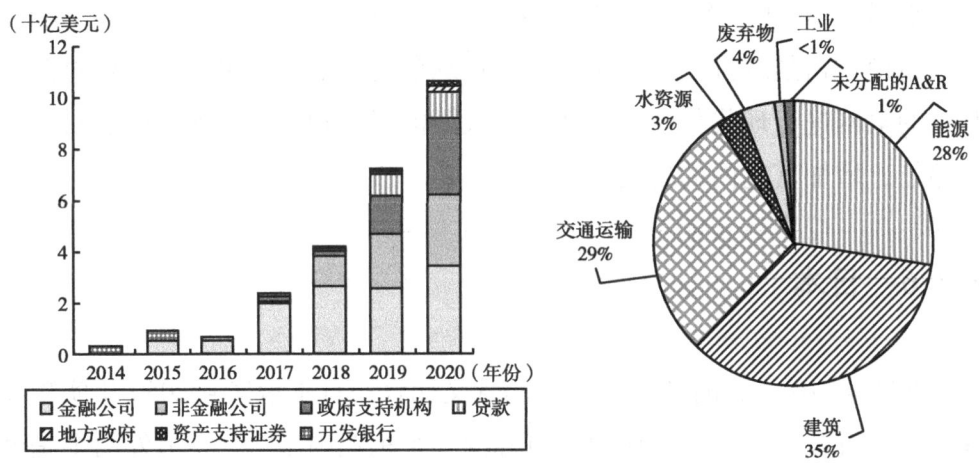

图 4-11 日本绿色债发行主体和种类

资料来源:气候债券倡议组织。

日本绿色债券市场持续保持着出色的外部审查记录:按数量计算,50% 的累计交易受益于第二方意见(SPO),24% 来自至少绿色债券评级

（包括R&I），12%来自气候债券标准认证。后者在2020年增长了4%，累计发行了17亿美元的新认证气候债券。日本信用评级机构还获得了气候债券认证计划认可验证机构的地位，如JRTT获得了最多的认证债券：总共13个，累计金额为27亿美元。第二方意见也是2020年最受欢迎的评论形式。日本几乎所有未标明气候相关的债券都是投资级，98%的债券至少获得了BBB评级。

日本环境部（MOEJ）于2017年3月28日制定了《2017年绿色债券指南》，旨在刺激日本国内绿色债券的发行和投资。在发展过程中，为了保持绿色债券绿色特征的可信度，《指南》力求防止"漂绿"的发行和投资。《指南》适当考虑了与全球绿色债券市场广泛接受的《绿色债券原则》（GBP）的一致性，为发行人、投资者和其他市场参与者提供了针对日本债券市场特点的具体方法和解释的说明性示例，这将有助于这些市场参与者就与绿色债券相关的工作层面事项作出决策。它既可以建立绿色债券绿色特征的可信度，又可以减轻发行人的成本和行政负担，从而刺激绿色债券在日本的发行和投资。该指南承认，绿色债券应符合以下四个组成部分，即募集资金用途、项目评估与遴选流程、募集资金管理、报告。绿色债券发行后，发行人应公开披露有关绿色债券收益使用的最新信息在收益完全分配之前，应至少每年进行一次披露，如果有新的开发项目，则应在此后进行必要的披露。

4.2.7 瑞典

瑞典是世界上最早开展环境保护的国家之一。自20世纪60年代起，瑞典政府便将环保作为其重要事务，通过采取一系列举措，在环保领域取得了一系列成绩。同时，瑞典也是全球气候治理的积极参与者。2017年，瑞典发布了《瑞典气候政策框架》（The Swedish Climate Policy Framework），确立了一系列的气候目标，如到2045年实现温室气体净零排放，2045年之后实现温室气体负排放等。

根据2018年国际资本市场协会（ICMA）发布的《绿色债券原则》（GBP）文件，瑞典编写并发布了《瑞典绿色主权债券框架》（Sweden's Sovereign Green Bond Framework）。除包括GBP中规定的四大核心内容，即资金用途、项目评估和筛选流程、资金管理、（资金分配情况）汇报外，该《框架》还增加了外部审核内容。

2020年6月，瑞典政府正式颁布了《瑞典绿色主权债券框架》。以实现瑞典环境目标为方向，规定了绿色项目类别、项目甄选流程、收益管理、报告撰写和外部审查等内容，具有重要的参考价值。该《框架》首先明确了"绿色支出"的定义，即有助于实现瑞典环保目标的中央政府支出，包括缓解气候变化、增加生物多样性、推动可再生能源项目以及降低运输部门碳排放等相关项目的费用支出，但与核能、化石能源、大型水电新增的投资或专项行政拨款相关的支出则不在此列。该《框架》明确提出债券筹集资金可用于"符合条件的绿色支出"的项目，包括旨在应对气候变化、增加生物多样性、促进可再生能源的项目或减少运输部门碳排放的支出等。该《框架》旨在为投资者提供公开透明的标准，支持瑞典政府发行绿色主权债券，以持续推进绿色低碳发展。

2020年9月，瑞典成为北欧地区第一个发行主权绿色债券的国家。瑞典在欧元中期票据计划（EMTN）计划下，以瑞典政府国际债券（SWED）的形式发行了200亿瑞典克朗（约合23亿美元）。因为瑞典并没有采用常规债券，即瑞典政府债券（ticker SGB）的形式进行发行，所以该绿色债券不属于，由主要交易商合同和长期回购协议支持的定期发行债券的一部分。政府指派瑞典债务管理办公室来承担该债券的相关工作。该债券的长期成本和风险将得到评估，以确定是否再次发行，该绿色债券是对定期瑞典政府债券的补充。

4.2.8 荷兰

荷兰有着悠久的金融发展历史，早在17世纪就成为国际金融中心。

在荷兰绿色产业发展的过程中，荷兰发达的金融系统起到了非常关键的支持作用，推动荷兰成为国际绿色金融领域的努力实践者。荷兰银行于2003年6月联同花旗集团、巴克莱银行和West LB与国际金融公司合作，创建了一个管理环境和社会风险的框架，名为"赤道原则"。赤道原则要求金融机构在向一个项目投资时，要对该项目可能对环境和社会的影响进行综合评估，并且利用金融杠杆促进该项目在环境保护以及周围社会和谐发展方面发挥积极作用。截止到2018年4月，来自37个国家的92家金融机构采纳了赤道原则，覆盖了在整个新兴市场超过80%的国际项目融资与债务。荷兰金融机构的可持续投资不同程度地采用ESG责任投资策略。ESG要求企业在发展中注重环境保护（Environment），履行社会责任（Society）、完善公司治理（Governance），而ESG数据良好的企业抗风险能力更强。[①]

荷兰政府要求发布的绿色政府债券必须确保实现气候政策和减少二氧化碳排放所需的大量投资。荷兰在可持续发展领域，特别是水资源管理、清洁能源、废物处理等产业中有巨大优势，积累了丰富的投资经验。荷兰国库（DSTA）通过正式声明表示其第一支绿色主权债券"荷兰2040"将优先分配给愿意核实其绿色资质的真实（即无杠杆）货币投资者。投资者获邀对其是否符合国库局标准进行验证（4个标准中必须至少符合3个），并形成由合规的负责人签名的函件。这4个标准是：（1）该机构内部需具有一个专门负责对其投资范围进行ESG分析的团队；（2）该机构需要满足投资绿色债券的特定ESG要求和标准（例如提交报告）；（3）该机构参与的目的是潜在认购由荷兰发行的绿色债券，并全额或部分纳入特定绿色（债券）基金中，或了解认购金额以将其设为购买绿色债券的特定数量目标；（4）该机构需在年度报告或特定的可持续/社会责任投资报告中透明地披露其对绿色债券的投资。符合标准的已有32位投资者以此进行了注册，总共获得29%的配额。

---

① https：//helanonline.cn/article/16441.

4.2.9 韩国

韩国政府在韩国绿色金融发展中起着主导作用。该国政府措施包括注重绿色金融基础设施建设，启动了 enVinance 系统、绿色认证网站、绿色金融信息综合门户等多个线上平台，普及绿色金融相关政策知识并实现信息共享。继 2013 年开发了环境信息披露系统以及 2015 年启动东亚第一个碳排放交易系统（ETS），该国政府还在 2016 年推出了机构投资者尽责管理守则，试图鼓励机构投资者进行可持续投资。

韩国政府在绿色金融推广方面一直很活跃。韩国是 APEC、世界贸易组织和东亚峰会的创始成员国，也是经济合作与发展组织（OECD）、二十国集团和联合国等重要国际组织成员。韩国并不在《京都议定书》规定的负有强制减排义务的国家之列，其自发设立了将温室气体（GHG）减排量与基准线排放量（BAU）相比减少 37% 的目标。2009—2013 年，韩政府投入 GDP 的 2% 用于绿色发展，超过联合国建议的绿色领域投资比例（1%）。据 OECD 发展援助委员会（DAC）的数据，2019 年，韩国承诺将其双边可分配官方发展援助（ODA）的 30%（10 亿美元）用于以应对气候变化为主要或重要目标的项目，高于 23% 的平均水平。① 2020 年 11 月韩国发布"绿色新政"用于帮助韩国实现从高碳经济向低碳经济转变的目标，主要包括基础设施绿色转型、低碳且分布式能源以及绿色产业创新三个方面的内容。韩国的气候大使在 2021 年 5 月宣布，将为实现到 2050 年完成脱碳化的目标而调整政策。韩国政府通过积极调整能源结构，增加新能源和可再生能源比重等措施，使绿色金融的规模不断扩大。

近年来，一些国家纷纷发行了各种各样的政府债券。社会责任债券（ESG 债券），又称为可持续发展债券，即债券募集资金的用途主要集中在环境和社会治理等公共领域。"社会债券可以为社区带来真正的改变，

---

① http://iigf.cufe.edu.cn/info/1012/4541.htm.

让普通家庭能够买到自己的房子，在最需要的地方建造学校和医院，或者让人们获得有清洁用水。"2004年，韩国政府成立了韩国住房金融公司（KHFC）。KHFC致力于通过在韩国提供长期稳定的住房信贷，提高国民福利。贷方定期发行担保债券和抵押担保证券，以此筹资帮助中低收入家庭自购住房。近年来，KHFC开创性地发行社会债券，为其业务筹措资金①。自2018年首次发行了亚洲第一支社会担保债券后，KHFC持续以此方式募集资本，2020年2月又推出了一项10亿欧元的交易。多笔的社会担保债券成功发行表明，这一模式对ESG投资人极具吸引力，并能够将资金导向亟待解决的社会需求。国际资本市场协会（ICMA）发布的《社会债券原则》为此类证券的发行提出了准则。对贴标"社会"的债券来说，发行人需要建立一个框架，说明筹资如何实现积极的社会成果。然后由独立机构对所宣称的成果做出独立验证。发行人还需在收益支配方面保持持续性的透明度，并通过发行后报告对影响进行衡量。社会债券可以给发行人带来更长期的战略优势。按照彭博汇编数据显示，2020年韩国发行了119亿美元ESG债券，超越日本的95亿美元和中国的90亿美元，成为亚洲地区此类债券的最大发行国。

4.3 发展中国家绿色政府债券实践情况

发展中国家的市场是面临气候变化风险最为暴露的地区，但在保持可持续经济发展轨道的同时，它们面临着经济脱碳的前所未有的挑战。净零排放是一个全球目标，但每个国家实现这一目标的脱碳轨迹都是不一样的，一些国家可能面临比其他国家更陡峭的短期减排路径，这取决于当地

---

① 社会债券属于债券发行中的"绿色、社会及可持续发展"（Green, Social & Sustainability, GSS）的其中一种。

环境、技术发展和就业等。作为长期融资工具的绿色政府债,对于那些绿色基础设施投资需求较大,但银行长期贷款非常有限的国家具有重大意义,新兴市场的城镇化程度不断提高,城市的碳排放比重持续增长,绿色债券成为市政和城市绿色建设的重要融资工具。

相较于发达国家,发展中国家在绿色债券领域起步时间要晚一些,但发展水平与发展速度,却逐渐赶超一些发达国家,且绿色债券的框架体系正不断完善,2016—2019年,亚非地区绿色政府债券发展迅速,已经接近欧洲和北美洲的发行量。政府驱动作用显著。如2015年以来,中国、印度等国家监管机构均出台了支持绿色债券市场发展的政策文件,大力推动了当地绿色债券市场的起步与发展,埃及、印尼等新兴市场也相继发行了绿色债券,为全球绿色债券市场快速发展作出了积极贡献。

绿色债券市场的增长前景令人鼓舞,许多低收入和中等收入国家的政府倡议支持这一市场的发展。需要标准化绿色债券的资格标准,这无疑是这个仍在近期的市场面临的最大挑战之一。非洲是最容易受到气候变化政策影响的地区,尽管低收入和中等收入国家面临多重困难(贫穷、政治冲突和生态系统退化),但绿色投资的实施仍在继续。对于全球能源转型来说,绿色政府债券这一金融工具,在发展中国家市场中的应用情况将起到举足轻重的作用。

累计而言,20%的债券发行来自新兴市场国家(见图4-12)。这是由中国、印度、智利、巴西和印尼等国的巨额债券发行推动的。这些数字没有很好地反映新兴市场的增长,因为交易规模较小,而包括南非、加纳、纳米比亚、尼日利亚和肯尼亚在内的46个被归类为新兴市场的国家的发行人累计发行了2114亿美元债券。

新兴市场发行人主要以外币发行债券(见图4-13),以获得国际资本。这包括智利共和国(欧元和美元)、中国银行(美元和欧元)等大型交易。然而,南非却逆潮流而动,以本币ZAR发行了大部分债券。对于那些无法承担汇率风险的新兴市场发行人,以及那些无法获得对冲工具或对冲工具价格昂贵的投资者来说,能否发行本币债券是一项关键挑战。

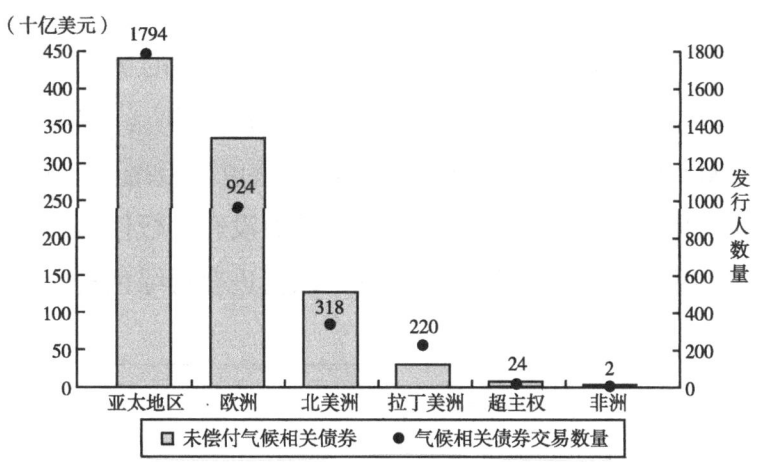

图 4-12 不同地区发展中国家气候债券发行情况

资料来源：气候债券倡议组织。

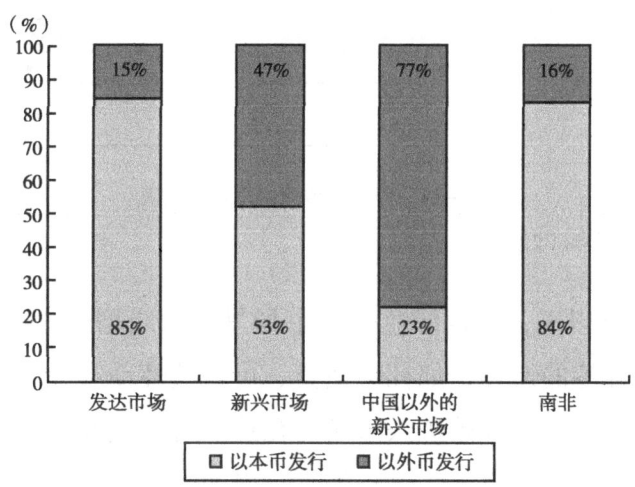

图 4-13 新兴市场发行人币种占比

资料来源：气候债券倡议组织。

4.3.1 巴西

除了中国以外，巴西的绿色债券市场也颇具规模。巴西是拉丁美洲最重要的绿色债券发行国，发行量占该地区总发行量比例已达60%以上。

在巴西，非金融企业主导着巴西绿色债券发行，在发行的 58 支债券中占 52 支，占发行总额的 69%（60 亿美元）。政府支持的实体，国有输电系统运营商 ISA 发行了两笔绿色债券，分别在 2018 年（1.79 亿美元）和 2019 年（9900 万美元），用于为可再生能源输电项目融资。到目前为止，由于债务发行限制和需要联邦担保，地方政府没有发行任何债券。但是该国已着手评估集合融资机制等替代方案，以促进获得绿色资金。

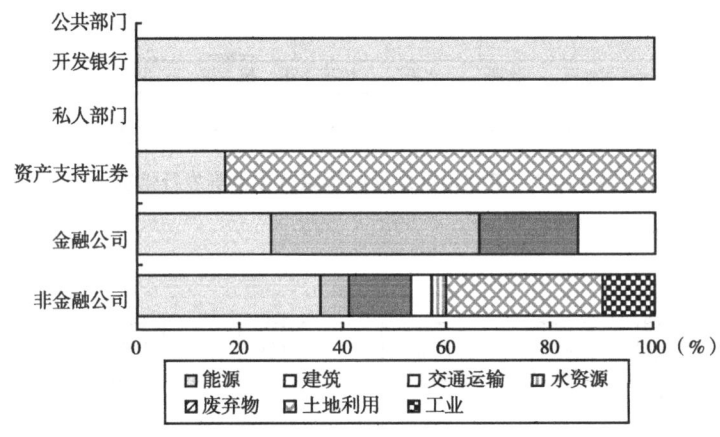

图 4-14 巴西绿色债券发行人情况

资料来源：气候债券倡议组织。

2015 年成立以来，巴西绿色债券市场呈指数级增长。在过去两年中，其他标有绿色标签的债券，如社会债券、可持续性债券、与可持续性有关的债券和过渡债券，也开始进入市场。在这些可持续发展主题债券中，土地使用类别仍然是巴西第二大融资类别，巴西是与土地利用和可再生能源相关的绿色债券增长的最大潜在市场之一。一份名为《释放巴西农业绿色投资潜力》的气候债券报告显示，从 2020 年起到 2030 年，巴西农业绿色投资潜力估计为 1630 亿美元。该国的农业绿色投入包括农业设施和畜牧业生产、粮食生产、林业和生物能源。

巴西有着不断增长的可持续债务市场，巴西的可持续债券市场在过去 7 年里呈指数级增长，绿色、社会和可持续债券累计发行了 108 亿美元。绿色债券继续主导市场，但最近出现了其他标签，尤其是可持续主题债券。主题标签和部门的这种多样化表明对可持续产品的需求日益增长。巴西发行的第一批可持续性债券于 2020 年上市，但到 2021 年 2 月底，市场增长迅速，从 4.12 亿美元增长近 4 倍，超过 16 亿美元。米纳斯吉拉斯州发展银行（BDMG）在 2020 年发行了 5000 万美元的可持续性债券。可持续发展债券在巴西发行人中继续扩大。由于这一主题的大多数标签都包含了环境和社会目标，它们可以提供更广泛的合格使用收益，因此更适合一些发行人。

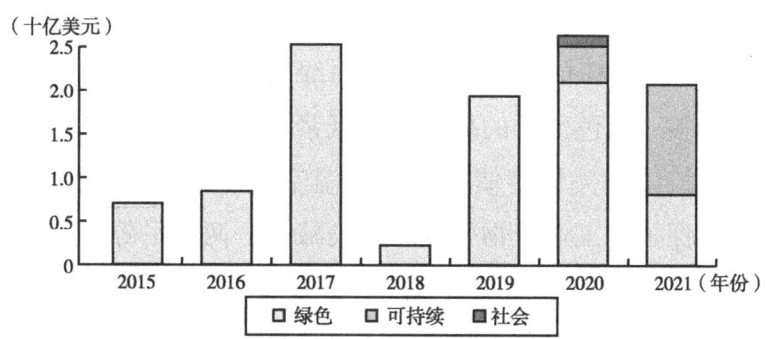

图 4-15　巴西不同主题的债券发行情况

资料来源：气候债券倡议组织。

在主权债券范围内优先发展农业。巴西财政部已开始讨论建立 ESG 框架。政府已表示有意在近年内发行首个贴有标签的债券。农业应该包括在发行框架内，因为这将使政府能够为优先项目和资产提供资金。虽然这是一个持续的过程，但该声明已经向市场发出了一个强烈的信号，与农业有关的关键部门的可持续金融的成功增长，需要市场参与者的持续努力。通过采用主题债务标签为正确的项目、资产和活动提供资金——符合与国家和全球目标相联系的具体和雄心勃勃的途径——可以继续增加发行方如何解决投资者提出的关切，特别是在农业和畜牧业生产方面的关切的透明度。这些部门在巴西经济中发挥着重要作用，因此也在资本市场中发挥着重要作用——包括可持续的金融部门。发行机构在所有农业和土地利用主题债券中的份额有可能增加，并使该国成为全球最大的可持续农业债券市场。

巴西发布的《农业可持续金融市场状况简报》分析了巴西的可持续金融市场的整体状况，以及使用贴标债券为农业的可持续项目提供资金的情况。可再生能源和土地使用仍然是巴西债券市场资金最多的两种绿色债券收益使用类别。可再生能源占当地市场的45%。土地利用，尤其是由纸浆和造纸公司主导的土地利用，是第二大类别，占27%，交通、建筑、工业、水和废物处理主题的债券比例较低，合计占总量的28%。报告的第二部分是关于农业可持续项目具体类别中的林业、生物能源、种植业、畜牧业和食品生产行业的贴标债券发行情况。林业是巴西农业可持续金融领域的主要主题。69%的已发行债券获得绿色标签；剩下的则被贴上了可持续相关的标签。绿色债券的募资用于纸浆和纸张生产，一小部分用于环保工作；而可持续相关标签债券侧重于温室气体减排和其他可持续性问题，如水资源保护、工业废物处理、污染减排、两性平等。

该国生物能源是第二大投资类别，总投资8.32亿美元。其中绿色债券的收益资助了玉米或甘蔗乙醇生产，包括热电联产，收益还用于原料加工和工业化，以及支付作物、生物质和其他农产品成本的运营支出。为可持续相关标签的金融工具设定的指标侧重于减少温室气体排放、水消耗、提高透明度和减少碳排放。

专门针对种植业的发行仍处于起步阶段。自2020年8月以来，共有四笔交易面市，总价值8.48亿美元，分别有2支债券贴标绿色和可持续。绿色主题的收益应用于有机再生产品、免耕系统和农牧一体化等。而可持续主题债券的收益用于可再生能源生产、农村地产扩张、粮食采购、环境友好作物管理过程的研发、自然栖息地保护、社会经济进步和赋权、创造就业、粮食安全和可持续粮食系统，以及家庭农业。畜牧业发行总额为5.3亿美元。主要标签是过渡和可持续性相关，畜牧业的发展本质要求是向低碳商业模式转变，募资用于根据特定的环境和社会采购标准购买牲畜，并寻求从供应链中消除砍伐森林现象。食品生产行业在发行量中也占有相当大的份额，绿色和可持续性标签的总金额为6.12亿美元，募资用于能源效率、温室气体减排、可再生能源、水、废物管理、资源效率、有机肥料等领域。

根据这项研究，绿色债券占巴西可持续债券市场的84%，自2015年至2021年2月，该市场已从5.64亿美元增至90亿美元。巴西绿色债券的76%是国内发行的，24%是国际发行的。债券的平均期限为5—10年，50%的债券都在这一范围内。5年或以下、10年至20年的债券占其他50%，只有六种债券的期限超过20年。市场上的债券外部审查已经常态化，尤其是第二方意见和气候债券标准下的认证。较大的债券倾向于使用第二方意见，而较小的债券倾向于认证。在巴西发行的全部绿色债券中，有40种使用的是第二方意见，12种是被认证。非金融公司继续主导巴西绿色债券的发行，占58种已发行债券中的52种，以60亿美元的金额占已发行总额的69%。

绿色政府债券方面，国家社会经济发展银行（BNDES）于2017年5月发行了10亿美元债券，为风力发电项目提供资金，2020年10月发行了1.78亿美元的绿色金融信函（Green Financial Letter, LFV in Portugues）为风能和太阳能项目提供资金。该国国有输电系统运营商ISA分别在2018年和2019年发行了两份绿色债券，金额分别为1.79亿美元和9900万美元，为可再生能源输电项目提供资金。由于债务发行限制和联邦担保的需要，地方政府尚未发行债券。

4.3.2 南非

南非在新兴市场，尤其是在非洲，有着独特的地位，与许多新兴市场不同，它拥有发达而庞大的资本市场，债券发行频繁，但在债务承担能力方面它也面临着与其他新兴市场国家相同的许多挑战，相比之下发达国家的债务资本成本高得多，比如与美国的收益率曲线对比，南非主权5年期债券收益率为6.8%，而美国为0.361%。

与其他G20国家相比，南非的煤炭发电份额最大（89%），远远高于紧随其后的印度（74%）和中国（68%）。因此，为了解决该国与气候相关的风险，必须减少与电力相关的排放，大型国有公用事业企业Eskom垄断供应南非约95%的电力。燃煤发电占发电总量的89%，其中至少有2个电厂需要紧急关闭，另外11个电厂将在未来30年内关闭（见图4-16）。

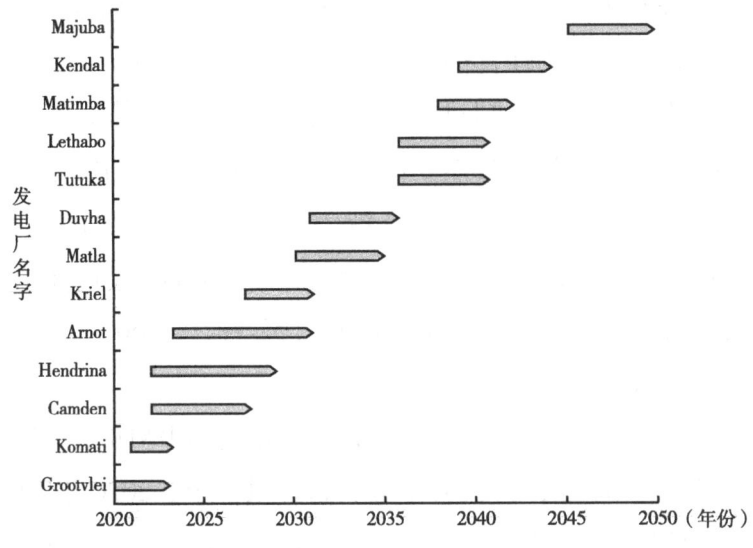

图4-16 南非国家电力公司煤电停运时间

资料来源：南非国家电力公司。

《巴黎协定》的减排目标是集体的全球目标。这些目标如何分配给国家、行业或部门是一个复杂的问题，没有固定的答案。南非的情况有些独特，其超过50%的温室气体排放仅来自两个实体：Eskom（42%）和Sasol（11%）有鉴于此，任何从国家角度进行的转型都需要将重点放在这两个实体上。在南非进行的大量研究表明，短期脱碳的最大机会在电力部门。这是因为它占温室气体排放的很大一部分（42%），而且低/零碳技术已经可以以低成本取代发电能力。电力部门的脱碳在南非的脱碳道路上具有系统重要性，并有助于其他部门的脱碳，特别是交通、建筑和工业部门。

南非的绿色主权债券将向资本市场发出一个强烈的信号，即南非正准备实现巴黎协议的目标。绿色主权债券的理由很充分——尤其是在新兴市场，那里的投资者可能会把主权债券视为投资新市场的第一个实体。世界各地的投资者都对主权债务表现出浓厚兴趣,尤其是新兴市场的主权债务。因而对南非来说,这可能是 Eskom 转型融资的一个选择,并可能吸引比 Eskom 债务更廉价的融资。

公共部门的绿色投资也可以鼓励来自私营部门的绿色投资(见图 4-17),在南非,开普敦市和约翰内斯堡市已经发行了次主权绿色债券。主权和次主权债券可以通过鼓励必要的基础设施、专用绿色债券基金和知名度等基本要素来促进当地市场的发展。

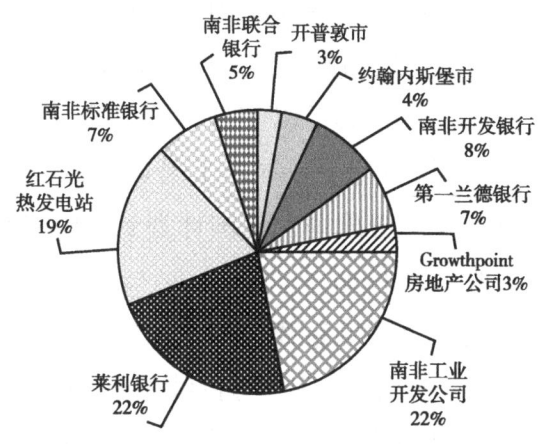

图 4-17 南非绿色债券发行人情况

资料来源:气候债券倡议组织。

在南非国家财政部的领导下,国家商业计划(NBI)和碳信托基金开始开发第一个国家绿色金融分类。工作组的目的是为南非金融服务业的绿色、社会和可持续金融举措制定一个分类,根据南非国家财政部《可持续经济融资技术论文》(2020 年)的建议。该分类于 2021 年 6 月发布供公众咨询。它以欧盟分类法为基础,采用了类似的阈值来定义实质性贡献,并包括不造成重大损害的条款。《南非绿色金融分类》(South African Green Finance Taxonomy)为建立一个明确的发行框架铺平了道路,该框架也是基于欧盟、中国、印度和哥伦比亚等其他国家正在开展的工作,鉴于国际投资者对为转型提供资金至关重要,因此这一点很重要。

4.3.3 印度

除中国外,印度拥有第二大新兴市场绿色债券规模,印度可再生能源开发署(IREDA)、印度铁路金融公司(IRFC)、印度证券交易委员会(SEBI)、印度工商联合会(FICCI)等政府机构对此贡献斐然。2015年是印度进入绿色债券市场的一年,少数先锋发行人(Yes Bank, Export-Import Bank of India, CLP Wind Farms and IDBI)共发行了11亿美元的绿色债券。印度商业银行的声明中明确提到,印度商业银行将绿色债券市场视为帮助筹集所需资金的关键工具,以实现为COP21制定的印度国家自主贡献计划(INDC)的宏伟目标——本质上是印度的气候变化行动计划。印度是世界第三大温室气体排放国,该国计划到2030年将其使用可再生能源发电的能力增加四倍以上。

印度也是较早强调绿色金融重要性的国家。在政策层面,2007年12月印度央行发布了"企业社会责任、可持续发展和非财务报告——银行的"作用"的通知,并动员银行为可持续发展项目融资。2008年印度政府出台了《国家气候变化行动计划》,其愿景为减少碳排放。2011年印度财政部成立气候变化金融部门(CCFU),负责协调绿色金融市场体系里的各个机构。2017年印度证券交易委员会(SEBI)发布了绿色债券发行指南,明确了绿色债券年度业务报告的披露要求。[①]

与其他发展中国家类似,印度拥有较为发达并活跃的政府债券市场。印度证券交易委员会(SEBI)在2015年12月经过公众咨询后,于2016年1月公布了其官方绿色债券要求。新要求的主要特点包括绿色债券的定义、外部审查、收益跟踪和披露要求,并遵循GBP的总体架构,同时将其一些建议转化为要求。更具体地说:绿色的定义——要求不包括什么是绿色的定义。相反,印度证券交易委员会将在个案基础上对此进行评估:

---

① http://iigf.cufe.edu.cn/info/1012/4942.htm.

"绿色债券可能由印度证券交易委员会不时指定"。外部审核——可选择使用第二方审核或第三方认证来审核债券的绿色资质。收益管理——发行人被要求披露追踪绿色债券收益的程序，"包括已进行的投资和/或指定用于合格项目的投资"，并得到外部审计师的核实。将收益存入托管账户不是强制性的。报告与披露——发行人应在向证券交易所提交的年度报告/定期备案文件中披露绿色债券收益的使用情况和项目清单。目前还不清楚环境影响报告是否也会被推荐。印度国内 GB 指南（由 SEBI 发布）曾是国际公众咨询的主题，主要市场参与者对此作出了回应。印度证券交易委员会的这一观点表明了其他国家利用绿色债券市场来满足国家自主贡献标准的潜力。

从 2020—2021 年印度是亚太地区发展最快的绿色、社会与可持续债券（GSS）市场，规模增长了 585%。2021 年是印度绿色、社会与可持续债券（GSS）里程碑的意义，达到 75 亿美元。其中绿色标签工具占主导地位，2021 年发行量达到 64 亿美元，同比增长 484%。市场的构成也发生了演变，Nagar Nigam Ghaziabad 在 2021 年签署了 2000 万美元的绿色协议，标志着地方政府首次进入印度 GSS 市场。[①] 据报道，印度国家银行（State Bank of India）在国际市场上通过发行多支全新的绿色债券来筹集美元资金，募集的资金将全部投在多项可持续性能源行业上。印度 2022 年将发行至少 2400 亿卢比（折合 33 亿美元）的主权绿色债券，计划为可再生能源项目提供资金，该举动也标志着该国向低碳经济的转型[②]。

4.3.4 印度尼西亚

印度尼西亚是东南亚最大的经济体，也是世界上增长最快的新兴市场

---

① https：//www.climatebonds.net/resources/reports/india-sustainable-debt-market-state-market-2021-report.

② https：//baijiahao.baidu.com/s？id=1727331644422157906&wfr=spider&for=pc.

之一。印度尼西亚致力于参与应对气候变化，这一点通过该国在《巴黎协定》中减少温室气体的承诺得到了体现。该国确定的目标是到2030年和2050年，通过国家自身能力和国际支持分别减少29%和41%的温室气体排放。2018年印度尼西亚的主权绿色伊斯兰债券筹集了12.5亿美元，是世界上第一支，专门为以符合伊斯兰法律的方式、努力应对气候变化提供资金的主权债券①。这些收益为可再生能源、能效、可持续交通运输、废物变能源和废物管理，以及脆弱地区气候适应能力等项目提供了资金。印度尼西亚将本国的预算认可过程描述为双层结构，首先由财政政策办公室根据预先确定的分类标准编制特定分组预算。接下来，财政部校验每个标定的分类以确定是否达到发行条件。印度尼西亚分别于2018年、2019年和2020年发行了绿色伊斯兰债券，均为5年期。其财政部明确表示将积极推动绿色伊斯兰债券发展，以吸引新投资者。在上述债券的发行中，印度尼西亚均与其牵头管理人合作，以确保绿色投资者的最大参与。绿色投资者的参与度从2018年的29%增加到2020年的34%，绿色投资者对主权绿色伊斯兰债券的兴趣日益浓厚。列入专项债券指数可以帮助提高发行人声誉，印度尼西亚正是因其债券被纳入MSCI绿色债券指数，从而吸引了更多的国际关注。

绿色债券已广泛应用于各国基础设施项目，众所周知，高质量的基础设施是经济增长的驱动力，支撑着更广泛的经济和工业活动。绿色基础设施为印度尼西亚提供了巨大的投资机会，特别是在能源和交通领域。据估计，到2030年，印尼需要价值3228亿美元的气候兼容基础设施和气候资产，其中能源和交通约占印尼气候资金需求的75%。印尼北雅加达丹戎不鲁港的扩建、西爪哇的Kertajadi国际机场以及Jati Luhur水力发电厂的建设，即为三个具备绿色债券发行条件的基础设施项目，为加快绿色债券的发行，印尼政府促进资产支持证券公司PT Efek Beragun Aset与气候债券倡议组织合作，政府希望绿色金融工具可成为基础设施项目的重要资金

---

① https://finance.ifeng.com/a/20180223/15994127_0.shtml.

来源之一。

绿色金融工具可以用来吸引和利用全球绿色资本，印尼在这方面已经处于有利地位，许多推动绿色金融的政府政策和倡议就是明证。2022年1月20日，OJK（Otoritas Jasa Keuangan）发布了第一版《印度尼西亚绿色分类法》。经过对2700多个行业和子行业的广泛分析，919个行业被纳入绿色分类，并附带资格要求。印尼与中国、欧盟和其他国家的分类采取了不同的方法，为每个项目设计了一个红绿灯系统，其中绿色代表了保护、恢复和提高环境保护和管理质量的商业活动，以及减缓和适应气候变化……，黄色代表不产生重大危害的行为，红色代表有害活动。该分类法只是第一版，该分类法的下一版应符合国际上可接受的标准，如国际可持续金融平台发布的公共基础分类法，因为这将确保国内和国际市场参与者之间的凝聚力。[①] 因此，印度尼西亚金融服务管理局日益将其条例和准则与国际标准和公认框架对接。

4.3.5 泰国

泰国是东盟国家中气候相关债务最多的国家。2020年8月13日，泰国发行了东盟地区第一只主权可持续发展债券。债券的总规模为300亿泰铢（合9.75亿美元），分为两部分。根据泰国债券市场法规的要求，每批债券的收款日期都不相同，这两种债券的收益用途不同。100亿泰铢（3亿美元）部分将分配给低碳交通绿色支出，其余200亿泰铢（6亿美元）分配给社会组成部分，其中包括与新冠肺炎疫情康复计划有关的支出。投资者提交了购买意向书，并按比例收到了第一笔投资款的分配额度。账面总金额超过600亿泰铢（合19亿美元），该债券在收益率曲线内的定价接近现有的15年期债券，而后者是前者期限的三倍。2020年10月，泰国

---

① https://www.climatebonds.net/resources/reports/green-infrastructure-investment-opportunity-giio-indonesia-green-recovery-2022.

证券交易委员会和泰国债券市场协会推出了环境、社会和治理信息平台，向投资者和发行人提供专题债券信息。泰国政府还在考虑对上市公司实行环境、社会和治理披露。据泰国中华日报 2021 年 12 月 2 日报道 泰国公共债务总额增至 9.34 万亿铢。泰国政府公共债务占比提高到了 58.15%，同时预算超支也上升到了 32.27%。

在 2020 年主权可持续债券的推动下，2021 年泰国的可持续金融格局仍以可持续发展标签为主。2021 年，以可持续性为标签的债券占泰国市场综合 GSS 工具累计价值的 49%。紧随其后的分别是 24% 的绿色债券、21% 的可持续发展相关工具和 5% 的社会债券。泰国政府制定了促进可持续金融进一步增长的国家和地区政策。2021 年 8 月，由泰国财政政策办公室、泰国银行、泰国证券交易委员会、保险委员会办公室和泰国证券交易所组成的可持续金融工作组联合发布了泰国可持续金融倡议。倡议推荐了五个关键战略倡议（KSIs），包括：开发实用分类法；改善数据环境；实施有效激励；创造以需求为主导的产品和服务。①

4.3.6 埃及

埃及的绿色债券起步较晚。鉴于埃及有建造多个新城的宏伟目标，有主要基础设施发展规划、成熟的金融行业，而且在气候变化面前异常脆弱，埃及有在基础设施和其他领域推行可持续政策的强烈意愿，通过加快制定可持续发展战略规划，在发展绿色金融领域潜力巨大。

据《今日埃及》网站 2020 年 10 月 15 日消息，埃及 10 月 15 日在伦敦证券交易所首次发行主权绿色债券，原本仅计划募集 5 亿美元，交易规模扩大至 7.5 亿美元。5 年期利率 5.25%，获超额认购近 5 倍。这是中东北非地区首笔主权绿色债券，也是该地区发行规模最大的绿色债券。② 埃

---

① https：//www.climatebonds.net/resources/reports/asean-sustainable-debt-market-2021.
② http：//eg.mofcom.gov.cn/article/jmxw/202010/20201003011733.shtml.

及提到，硬通货贴标主权债券的成功，为探索以本币发行此类债券提供了动力。发行的收益用于投资埃及的绿色项目，覆盖范围包括可再生能源、清洁运输、可持续的水处理和废水管理以及污染减少与控制等。目前，埃及每年可再生能源发电量为6000兆瓦，占全部能源发电量的18%。根据埃及《2035年综合可持续能源战略》，到2022年，埃及20%的电力供应将来自可再生能源，到2035年这一比例将提高至42%。

4.3.7 智利

作为拉丁美洲的第一个主权绿色债券发行国，智利欲促进区域对话，以增强该地区未来发行债券的一致性和可信度。在收到气候债券倡议（CBI）的预发行证书和对其绿色债券框架的第二份意见后，智利通过该框架发行绿色债券。2019年6月，智利成为拉丁美洲和加勒比海地区（LAC）首家贴标主权债券发行人，发行了14.2亿美元绿色债券，一周后发行了另一支8.61亿欧元（约合9.73亿美元）的绿色债券。2020年1月21日，发行了12.7亿欧元（约合14亿美元）新债券，通过随卖发行的形式募集到6.93亿欧元（约合7.65亿美元）。第二天又增发7.5亿美元，随卖发行募集9亿美元。该美元债券以绿色溢价定价，而欧元债券以收益率曲线定价。根据智利国家发布的绿色债券框架，债券涉及以下类型的绿色项目，清洁运输、能源效率、可再生能源、生物自然资源、土地利用和海洋保护区、水管理以及绿色建筑，包括电气化地铁线路的建设和公共机构太阳能项目实施的技术援助计划。智利表示，有意发行更多债券，并对现有债券采用随卖方式，这将作为国家战略的一部分，为推动完成智利国家自主贡献目标的项目提供资金。智利不仅是拉美地区第一个在绿色债务市场上起步的国家，同时也是最先进的社会变革运动的倡导者之一，智利这一行动成为新兴国家地区的一个榜样，带动如墨西哥等其他地区发展。

4.3.8 哥斯达黎加

哥斯达黎加在绿色证券交易、证券交易所对绿色融资的承诺方面走在了前列。2018年，哥斯达黎加证券交易所（BNV）成为首个加入联合国上交所计划的中美洲国家。在此背景下，该国政府制定了一系列发展绿色债券市场的举措：2018年底，BNV发布了《绿色项目定义和管理指南》；针对潜在的绿色债券发行者，发布《绿色债券指南》和《ESG报告自愿指南》。证券交易所还采取了其他一些措施来发展绿色债券市场，以促进更广泛的可持续参与和市场发展。它还发布了社会债券和可持续性债券发行指南，并在2019年推出了BNV可持续性奖，以奖励几个可持续性类别的资本市场参与者。

哥斯达黎加主办了2019年10月举行的第25次联合国气候变化大会（COP会议），其中包括关于一系列气候问题的高级别会议和活动，在缔约方大会第25次蓝色主题中，有几次讨论与海洋的缓解和适应有关。哥斯达黎加BNV主办了一个以绿色债券为重点的可持续金融小组会议。活动期间，哥斯达黎加银行和监管机构签署了一份历史性的银行业绿色协议。

在哥斯达黎加，两家监管机构和气候变化理事会（CCD）一直在协调金融系统的一个工作组，以促进绿色金融，而BNV也参与了讨论；CCD还开发了一个气候变化计量国家系统（SINAMECC），按部门/活动分类的温室气体排放清单，旨在衡量哥斯达黎加在实现气候目标方面的进展。此外，在支持该地区其他证券交易所的同时，BNV与几个国家实体合作发展绿色金融空间。例如，在墨西哥国家证券交易所BMV的子公司MexiCO2的支持下，它目前正与该国财政部就可持续债券问题进行合作在推动监管方面，BNV正与养老基金和保险监管机构合作，促进负责任的投资框架和信息披露。前者已将这一点纳入其新的投资监管规定，但还不是强制性的。

该国有专门的绿色债券网页提供相关信息，独立的绿色债券通过标签上市，其中"V"（代表"绿色"）被纳入ISIN绿色债券标准。基于ICMA的GBPs，上市债券必须遵守该标准，包括发行人必须获得外部审查的要求为发行人提供不同的费用，以及多种支持服务（如发行过程中的建议和组织宣传路演；通过研讨会和其他活动为投资者、发行人和其他利益相关者提供绿色债券培训，如，其最近与机构投资者组织了一个训练营，负责投资各种绿色债券培训资源。广泛地说，在主办该国首届绿色经济投资峰会后，哥斯达黎加启动了"绿色经济原则"，以促进低碳经济。

哥斯达黎加现在几乎100%的能源来自可再生能源。在不受限制的砍伐破坏了该国2/3的热带雨林后，20世纪80年代通过国家林业基金引入的严格监管和基于市场的激励措施，使森林覆盖率翻了一番。哥斯达黎加的温室气体减排目标是到2030年减少44%的温室气体排放（与2005年相比）。为实现这一目标，哥斯达黎加在其2019年2月由环境和能源部（MINAE，同时管理着国家保护区系统SINAC）启动的《国家去碳计划》中，定义了多个2030年的具体部门目标，包括实现并保持100%的可再生能源电网、70%的公共汽车和出租车为零排放，客运列车为100%电动、100%的新商业、住宅和机构建筑的设计和建造采用低排放和气候适应系统。

4.4 国外绿色政府债券的发展经验借鉴

绿色债券可以以较低的融资成本为绿色信贷和绿色投资提供资金来源，并减少期限错配的风险。从国际经验看，绿色政府债的发展需要关注以下一些方面。

4.4.1 形成定义、界定范围

国际上绿色政府债券是在绿色债券定义框架下起步的，国际定义明确了作为债券工具的绿色债券，将募集的资金专项用于支持符合绿色条件项目，为有效避免"漂绿"问题积极努力。国际资本市场协会和国际金融机构制定的《绿色债券原则》（GBP），和气候债券倡议组织制定的《气候债券标准》（CBS）为促进绿色债券理清思路，发挥了主导的作用。

2014年，绿色债券原则执行委员会与国际资本市场协会合作推出了绿色债券原则（GBP标准），随后气候债券倡议组织又开发了与GBP标准互补的CBI标准，自此绿色债券形成了相对完善的标准化管理体系。《绿色债券原则》由国际资本市场协会作为秘书处进行协调，绿色债券的主要市场参与者共同制定，是一套自愿性的流程指引。2014年发布了首版，在2018年进行了第三次更新。

《气候债券标准》由气候债券倡议组织发布，气候倡议组织组建了由学术专家、专业研究机构、开发银行、投资者代表等组成的国际专家委员会，在多个领域开发了较为详细的执行标准。2019年，气候债券倡议组织公布了最新的气候债券组织绿色债券认证标准的3.0版本。气候债券标准和认证计划由气候债券倡议组织制定，旨在通过制定明确的绿色债券合格标准，为绿色债券市场提供有关债券环境资质的信任和保证。并且已经批准的外部组织（验证者）检查未来绿色债券是否符合标准化标准。核实人也会在债券发行后返回，以确认资金已按预期分配，且发行人符合标准对报告和使用未分配资金的要求，年度报告是强制性的。

目前，GBP和CBS已成为全球通行的主要绿色债券标准。具体来说，GBP标准和CBI标准共同明确了绿色债券的管理实施指导方针，包括绿色债券的定义、投资项目范围界定、绿色债券项目评估筛选、募集资金账户管理、资金使用效益评估等，而且这些内容都要经专业第三方机构进行认证评估并定期对外披露。二者的主要内容对比如表4-5所示。

表 4-5　　　　　　　　　　　　　GBP 与 CBS 的比较

标准比较	GBP	CBS
目的	为绿色债券市场的发展提供关于透明度和信息披露的建议,规划了清晰的债券发行流程和信息披露框架。	主要对气候债券认证标准进行说明,只有净收益100%用于与气候债券分类相一致的绿色项目的债券,才有资格被纳入气候债券绿色债券数据库。
内容	发行全流程的规定集中于四大核心要素,分别是募集资金用途、项目评估与遴选流程、募集资金管理、报告。主要从四个方面为发行人提供指引。	气候债券倡议使用了气候债券分类法,该分类法包括八个类别:能源、建筑、交通、水、废物、土地利用、工业和信息通信技术。政府可以利用这些支出,通过投资发展其人口在现代、低碳、气候适应型基础设施系统和健康环境中的技能,使其"为21世纪做好准备"。
要求	根据GBP标准,绿色债券募集资金投向绿色项目的比例不得低于95%。	为绿色债券募集资金用于合格绿色项目或资产,合格的项目和资产包括发展低碳行业、减少温室气体排放、避免危险的气候变化及提升对气候变化的适应。
操作性	仅提供指导方案和建议,而非强制要求。还对发行程序以及资金使用与管理、项目评估与筛选等方面的信息披露提出了明确要求。	提供了具体的可实施的指导方针和具体的认证监督程序。该标准与GBP的不同之处在于,CBS围绕募集资金用途、收益管理、信息披露等为发行人提供了更详细的标准和要求。
认证	提供了绿色债券项目的广泛类别。区分绿色等级。①由"气候债券组织"等国际主流绿色债券机构认证;②由专业学术机构,如挪威奥斯陆国际气候和环境研究中心(CICERO),VIGEO,OEKOM RESEARCH 等担任,经由发行人聘请,对绿色债券的评定出具专业的意见书;③绿色鉴证,由第三方国际专业审计团队,如安永、普华永道、德勤等提供鉴证服务;④绿色评级,由国际评级机构,如穆迪、标普等,对绿色项目进行绿色程度评估。	2017年更新后的《气候债券标准》2.1版本发布,扩大了债务工具的范围,改进了认证标准。更详细的行业标准,明确了哪些是有助于实现绿色经济转型的绿色资产和项目,并提供了特定行业的绿色标准,针对是否"绿色"进行认证,鼓励发行人在发行债券的前后对债券做出认证,规定了第三方认证的流程。发行人在债券发行前后都可以通过第三方认证机构进行验证,并申请贴上绿色债券的标签。如果净收入的一部分被分配到不符合条件的类别,或者如果信息不足,该债券将被排除在外。
资金投向	①可再生能源;②能效提升;③污染防控;④可持续的自然资源管理;⑤陆地和海洋生物多样性保护;⑥清洁交通;⑦可持续水处理;⑧气候变化适应;⑨具有生态效益的产品;⑩符合地区、国家或国际认可的标准或认证的绿色建筑。	在低碳建筑、低碳交通、地热能利用、可持续海洋能源利用、太阳能、风能、水资源基础设施、林业、生物能源、设施农业、土壤保护与修复等多个领域开发了较为详细的执行标准。

需要注意的是，上述绿色债券规则均属于自愿性流程指南，不具备法律约束力。通常情况下，发行人为促进绿色政府债顺利发行和吸引投资者，会自觉遵循上述规则。绿色债券为这些投资者提供了获得此类产品的途径，也为许多其他投资者提供了分散投资组合的途径。绿色标签是一种发现机制，可以降低投资者在浩瀚的债券海洋中寻找绿色机会的"搜索成本"。总的来说，绿色债券框架和环境政策为气候友好型投资，提供了一个渐进的框架。在绿色债券分类和绿色债券评估标准方面，仍有大量正在进行的、可能也是必要的工作，这些工作可能会导致分歧，需要进一步的协调各国政府参与支持制定绿色债券的标准和定义。例如，2015 年，瑞士成为气候债券伙伴中第一个支持气候债券标准发展的国家政府成员，欧盟委员会继续在欧盟资本市场联盟下监测、评估和支持这些发展。（EC，2015）

4.4.2 公开信息，规范发展

透明度对于维持被贴上标签的债券市场的可信度至关重要。透明使用收益和影响报告得分均高于平均水平，这两项特征都增强了绿色政府债券的吸引力。在气候债券 2019 年投资者调查中，55% 的受访者表示，如果发行后报告不佳，他们会出售债券，如果发行收益的用途不明显是绿色的，79% 的人不会购买债券。因此大多数发行人都对相关预算进行了特定标记，以确定适合列入的支出项目。大多数情况下，该过程涉及仔细检查每个预算项目并确定是否可以将其分类为绿色，特定预算也根据项目规模和可衡量性，预测发行后报告中可能出现的潜在问题，并确保不计入过多支出项目。

投资者最关心政策一致性和支出项目问题，投资者希望获得更多有关收益使用的信息。近年来，在报告方面的指导也有所增加，包括 ICMA 的《影响报告协调框架手册》（Handbook – Harmonised Framework for Impact reporting 52）、NPSI 的《绿色债券影响报告立场文件》（Position Paper on

Green Bonds Impact reporting 53），以及发行后报告（Post-issue Report），该报告为发行人提供了广泛的最佳实践建议清单。透明的"使用收益"是廉洁的关键。国际资本市场协会和气候债券倡议组织也建立了一套激励约束机制，新版本在报告框架、信息披露等方面进行了升级更新，兼容了多地域的绿色债券标准和披露要求，在提升绿色债券披露透明度的同时，还加强了与其他地域和国际相关绿色债券原则的兼容协调。

对于绿色政府债来说，充分揭示和追踪绿色政府债的募集资金使用情况是十分重要的。在美国发行超过10亿美元的是全球仅有的四个报告低于80%、国家之一（在样本期内），也是最大的国家，发行超过240亿美元。许多美国市政债券的发行规模都很小（与其他市场相比，美国市政债券的发行规模也很大），这一事实是积极的，反映出美国许多州公共部门发行绿色债券的动力。根据气候倡议组织的评估，虽然加拿大是一个规模较小的市场，其发行人的情况有所不同，但报告的发行量达到了96%。多伦多市和魁北克省也是得分很高的地方政府（分别为23分和22分）。

强调收益使用的透明度，从而最大限度地减少"漂绿"的风险。2019年11月发布的《气候债券绿色债券欧洲投资者调查》的结果证实，投资者重视具有高度气候影响和明确的绿色资质的交易，透明的、定期的和标准化的报告对于维持被标记的债券空间的可信度至关重要。尽管美国证券交易委员会自2010年起就实施了气候信息披露指南，但这些指南在美国上市公司中基本上无效。据报道为了应对批评和满足对气候变化信息日益高涨的需求，一项为期三个月的气候信息披露公众咨询于2021年3月开始。

发行人信息披露与外部认证是建立市场对绿色债券的信任，解决投融资双方的信息不对称问题在内的保障机制。似乎有越来越多的资源和工具，发行人可以用来提供绿色债券披露，特别是在影响报告，这往往是更复杂的。影响报告是绿色债券（和更广泛的）披露的一个非常重要的方面。鉴于这是一个技术性更强的话题，公共部门实体提供了一些针对不同部门的方法指南，并在各自国家使用。其中大多数是由环境部开发的，例如，美国市政电力公司（AMP）发行人使用了美国环保署开发了一个温室气体当量计算器，AMP还强调了使用环保署的垃圾填埋气体能源效益计算器，来估计垃圾填埋气体能源减少和避免的温室气体排放。另一个例子是美国碳登记（ACR）绿色金融影响计划，该计划支持市政债券发行人评估和标准化其影响。在加拿大，魁北克省采用了美国公共交通协会（APTA）建议的方法，来量化运输项目的温室气体排放。

发行后报告（UoP）是绿色债券原则（GBP）和绿色贷款原则（GLP）的核心组成部分，建议发行人报告所实现的环境影响。发行后的信息披露提供了透明度，确保了问责制，并巩固了绿色债券和贷款的可信度。随着市场的发展，投资者对发行后报告和影响报告的兴趣也在增长，从而为决策过程、分析和投资者报告提供信息。近四分之三（73%）的绿色债券规模受益于收益的使用和影响报告；15%的收益仅来自于收益报告的使用，发行后报告提供了关于债券收益情况的清晰和一致性，在绿色债券市场，报告几乎已成为一项事实上的要求；而且在不久的将来，它很可能成为强制性的。

进一步的政策、激励措施和指导方针的出台，是围绕着金融体系的：市场是体系结构的功能，也是体系结构的反应。因此，连贯的支持性政策有助于扩大对绿色项目的投资。虽然CAC、LAC和全球仍缺乏实质性和全面的政策，但一些地区政府已经朝着正确的方向采取了步骤，例如，一些国家已经制定了"绿色和/或社会纽带指南"（尽管这些指南尚未在区域层面上存在）。政府还可以考虑为发行人提供资金支持，以支付额外成本，例如获得外部审查的成本。进一步的支持可能来自一个提供绿色债券市场综合信息的平台。2020年10月，泰国证券交易委员会和泰国债券市场协会推出了环境、社会和治理信息平台，向投资者和发行人提供专题债券信息。泰国政府还在考虑对上市公司实行环境、社会和治理披露。

构建环境效益信息披露平台，推进绿色债券数据库应用。环境效益信息披露以绿色债券发行人为主，中介机构为辅。发行人主要负责环境效益信息披露数据填报，中介机构主要对发行人环境效益信息填报工作进行辅导。鼓励发行人按照绿债指标体系进行披露，建立统一环境效益信息披露制度。比如创立政府债券电子市场（Electronic Municipal Market Access），投资者可在网上查阅发行文件、交易品种、价格要素、和其他重要信息披露等文件，厘清绿色政府债券的发行方式，并建议透明度和资料披露，以促进绿色政府债券市场的诚信发展。2021年4月，新西兰政府提出立法，强制要求上市公司和大型保险公司、银行、非银行存款机构和投资经理按照工作队的建议披露气候相关信息。如果这项立法得以颁布，这些实体从2023年起必须披露其气候相关风险，从而使新西兰成为世界上第一个强制实施气候风险报告的国家。总体而言，发达国家绿色政府债的发行程序与监管机制已经十分成熟，这也为新兴市场发展绿色政府债券提供了有益的经验和借鉴。

4.4.3 认证与评级，推进发展

投资者选择绿色政府债的原因是为了践行绿色环保理念、支持绿色产业发展，因此希望资金可以真正地使用在绿色项目之中。独立的第三方机构认证和核查可以有效地界定拟投资资产是否符合绿色项目定义，还可以提供债券发行环境方面的专业意见，同时对绿色债券资产和框架进行审计。

绿色政府债监管机制始终是保证其成功与否的关键。比如美国发行人通常委托与整体市场一致的第二方意见（SPO）。接受了此类审查，大部分是美国市政债券。自市场成立以来，已有79种源自美国的金融工具获得认证，总价值达250亿美元。170亿美元是根据低碳运输标准认证的，其中113亿美元是由项目认证气候（Certified Climate）颁发的。包含了债券级别的详细信息。该报告和数据集旨在帮助投资者和其他利益攸关方了解和发现与气候相关的投资机会。美国旧金山公共事业委员会（SFPUC）是美国市政债券发行机构中报告质量最高的，与它根据气候债券标准的水基础设施标准获得的项目认证密切相关。该机构报

告绿色债券年度报告，包括债券和项目层面的已分配和待分配数额（有很多），以及支持性表格中每一项的定性和定量信息，包括对可持续发展目标的贡献。在每一份报告的开头，绿色债券发行计划在发行人的可持续发展计划中有明确的框架，气候债券认证计划要求的发行前和发行后的验证附在报告的末尾。

气候债券认证机制是第一个、也是目前主要的针对绿色债券及绿色贷款的、以科学为基础的国际性认证机制，为国际市场上的气候行为、情况报告、信息披露提供最佳实践参考。它与市场上的利益相关者共同开发，结合了针对开放标准的独立验证和担保，并采用以实证为基础的认可标准，筛选符合《巴黎协定》要求的基础设施投资类型。例如，气候债券倡议的分类指定了气候债券标准和认证计划的绿色定义，并由一个气候和能源专家小组指导。

CICERO是绿色债券的第二方审查机构，它提供了一种"绿色阴影"方法，根据基础项目对"实施2050年气候解决方案"的贡献，将绿色债券分为"深绿色、中绿色或浅绿色"（Clapp和Torvanger，2015）。尼日利亚、荷兰、智利和泰国均已发行了通过气候债券认证的主权债券。荷兰期望其发行的所有贴标主权债券皆为"深绿"属性。这是一种避免争议的风险管理措施。不同类型支出的认定均有不同依据支撑。例如，选择住房项目是因其十分具体且务实，而选择交通运输项目是因为其较大的体量。为保证清晰简便，此类项目清单应尽量保持精简。

2018年最新版的《绿色债券原则》将外部评审的形式拓展为以下四种认证类型：（1）由"气候债券组织"等国际主流绿色债券机构认证；（2）由专业学术机构，如挪威奥斯陆国际气候和环境研究中心（CICERO），VIGEO，OEKOM RESEARCH等担任，经由发行人聘请，对绿色债券的评定出具专业的意见书；（3）绿色鉴证，由第三方国际专业审计团队，如安永、普华永道、德勤等提供鉴证服务；（4）绿色评级，由国际评级机构，如穆迪、标普等，对绿色项目进行绿色程度评估。

4.4.4 培育投资者，拓展市场

绿色基础设施为全球提供了巨大的投资机会，从现在到 2030 年，要实现《巴黎协定》的减排目标，估计需要价值 100 万亿美元的气候兼容基础设施投入。近年来，资本越来越多地流向低碳资产和经济活动，而这些努力还不足以达到更严格的气候目标：据估计，仅每年就需要 6.9 万亿美元的基础设施投资，以及相应的 1.6 万亿美元至 3.8 万亿美元的能源转型，才能达到《巴黎协定》的目标。推动私人资本转向低碳投资是扩大气候融资的关键：仅靠公共资金不足以满足所需投资。满足对绿色投资机会，特别是绿色债券日益增长的需求，并支持中美洲和加勒比地区向低碳经济转型。绿色债券可以向国际投资者提供可靠的转型证据，这些投资者正在按照《巴黎协定》的目标对其投资组合进行脱碳。

绿色投资者的数量越来越多，是支持绿色债券发行者的一个独特来源。更多样化的投资者池，提供更大的灵活性，以重新开放或发行新债券；更有粘性的投资者基础；更大的可视性。旨在促进资产所有者、开发商和投资者在绿色基础设施投资方面的更多参与。有特定委托或偏好购买标签债券的投资者构建多元化绿色债券投资组合的机会有限。来自各个行业的更广泛的发行人将促进多元化。如果投资者认同额外绿色元素的重要性，及操作层面完全公正透明的价值，他们很可能接受稍低的收益率。

培育投资者对于发展中国家有着更积极的意义。比如，中美洲的巴拿马证券交易所（BVP）是联合国 SSE 倡议的另一个合作伙伴，最近发布了《绿色、社会和可持续债券指南》。它还开始提供绿色债券训练营和进一步的教育活动。更广泛地说，中美洲证券交易所日益一体化巴拿马证券交易所（BVP）与萨尔瓦多证券交易所（VSBVES）达成协议，建立一种综合模式，授权的"外国"经纪公司——"远程运营商"，可以直接进入"本地"交易系统，并直接代表客户进行交易。远程运营商基本上具有与任何其他经纪公司相同的义务和利益，包括共享数据、报告、系统、信息等。两家交易所还与尼加拉瓜交易所（VNBVDN）签署了谅解备忘录，并与美洲资本市场协会（AMERCA54）的所有交易所正在进行对话。在巴拿马，证券交易所自2018年9月以来领导了一个完整的国家可持续金融工作组，成员包括经济/财政部、环境部、监管机构、行业协会、非政府组织、环境规划署和美洲开发银行等公共和私营部门的代表。其主要目标是制定路线图，使巴拿马在24个月内成为可持续金融中心。该工作组由四个委员会组成：分类学、社会环境风险分析、环境披露和投资。

绿色投资者不怀疑低碳转变是否会发生，而是讨论它将以多快的速度发生，以及它将如何发生。到2050年，几乎90%的发电来自可再生能源。煤炭被视为一种搁浅资产。过去一年，美国及世界各地煤炭企业的股价不断下跌，严重损害了股东价值，导致一些投资者排除了对煤炭进行直接融资的可能性。2020年10月，新加坡货币管理局推出了绿色金融行动计划，这是一项新的全面长期战略，目的是使可持续金融成为新加坡作为国际金融中心的一项核心要素。这项计划中包括了加强金融部门抵御环境风险能力的举措；绿色和可持续债券、贷款和资助计划；全球利用技术解决方案金融科技创新挑战；以及通过研究、培训、核查和评级服务建设可持续金融知识和能力的举措。

成功发展绿色政府债券需要市场参与者的共同努力和对该体系的全面理解。紧密的合作关系，开放的对话，知识共享，和所有共同的目标框架。迄今为止的全球经验表明，在利用投资者对具有绿色和社会影响的投资日益增长的兴趣方面，绿色政府债是一个重要工具。选择债券期限是至关重要的一个决策，会影响投资者选择。不同市场和货币对债券期限的接受度不同。较短期限债券是为资金需求较短的国内银行设计的，而较长期限的债券则填补了收益率曲线的空白，更适合保险和养老基金。期限较长的债券倾向于吸引保险公司，尤其是养老基金，以寻求与长期负债现金流相匹配的方式。这与大多数专用绿色投资的资金来源殊途同归。法国首次发行价值100亿欧元的绿色债券时选择了22年期的债券期限。与常规债券相比，绿色政府债需要增加报告责任和额外工作。这些额外付出除提名誉奖励外，还需赋予切实利益。定价差异也许会对收益有所帮助，但也是建立在已有专业投资者的坚实基础上。而且，为绿色市场吸引新的投资者的益处在于：多元化——引入来自不同地理区域的更广泛的投资者，包括更多的买入和持有类别的投资者；概念推广——吸引新投资者使用绿色、社会和可持续发展标签；信息传递——将消息传递给更广泛的受众；绿色溢价——更多投资者的兴趣可以帮助降低收益率。总之，建立强有力的长期政策框架，改善绿色投资融资渠道，解决市场壁垒和建设能力，开发创新方法和新的工作方式。

4.5 国际绿色政府债券的发展展望

展望未来，绿色金融增长，气候变化的影响在公共议程上将越来越多地出现。联合国政府间气候变化专门委员会（IPCC）进一步权衡了将全球变暖降至 1.5℃ 的紧迫性，而各国在联合国卡托维兹气候变化会议上，就实施 2015 年巴黎气候变化协议的一套指导方针达成了协议。在 2021 年 4 月举行的气候峰会之后，美国承诺到 2030 年将碳排放减少到 2005 年水平的 50%—52%，加拿大承诺同期减少 40%—45%。在全球主要国家纷纷宣布碳中和目标、加大落实《巴黎协定》力度的背景下，绿色政府债在未来几年有着相当大的增长机会。

《巴黎协定》是一个全球目标，需要国际合作，随着美国重返气候谈判，并承诺净零排放，全球主要经济体正在就气候变化问题达成一致。绿色金融的增长预计将遍及整个地区，这意味着在急需的绿色基础设施融资的推动下，有新的发行人和国家加入市场。对清洁交通选择的投资，特别是在电气化公共交通的形式，已经在发生，预计这将继续增加。可持续农业和海洋活动也提供了可观的机会。过去几年，全球绿色和可持续金融市场呈指数级增长。

4.5.1 市场前景广阔

政府绿色债券潜力巨大，随着各国政府越来越重视绿色复苏计划和到2050年向净零经济转型，绿化金融体系正在国家和超国家层面上被推动。2019年4月，绿色金融体系中央银行和监管网络（NGFS）发布了一套非约束性建议，以促进金融部门在实现《巴黎协定》目标方面发挥作用。七国集团新的"30×30"倡议，该倡议旨在到2030年保护地球30%的陆地和海洋。基于自然的解决方案，包括恢复土壤和海洋中的碳汇，是实现脱碳目标和抵御气候变化物理影响的关键工具。气候变化已对许多国家造成了严重影响，遏制气候变化的决心和努力，也体现在了各国关于气候变化适应及减缓的相关战略措施中。这些战略措施包括了出台促进可持续和绿色金融的相关政策、立法推动和落实《巴黎协定》目标的政府总体议程，以及制定各项可持续发展解决方案。

气候变化给北美经济体带来的金融风险的紧迫性和严重性，以及减轻和适应这一风险的必要性，正开始认识到：例如，美国商品期货交易委员会（CFTC）2020年的一份报告援引的估计数据显示，与化石燃料资产相关的全球财富最终可能损失1万亿美元至4万亿美元，其中大部分要么在北美，要么为该地区的投资者所有。主要国家政治潮流的转变，是积极的因素。美国和加拿大最近在政府最高层提出了全经济范围的减排目标，并公开重申他们致力于共同努力实现上述目标，然而这两个国家在气候行动的速度、规模和广度上都落后于许多发达国家。这不仅是因为它们的经济仍在很大程度上依赖化石燃料，来自油气公司和行业协会的强大游说力量的遗产，从两国继续支付的补贴规模就可以清楚地看出来。

美国已经重返气候谈判，自就职以来，拜登总统行使行政权力，建立了一个"整体政府方法"，评估并将气候风险考虑纳入政府各部门的决策。一个新的财政部气候中心将协调与气候相关的活动，包括财政部工具箱中的关键杠杆，如指导公共投资和制定财政政策措施。与此同时，"美国制造税收计划"包括减少并最终取消化石燃料补贴,以及重新引入污染者的补贴,以确保有罪的行业参与到环境修复的成本中来。美联储最近成为绿色金融系统网络(NGFS)的成员,与80个同行分享关于将气候变化风险管理实践纳入监管和活动的信息。此外,美联储还成立了监管和金融稳定气候委员会,以分析美国金融体系中的气候风险,以及该国受监管金融机构应对这些风险的准备情况。美国的国际气候融资计划包括承诺将发展中国家的气候缓解和适应融资增加一倍,以及优先支持混合融资机制和终止国际化石燃料融资。《应对国内外气候危机》(行政命令)成立了一个由来自政府的代表组成的国家气候工作组。美国还更新了其国家气候战略 NDC,规定到2030年将排放量减半,并制定了到2035年实现电力行业零碳排放和到2050年实现净零经济的目标。

2020年11月,加拿大政府提出了一项具有里程碑意义的立法提案——《净零排放责任法案》(Net-Zero Emissions Accountability Act)。该法案将通过每五年设立一个临时的减排检查站,巩固加拿大现有的到2050年实现净零排放的目标,加拿大也在开创自己的投资分类,以促进该国的低碳转型。加拿大已将其 NDC 从2005年的水平提高到40%—45%到2030年,这一中期目标进一步加大了脱碳进程的难度。2021年5月,加拿大启动了可持续金融行动理事会,其明确目标是汇集公共和私营部门的金融专业知识,支持一个强大、运转良好、可持续的金融市场的增长。参与者将包括来自加拿大银行、保险公司和养老基金的代表。一个公共部门协调小组将在理事会会议中扮演观察员的角色,并为主席提供建议,成为G7倡议成员和净零生产者论坛①(Net-Zero Producers Forum)成员。

随着绿色基础设施融资需求的推动,新的发行方和国家加入该市场,整个地区的绿色金融预计将出现增长。对清洁交通方式的投资,特别是电

---

① 该论坛是石油和天然气生产国讨论如何在2050年前实施《巴黎协定》和净零排放的平台。它将制定务实的净零排放战略,如推进循环碳经济,开发和部署清洁能源和碳捕获和存储技术。其他成员包括挪威、卡塔尔、沙特阿拉伯(约占世界石油和天然气产量的40%)。

动公共交通的投资已经开始，预计还将继续增加。可持续农业和蓝色（海洋）活动也提供了相当大的机会。在加速向零碳经济转型和建设气候适应型未来方面，绿色政府债可以发挥至关重要的作用。预计接下来的几年其将继续保持积极的增长趋势。绿色溢价①在未来变得越来越普遍，各政府都可通过绿色化自身投资来为市场增长做出贡献。按照当前的发展趋势，全球年度绿色投资额度有望在2022年首次超万亿美元。

以政府为主体发行绿色债券是推广绿色债券市场最重要、最有效的方式。首先，由政府背书发行绿色债券可释放一个重要信号——该债券具有较高可持续性；其次，它有助于提高绿色债券市场的合法性；最后，政府背书发行绿色债券具有一定带动作用，有助于提高绿色债券发行的常规化，降低其他发行人进入绿色债券大市场的门槛。此外，绿色主权债券的发行还将推进更多实现气候目标的综合性行动，为投资者从传统证券转投到绿色证券提供了机会。

市场的开拓不仅包括政府部门，还包括了私营部门。向低碳、气候适应和平等的全球经济的过渡需要所有类型的发行人都参与到绿色政府债券市场（见图4-18）。绿色政府债券通过吸引投资者，反映投资者需求，树立先例并提高知名度，支持本地市场的增长。通过增加本地市场的发行量，绿色政府债券既可以增加流动性，又可以促进发展绿色债券市场所需的市场基础设施和技术技能的增长，这包括验证方，专业承销商等。因此，发行贴标主权债券不仅可以提高知名度，并且可以帮助打开绿色市场。绿色政府债券推动开拓绿色市场的方式包括：吸引新投资者，其声誉和规模推动投资者践行更专业的投资策略；为其他债券创造机会，用大量无风险资产支持本地绿色债券市场，使投资者能够多元化投资于风险更大或流动性较小的资产，社会责任投资者（SRI）以及筛选环境、社会和治理（ESG）因素的主流投资者，对绿色债券表现出强劲的需求；提供参考

---

① 当这种投资者为认购新发行债券愿意牺牲收益的情况出现在绿色债券中时，称其为"绿色溢价"。

基准，为其他贴标绿色债券工具定价夯实基础，突出政府工作重点，传达政府正在努力减缓气候变化和/或解决社会不平等的强烈信号。

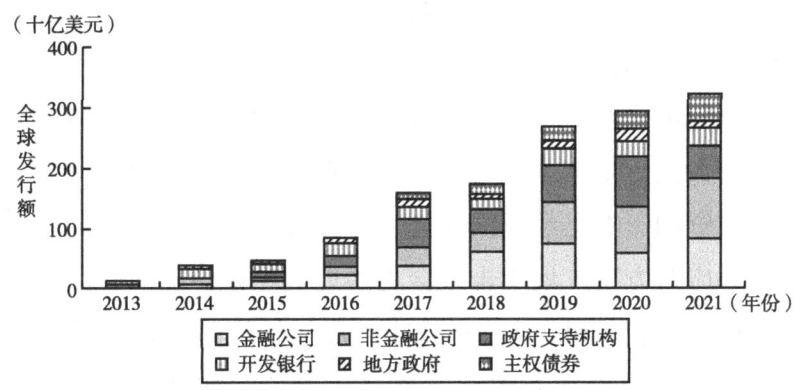

图 4-18 绿色政府债券不同发行主体的发行额

资料来源：气候债券倡议组织。

专家预测，绿色融资作为绿色、社会与可持续债券（GSS）市场的代表，将继续高涨。全球疫情后的复苏，一直推动着绿色债券的发展，原因是世界各地政府不单希望刺激经济和创造就业，同时也致力为实现远大的环保目标做出承诺。预计将有更多的政府发行绿色债券，作为资助大规模绿色基础设施项目，和下一代技术研发的一种方式，这对实现净零过渡至关重要。作为全球固定收益市场的支柱，政府债券的这种"绿色化"可能有助于解决投资者面临的一些定价、流动性和报告挑战。

4.5.2 可持续债受关注

近年来，绿色债券市场的标签多样化程度有所提高。社会和可持续性债券受到了特别关注。盛行的绿色债券是与持续发展紧密相关，在环境、社会与治理统一，即以 ESG（Environmental, Social, Governance）的理念下诞生的，是一种可持续性环境金融，即在投融资决策过程中关注环境效益，充分考虑潜在的环境影响，以支持可持续发展的投融资活动，促进经济社会可持续发展。成立于 1969 年的国际资本市场协会（ICMA）和组成于 2009 的气候债券倡议组织（CBI），先后将可持续发展理念贯穿于绿色债券的定义标准之中，国际资本市场协会协调下制定的《绿色债券原则》（GBP）是市场参与者的指导，气候债券组织专家们制定的《气候债券标准》（CBS）是重要的行业标准。

随着新冠肺炎病毒疫情将可持续发展债券从小众市场推向主流市场。新冠肺炎疫情大流行影响了全球投资，包括与气候解决方案相关的投资。这对可持续融资的影响已经显而易见，公共部门发行人尤其优先投资于国家卫生系统和应对方案。展望未来会更多地关注社会层面，但最终还是要从整体上考虑"可持续性"。应对这些有形气候风险不仅需要对硬基础设施进行投资，还需要增加对"软"领域的投资，如技术、服务、供应链管理、运营等，这些领域在实现生态系统、经济和社会的气候恢复能力方面发挥着关键作用。

绿色政府债券是 2020 年增长最快的可持续债券。经合组织（OECD）的数据显示，德国、匈牙利和泰国等国政府首次发行绿色债券，首次发行的主权绿色债券占未偿付主权绿色债券的 40%。2021 年，英国等国进一步发行债务，为绿色倡议提供资金，并进一步创新绿色债券结构。这种快速增长在一定程度上反映了绿色债券市场的早期阶段，尤其是主权绿色债券，它们仍然只占经合组织政府债务的 0.2%。根据气候债券倡议组织的定义，2021 年可持续发展债务的总额达到创纪录的 1.2 万亿美元。一定程度上是受社会债券标签的子集——抗疫债券的驱动。社会债券已为一系列倡议筹集资金，所涵盖范畴包括公平教育机会、经济上可负担的交通，以及为食物供应提供保障。根据彭博资讯的数据显示，2021 年社会债券的发行量获得七倍增长，当中有部分是为了应对新冠病毒所致。社会债券、可持续发展债券、可持续发展挂钩债券（SLBs）和转型债券的大幅增长，推动 2021 年上述主题债券的发行量达到 6465 亿美元。

可持续融资机制正被广泛认为是重要的替代方案。可以通过国际金融公司、国际货币基金组织、亚洲开发银行、美洲开发银行、联合国开发计划署等机构的资助项目来覆盖组织和管理成本。比如亚洲开发银行

（ADB）与泰国合作，于2020年准备了第一笔可持续发展债券。亚洲开发银行就报告的最佳实践、证券交易所上市以及为后续发行选择资产的标准等多个方面提供了咨询服务。亚洲开发银行的参与使发行过程更加严格，从而增强了投资者的信心。联合国开发计划署就墨西哥的框架提出了调整建议，对其特色（包括使用可持续发展目标作为切入点）及一项认可标准（收集空间数据以识别最贫困社区）表达了赞誉，并对其影响报告提出意见。

从历史上看，因为大多数可投资机会都在发达市场，所以大多数专用于绿色、社会和可持续发展的投资也都集中于发达市场。到目前为止，绿色主题是最发达的是北美和欧盟市场，截至2021年第一季度末（见表4-6），北美绿色、社会与可持续债券（GSS）债券市场已达3110亿美元，自2011年以来，已发行了5935种GSS债券。绿色是主要的主题，占总量的87%，（2414亿美元）被标记为绿色。社会和可持续发展主题代表了较小但不断增长的市场份额。美国是GSS债券的最大来源国，迄今已发行2759亿美元债券，截至2021年第一季度末已发行2340亿美元债券，社会主题债券在2018年由纽约住房金融管理局首次测试，目前占市场份额为5%。然而，GSS债务仅占美国46万亿美元债券市场的0.6%，因此仍存在巨大的扩张机会。

表4-6　　各国GSS债券发行总额（截止到2021年第一季度）

排名/国家	债券数量	总额（亿美元）
1. 超主权	1046	4349
2. 美国	5840	2759
3. 法国	342	2490
4. 中国	1061	2123
5. 德国	294	1288
6. 荷兰	132	918
7. 西班牙	137	637
8. 日本	358	624
9. 韩国	257	541

续表

排名/国家	债券数量	总额（亿美元）
10. 瑞典	467	485
11. 加拿大	95	348
12. 意大利	56	324
13. 英国	78	302
14. 澳大利亚	71	230
15. 其他	868	2396

资料来源：气候债券倡议组织。

针对绿色项目的融资渠道和激励机制的政策和倡议是非常迫切需要的。在过去几年中，发展可持续金融市场的倡议和措施显著增加。到目前为止，市场的焦点主要集中在绿色金融工具和大部分绿色债券上。然而，随着金融和投资决策中社会和环境两个维度的整合程度不断提高，市场开发也需要考虑社会因素，而不能仅仅局限于绿色金融。事实上，各种行为者和倡议已经从"可持续性"而不是简单的"绿色"的角度来处理这个问题。在债券市场，绿色债券的发行在2020年明显下降，而社会、可持续性和新出现的"大流行"，债券的发行较前几年有所上升。发行方，特别是来自公共部门的发行方，越来越优先考虑卫生系统投资。关于这一主题，气候债券倡议组织目前正在为其他（即非绿色）可持续债务标签创建一个单独的数据库。

可持续发展主题于2019年启动，与美国相比，加拿大市场的交易规模更大，截至2021年第一季度末，5家发行人已发行了12只债券，加拿大GSS债券和贷款累计达34.8亿美元（42.1亿加元），在全球排名中排名第11位。近年来，拉美和加勒比地区气候政策和相关举措，特别是绿色金融相关举措的出台迅速增加。各国政府和行业组织日益意识到投资绿色基础设施和促进可持续发展的迫切需要，并变得更加积极。

虽然社会和可持续性主题处于发展的早期阶段，但现代治理结构越来越必须以一种整体的、循环的、基于生态系统的方法来解决问题，而不是专注于单一的活动。国家和国际利益攸关方之间也需要密切合作。可以利用区域机构将这些措施与筹资方案的要素结合起来可以提供可持续管理该区域海洋的有效方法。

可持续发展：该标签包含"绿色"和"社会"领域的项目、活动或支出，例如可持续发展、联合国可持续发展目标（SDG）、社会责任投资、环境、社会和治理（ESG）等领域。2018年6月，ICMA发布了《可持续性债券指南》，标志着债券市场可持续性部分的发展。SBG借鉴了绿色债券原则（GBP）的绿色项目类别和社会债券原则（SBP）的社会类别，围绕透明度和市场诚信提出了良好实践建议。社会债券只与具有社会效益的项目相关，其收益可用于资助一系列具有积极效益的社会成果，如住房、性别平等、生计和收入平等、医疗保健和教育等。可持续发展领域正在迅速发展，为了应对这一发展，ICMA发布了可持续发展挂钩债券原则，旨在为市场提供一个框架，建议结构特征、披露和报告。

在可持续发展主题下，出现了多个为绿色和/或社会项目、资产或支出提供资金的标签，这为发行人提供了灵活性，因为这类工具可以涵盖各种各样的UoP类别。越来越多的实体正在设计单一债券框架，以涵盖绿色和社会项目，允许在绿色、社会或可持续性主题下灵活发行。这项工作为主题投资者提供了绿色投资机会，市场也能相应扩大。2020年，有10家主权债券发行机构进入绿色、社会与可持续债券（GSS）债券市场，使总数达到22家。这影响了GSS债券市场的形状和规模。由于主权发行人的规模和影响力，它们拥有扩展GSS债券市场广度和深度的终极权力。2021年初，孟加拉国中央银行立法要求该国的银行和其他金融机构将至少2%的贷款用于绿色项目，15%用于更广泛的"可持续"定义中国紧随其后，宣布计划将气候变化纳入其货币政策框架，并鼓励金融机构通过优惠利率和特殊转贷安排提供低碳信贷。在英国，英格兰银行（Bank of England）宣布改变其职责，将环境可持续性和净零转型纳入其中。根据英国的环保承诺，其债券购买计划将在今年年底前包括绿色债券欧洲央行最近结束了其战略评估，并提议对货币政策工具用于管理气候风险的方式进行重大改革，欧洲央行还在进一步整合气候风险，寻求在其团队中增加一名专门的气候科学家。

随着金融和投资决策中社会和环境维度的融合程度不断提高,开发市场也需要考虑社会因素,而不能只局限于绿色金融。事实上,各种行动者和倡议已经从"可持续性"而不仅仅是"绿色"的角度来处理这个问题。市场的强劲增长显示出,投资者对环境、社会和公司治理(ESG)的认识不断增高,同时对可持续产品的需求持续增加。此外,鉴于目前的COVID-19大流行,社会层面的重要性——尤其是与健康相关的社会层面,正在迅速增长。自2020年以来,各国政府争相筹集资金,以抵御新冠肺炎对社会经济造成的直接影响,社会债券的发行出现爆炸式增长。国际政策和市场的持续变化引起了人们对可持续金融领域的极大兴趣,尤其是因为它们有可能导致主权GSS债券发行的指数级增长。

4.5.3 贴标主权债活跃

全球环境气候恶化和新冠病毒疫情的持续蔓延,已在对各国经济产生了前所未有的影响,经济复苏需要由各国政府部门主导,尤其是中央政府,因为中央政府拥有较为雄厚的预算以及较大的资源分配权力,特别在大型基础设施项目方面,其作为主权债发行人通常有足够的权力和理由在其主权发行范围内扩大贴标主权债券的相关投融资。除筹集资金外,主权国家可以采取的推动贴标主权债券市场发展的手段和措施,使发债效益延展到发行实体及更广泛的市场中。一些主要经济体的国家政府已纷纷表示将优先考虑绿色和社会项目,发行绿色主题的贴标主权债券,以实现减缓气候变化、减轻社会不平等等目标。按比例比较收益率时,发行贴标主权债券的成本低于或近似于常规债券。调查表明,投资者对带有绿色、社会和可持续发展标签的贴标主权债券通常有更大需求。

贴标主权债券或可促使政府采取一种更为集中的方式,优先对解决气候和社会问题的支出项目进行融资。根据气候倡议组织的关于"贴标主权债券"的调查报告,常规主权债券已占到总流通债券近半数,而其中,期限在1年以上的主权债券市场规模已达到45万亿美元。已有数10个国家政府发行了总计近千亿美元的主权绿色、社会和可持续发展债券。主权绿色债券的兴起是为了支持本地绿色债券市场的发展。主权发行人可以为其他类型发行人树立榜样。它们可以为投资者提供安全、高流动性的投资机会，并为实现国家自主贡献和碳中和目标等更为宏大的战略计划。已发行主权绿色债券的经济体中，发达市场以欧洲最为集中，新兴市场主要集中在南美洲、非洲、东南亚等地，绝大多数主权绿色债券发行货币为欧元，其余多以美元发行。虽然发达经济体的发行总量占绝对优势，但新兴市场经济体发行主权绿色债券的增长势头更加强劲。

各国政府在推动该领域市场增长方面起着关键作用。多数发行国家建立了贴标主权债券工作组，由不同政府部门和其他机构代表构成，专注于其债券项目的工作，负责确定绿色支出项目、支持披露准备、参与监督等任务。政策与债券的发行是相辅相成的。与本国国内宏观政策的协调一致是推动贴标主权债券的主要关注点和动机。法国曾明确表示"发行贴标主权债券是环境部（MoE）和法国经济财政部在仔细评估财务和名誉风险后共同作出的一项政治决定"。比利时依据对其长期生态目标的承诺的第一只绿色债券于2018年2月定价。根据匈牙利在议会中提出的气候行动目标，而决定在2020年2月匈牙利启动进行气候保护行动计划，作为对现行环境保护法的修正，该行动计划正得到了该绿色债券多项支出项目的资金支持。与直接为某些项目和资产融资不同，贴标主权债券的常见支出项目类型是税收抵免、税收支出、投资支出、补贴和赠款，支出项目通常选自当前或之前预算中已有的支出项目，也有国家提及前瞻性支出项目，如立陶宛、尼日利亚、卢森堡等，卢森堡政府意将该国建立为可持续金融中心。

随着秘鲁、哥伦比亚和墨西哥宣布可能的主权债券发行，我们看到了CAC各国政府在扩大绿色金融的同时提高其在公众中的知名度的重大机遇。首个绿色伊斯兰债券（Sukuk）助力印尼共和国成为主权绿色伊斯兰债券唯一绿色结构顾问。同样，包括多边开发银行（MDB）和太平洋联盟（Pacific Alliance）等跨境组织在内的国家和国际机构，也可能成为蓝色债券发行者。例如，北欧投资银行（Nordic Investment Bank）发行了蓝色债券，为波罗的海和斯德哥尔摩周边的各种水利项目提供资金。蓝色债券由公共部门和多边发行人发行的蓝色债券比私营部门参与者发行的可能性更大。但是，民间资源仍然可以参与项目实施，迄今为止，只发行了两款，都是由公共部门发行方发行的。公共部门发行人——尤其是来自岛屿国家的发行人，可以为气候相关项目部署蓝色债券。塞舌尔的主权蓝色债券是《蓝色经济路线图和战略计划》关键经济领域的创新金融工具之一。泰国提出，环境和社会问题是相互联系的，因此气候变化和贫困问题应一并得到重视。2020年9月，泰国发行了主权可持续债券——绿色部分根据气候债券标准认证。收益包含绿色和社会两部分，通过大规模快速交通橘线（东）项目为绿色基础设施提供资金，以及帮助新冠肺炎疫情复苏的社会影响项目。这包括获得基本医疗保健以及支持中小企业贷款。后者的目标人群是受2019年新型冠状病毒病等传染病传播影响的雇员或自由职业者，以及在农业和合作部登记的农民。这笔交易的初始金额为300亿泰铢（9.45亿美元），随后又追加了200亿泰铢（7.05亿美元）。该债券是未来财政年度在绿色和可持续基础设施相关领域发行的15年期基准债券计划的一部分。

　　从主权绿色债券的发行期限来看，主权绿色债券发行期限普遍较长，以10年期以上为主，甚至也有发行期超过30年的主权绿色债券。2021年，有21只主权绿色债券进行定价，包括100亿英镑（137亿美元）的英国金边债券，这是迄今为止规模最大的单只主权绿色债券，也是2021年发行规模最大的绿色债券。2021年末，英国又发行了一只规模较小的60亿英镑（约82.5亿美元）的绿色债券，这使英国成为继法国和德国之后的第三大主权绿色债券发行国。2021年，几只主要的认证气候债券都由中国发行，各大银行继续按照气候债券标准发行多种绿色债券。国家开发银行（China Development Bank）通过三笔交易筹集了74亿美元，募集资金用于中国黄河流域的生态保护和绿色发展。因此，国家开发银行成为

2021年全球最大的认证气候债券发行机构。

遏制气候变化和推动市场发展是主权债券发行决策的主要动因。贴标主权债券的发行和发展，在促进绿色政府债券市场发展、推动实现可持续发展目标（SDG）中的影响力大。在改变市场格局推动市场发展方面，主权发行人可作为其他类型发行人的效仿表率，为投资者提供安全性和流动性较高的投资机会，从而将资金从其他评级较低和流动性较差的债券中释放出来。在大多数情况下，贴标主权债券拓宽了投资者基础，提高了投资者的参与度，并使其更加多元化。发行贴标主权债券的过程通常需要承诺公开收益分配及其影响报告，来增加透明度。审计要求大大提高了对政府各部门和议会的透明度，并延伸至如投资者等的外部利益相关者，使其更能充分知情，许多国家均已建立绿色金融工作组，以公开其决策过程和/或债券发行过程。发行人在发行过程中，知名度和声誉也会获得提高，贴标主权债券为发行人提供了更大的知名度和新闻报道，可以延展到其他地区。对于主权发行人，尤其是新兴市场发行人而言，债券的曝光率和严谨审查的过程更为重要，其影响程度更甚于发行所传达出的信息及债券规模。债券的收益使用也可以因资金或可流向发行国以外的项目而成为国际合作的一部分。出于对更多的投资机会（由主权债券发行推动）、低收益环境、及对绿色、社会和可持续发展投资策略日益关注的综合考虑，未来将有更多主权实体投身贴标主权债券的发行之列。

要使绿色债券成为主流，还需要解决其他挑战。最重要的是不同国家/地区的报告标准不一致。现在的标准对所有绿色债券都是自愿的，而且通常是临时的。发行时报告的募集资金用途可能与发行后报告的募集资金用途不同，从而产生一些发行人过度承诺然后未能达到预期的风险。可变报告以及缺乏通用术语和指标可能会导致难以了解实际影响以及比较投资。更多的绿色主权发行应该可以改善这些问题。绿色政府债券通常遵循与非绿色债券相同的支出规则，禁止创建单独的账户将收益指定用于任何特定目的，因此，政府无法为绿色投资者提供关于如何使用绿色债券收入的太多确定性。

虽然绿色债券备受追捧，但坊间对绿色债券的定义和其背后的标准却鲜有一致的共识。各国政府试图以不同的方式解决这个问题。波兰已经修改了法律，为绿色债券的流入设立了一个单独的账户。比利时进行了一项小的立法调整，将某些支出指定为绿色债券收益，因此不能通过相同的方式再次为其融资。德国的绿色债券发行旨在为预先存在的支出提供资金。绿色债券的投资标准正在全球和区域层面制定，其中最突出的是欧盟绿色债券标准。随着这些措施的采用，绿色主权市场将变得更具投资性，并成为绿色公司债券的基准。然而，规则制定者需要谨慎行事，因太难满足"绿色"的定义可能会限制供应，并有可能加剧定价和流动性挑战。

4.5.4 分类标准趋向统一

绿色金融分类标准（Green Taxonomy），是一套对符合优先环境目标的经济活动或投资进行系统分类和定义的体系，也是各国通过在金融领域调动公共和私人资源实现其关键气候、环境和发展目标的基础。科学严谨的绿色分类标准可以为市场参与者识别合格的绿色和可持续资产提供有效指导，减少"洗绿"的风险，并支持进一步的政策行动，以进一步扩大绿色融资规模。现在没有一个完全统一的世界标准，每个国家或机构的标准都会有些许差别。关于绿色债券项目的定义，国际和国家有许多分类，包括气候债券倡议（CBI）发布的气候债券标准和中国金融学会绿色金融专业委员会（GFC）发布的《绿色债券支持项目目录（2015年版）》。

实施绿色分类来界定哪些经济活动在环境上是可持续的，以提高对企业活动和投资对环境影响的理解。在全球市场上对"绿色"有共同清晰的定义，能够使投资者、潜在发行人和政策制定者能够更容易地识别绿色资产并吸引投资。CAC各国政府可以采用最佳实践标准，在其基础设施计划中确定绿色项目，并优先考虑那些符合国际绿色定义的未来基础设施管道项目。可以开发各种绿色金融工具，从不同来源获取资金，并有效提供杠杆资本。

分类法的开发是一个重要的步骤。由于世界主要经济体在绿色资产和项目定义方面仍然存在差距，因此统一不同市场间关于合格的绿色和可持续资产的界定标准是制定绿色分类标准的一项重要工作。分类标准可以在更大范围内促进绿色金融流动，它可以为绿色提供明确的指导，并确保它随着时间的推移而发生变化，并符合《巴黎协定》的要求。如果分类法的发展在世界范围内也得到协调，它们还可以促进国际资本流向新兴市场和发达市场的绿色项目。绿色分类标准为市场参与者提供了清晰的指引，帮助投资者和企业识别绿色活动，并就可持续经济活动做出明智的决策。绿色分类标准有助于监管机构和投资者降低"洗绿"的风险，从而提高诚信度，降低可持续金融市场的交易成本。

制定标准的一个关键因素是要明确如何核实收益的适当使用。在全球范围内，建立一个广泛采用的共同主题债务工具报告框架的势头正在积聚，欧盟绿色债券标准的实施可能进一步推动这一进程。这将使发行人更容易进行报告，投资者和其他数据用户更容易获取信息，特别是如果同时建立一个集中化的报告平台（已经有一些正在开发中）。清晰、可获取和一致的发行前和发行后报告——通过更广泛地使用第三方审查加以支持——将增强投资者对绿色、社会与可持续债券（GSS）主题可信度的信心。

表 4-7　　　　　　　　　不同国家和地区的绿色分类标准

国家地区	绿色分类标准	发布时间
欧盟	技术分类专家组最后报告（TEG）	2020 年 3 月
马来西亚	气候变化与原则分类	2021 年 4 月
中国	绿色债券认可项目目录（2021 年版）	2021 年 4 月
日本	《气候转型融资基本指南》	2021 年 5 月
俄罗斯	采用国家绿色分类	2021 年 11 月

2020 年 3 月，欧盟委员会成立的可持续金融技术专家组正式发布了关于欧盟《可持续金融分类方案》的最终报告，其中包括《技术附件：

编制方法更新和技术筛选标准更新》（Technical Annex：Updated methodology & Updated Technical Screening Criteria）和《适用性指南：欧盟绿色债券标准》（Usability Guide：EU Green Bond Standard）。2021 年 4 月欧盟于发布的政策文件包括欧盟可持续金融分类授权法案（EU Taxonomy Delegated Acts）、公司可持续相关披露指令（草案），以及关于信托责任、投资和保险咨询的六个授权法案的修订案。预计这些法规的出台将使绿色金融共同分类标准的制定推进一大步。《欧盟可持续金融分类方案》（EU Taxonomy Climate Delegated Act）（简称《分类方案》）在布鲁塞尔正式发布，通过引入技术标准来界定符合欧盟气候变化适应及减缓两大目标的经济活动。2021 年 7 月，欧盟委员会通过了对《分类方案》第 8 条做出补充的授权法案。该授权法案规定了金融和非金融企业信息披露要求的内容、方法和呈列方式。欧盟《分类方案》是促进欧盟经济低碳转型的重要基准。据估计，法案所覆盖行业的温室气体排放量占到欧盟所有经济活动排放总量的 80% 以上，欧盟可持续金融分类方案按照不同阈值和指标对能实现环境可持续性的经济活动进行分类。其中包括能源、交通、农业、林业、制造业以及建筑等领域。欧盟分类方案保持了较为严格的科学标准，由低碳、转型（transition）、扶持（enabling）和适应这四个领域的科学标准组成。它提高了实体和发行人对所需经济转型规模的认识，并帮助投资者识别绿色投资机会。[1]

  2021 年 4 月 21 日，中国人民银行、国家发展和改革委员会、中国证券监督管理委员会联合发布了《绿色债券支持项目目录（2021 年版）》，以统一不同金融监管机构对绿色的定义，标志着中国在统一国内绿色债券定义方面取得又一重大进展。2021 年版目录被广泛视为中国的主要绿色分类标准，它也采用了"无重大损害"（DNSH）原则，与国际标准接轨。中国的绿色目录则列出符合条件使用绿色债券进行融资的

---

[1] https://www.climatebonds.net/2022/03/new-report-global-green-taxonomy-development-alignment-and-implementation.

资产和项目，这些资产和项目均可对改善环境问题、气候变化和资源效率作出重大贡献。

表 4-8　　　　　　　　　中欧标准的部分差异

差异	中国	欧盟
气候变化相关目标	在中国力争于2030年前实现碳达峰、于2060年前实现碳中和的政策下，减缓气候变化和污染防治措施双管齐下，这反映在其分类定义中。	欧盟《分类方案》首先制定了关于减缓和适应气候变化的定义，其余四个环境目标的详细规定将逐步发布。
无重大损害原则	虽然引用了"无重大损害"的国际原则，但对特定经济活动对具体环境目标造成影响的说明或指引少。当一个项目可能造成多个环境目标相互冲突时，可能会难以认定该项目是否为绿色。	欧盟通过授权法案对"无重大损害"定义作出明确规定，排除对其他五个环境目标造成损害的活动。
经济活动分类	没有详细列明每项经济活动/项目与气候变化减缓目标挂钩的具体技术指标，以及评估和核准流程。	对经济活动的"绿色元素"提供说明，以原则、标准、度量指标、阈值的形式定量或定性地阐释何为绿色经济活动。

目前，中国和欧盟均表现出了在各自绿色金融分类方案的基础上探讨制定一套"共同标准"强烈意愿。中国和欧盟的分类标准在整体原则、环境目标以及筛选合格经济活动的方法论层面也有很大的重合。在国际可持续金融平台（IPSF）的框架下，欧盟和中国正在积极努力开发一个共同的绿色分类标准，以推动全球对可持续解决方案的投资。通过可持续金融国际平台，中国和欧盟编制中欧《可持续金融共同分类目录》的工作。该平台是一个新成立的决策者多边论坛，负责开发可持续金融监管措施，以促进不同国家的绿色金融分类标准之间的沟通与协调。目前，IPSF 的成员共占全球温室气体排放总量的 55%、全球人口的 50% 和全球国内生产总值的 55%。此外，加入 IPSF 的观察员还包括欧洲复兴开发银行、国际货币基金组织和央行绿色金融网络（NGFS）等多边机制。2021 年 11 月，可持续金融国际平台（IPSF）就中欧《可持续金融共同分类目录》（Common Ground Taxonomy）（简称《共同分类目录》）发布了首份指导报告。这可以促进中欧跨境绿色投资，简化尽职调查流程，降低绿色认证成本，为全球两大主要经济体（同时也是可持续金融领域的领导者）进一

步统一绿色定义奠定了基础。

当前各国正努力标准化对绿色投资者的定义。墨西哥、英国、格鲁吉亚、南非和孟加拉国等国家将欧盟的分类方案视为基准,并计划采用当中的若干标准和指标,类似于国际资本市场协会发布的《绿色债券原则》。马来西亚国家银行采用基于原则的绿色分类标准来减缓和适应气候变化,该分类标准包含一系列核心指导原则,用于评估哪些经济活动可以获得融资,并载有一份非详尽的示例清单。从2022年1月1日起,将描述其产品为"绿色"或"具有社会责任感"的欧洲投资公司将被要求根据《分类方案》披露其投资百分比,即须符合2050年实现净零经济的目标。这将使绿色债券发行人在衡量认购者相关资质时有更明确的基准,并为资产所有者在债券管理人的筛选过程提供更大的透明度。

世界各地正在制定分类,以支持并指导关键部门和活动按照《巴黎协定》进行转型。目前,中国、欧盟、日本、马来西亚、蒙古、俄罗斯等已实施绿色金融分类法规或指引;据悉,南非、韩国、东盟、孟加拉国、加拿大、智利、哥伦比亚、多米尼加共和国、印度、印度尼西亚、哈萨克斯坦、新西兰、菲律宾、新加坡、泰国、英国、越南、墨西哥和斯里兰卡等司法管辖区目前正在制定或考虑制定绿色分类标准。《2021年第七届东盟财长和央行行长会议联合声明》宣布了制定东盟可持续金融分类的倡议,该分类将作为东盟可持续金融的共同语言,并对成员国的国家倡议进行随后补充,经过初期工作,东盟分类委员会于2021年11月发布了《东盟可持续融资分类》(第1版)。第1版囊括了可持续金融分类法的所有关键组成部分,旨在涵盖东盟各经济体的不同起点。

虽然地方指导对于将全球目标转化为当地相关和适用的基准至关重要,但它们需要在全球范围内相互适用,以确保绿色金融的跨境流动。各政府都可通过绿色化自身投资来为市场增长做出贡献,例如,使贴标主权债券成为公共部门养老基金的默认选择。发达国家投资者可以将其投资组合中的一部分投入到新兴市场发行的债券中。这促使各国纷纷制定详细的绿色分类标准(green taxonomy),以界定哪些投资符合绿色定义,从而实现预期环境目标并维护市场诚信。①

绿色政府债券市场发展和成熟的速度取决于许多变量，包括政策和监管因素、市场状况和融资趋势。欧盟《分类方案》和更新的《绿色债券支持项目目录》于 2021 年 4 月同一天发布，标志着应对气候变化的国际协调加强。各国和国际机构在努力协调统一各种分类标准，以减少市场分割，促进绿色资本的跨境流动。通过制定绿色分类标准来扩大可持续金融市场是大势所趋。

---

① https：//www.climatebonds.net/resources/reports/global – green – taxonomy – development – alignment – and – implementation.

第 5 章
我国经济社会绿色发展的客观需求

5.1 改革开放以来我国环保与绿色发展财政政策演进

5.1.1 探索阶段（1978—1993 年）

1972 年 6 月，为解决全球范围内的生态环境与经济发展之间的矛盾，第一次"联合国人类环境会议"在瑞典首都召开，会议通过《人类环境行动计划》及《人类环境宣言》，初步奠定环境治理体系。我国政府也开始重视环境保护工作，但是由于财政收入不足，无法满足生态环境保护的巨大财政资金需求。1973 年 8 月通过了《关于保护和改善环境的若干规定（试行草案）》，这是我国第一部环境保护的法规性文件。

改革开放后，我国环境污染问题逐渐凸显，为了遏制环境污染趋势，保障环境保护工作有序、稳步展开，政府出台了一系列环保财税政策。

5.1.1.1 财政体制

（1）建立并逐步完善排污收费制度

1979 年 9 月公布试行《中华人民共和国环境保护法（试行）》（主席令五届第 2 号），其中第十八条规定："超过国家规定的标准排放污染物，要按照排放污染物的数量和浓度，根据规定收取排污费。"这是我国首次从法律角度确立排污费制度。

1982 年 2 月，国务院发布《征收排污费暂行办法》（国发〔1982〕21 号），于同年 7 月 1 日起正式施行。该《办法》规定了收费的对象、收费、标准以及停收、减收和加倍收费的条件等，并附有排污费征收标准。自此，我国排污收费制度正式确立。但当时，我国污水排放超标收费标准存在诸多问题，如收费级差设置过简、超标倍数与其收费单价不协同等。

1991年6月发布《关于调整超标污水和统一超标噪声排污费征收标准的通知》（〔1991〕环监字第262号），调整超标污水排污费，并且统一超标环境噪声排污费征收标准，使排污费征收标准与当时法规和标准统一，强化环境管理。

另外有一些漏洞出现在实际征收过程中。有些企业排放污水的浓度并未超标，没有达到起征标准，但是排放的总量较大，甚至对环境产生了更大的损害。为解决此问题，1993年7月，在国家计委、财政部联合发布的《关于征收污水排污费的通知》（计物价〔1993〕1366号）中，规定所有向水体排放污染物的企业、事业单位和个体经营者，均应向当地环境保护部门缴纳排污费。

（2）明确环保资金渠道

1984年我国颁发《关于环境保护资金渠道的规定的通知》（城环字〔1984〕331号），明确规定环境保护资金的八条渠道和要求，如表5-1所示。

表5-1　　　　　　　　环境保护资金的八条渠道

渠道	要求
新建、扩建、改建工程项目（含小型建设项目）	执行"三同时"规定，并固定资产投资计划中纳入治理污染所需资金
各级经委、工交部门和地方有关部门及企业所掌握的更新改造资金	每年出7%用于污染治理
城市维护费（大中城市按规定提取的）	用于结合基础设施建设进行综合性环境污染防治工程
企业交纳排污费	80%用于企业或主管部门治理污染源的补助资金
工矿企业为防治污染、开展综合利用项目所产产品实现的利润	投产后五年内不上交，继续开展利用、治理污染
防治水污染问题	根据河流污染的程度和国家财力情况，提请列入国家长期计划，逐项治理
环境保护部门为建设监测系统、科研院（所）、学校以及治理污染的示范工程所需要的基本建设投资	按计划管理体制，分别纳入中央和地方的环境保护投资计划
环境保护部门所需科技三项费用和环境保护事业费	由各级科委和财政部门根据需要和财力可能，给予适当增加

(3) 设立污染源治理专项基金

1988年7月,国务院发布《污染源治理专项基金有偿使用暂行办法》（中华人民共和国国务院令第10号）,设立污染源治理专项基金,从超标排污费用于补助重点排污单位治理污染源资金中提取20%—30%,具体提取比例由省、自治区、直辖市人民政府确定；并且规定,历年超标排污费的未用部分,贷款利息、滞纳金和挪用贷款的罚息除按国家规定支付银行手续费外,其余全部纳入基金。另外,该基金实行有偿使用,委托银行贷款。自此,排污费由拨款的形式改为贷款使用,开始形成融入型环境税费制度的雏形。

5.1.1.2 税收体系

(1) 开征资源税

1984年9月,为了更好地处理国企之间的资源收益分配关系,调节资源级差收入,国务院颁布《中华人民共和国资源税条例（草案）》（国发〔1984〕125号）,决定对开发原油、煤炭、天然气及铁矿石,且销售利润超过12%的单位和个人征收资源税,其他矿产品暂缓征收,并且规定采用超率累进税率计算缴纳资源税。本次资源税征收范围较窄,其起征点设置较高,调节级差收入的作用有限,但体现出国家对于"利改税"的探索,开始运用财税手段调节资源的开发与利用。

1993年12月,国务院颁布《中华人民共和国资源税暂行条例》,扩大资源税的征收范围,将盐税合并到资源税之中；将矿产品销售量作为征税基数,实行差别税率,有效调节因资源禀赋差异造成的级差收入。

(2) 制定相关税收优惠政策

除了在税制体系中开征了与生态环境息息相关的税种,如资源税和城市维护建设税等,国家还制定了一系列的节能环保税收优惠政策。

1984年9月国务院颁布《中华人民共和国产品税条例（草案）》（财税〔1984〕296号）；1985年4月颁布《中华人民共和国集体企业所得税暂行条例》,规定对于积极利用"三废"为主要原料进行生产的企业,减免产品税、所得税；1986年1月，为了合理利用自然资源，进一步降低能源消耗，国务院颁布《节约能源管理暂行条例》（国发〔1986〕4号），按照开发和节约能源并重的方针，制定了一系列节约能源的优惠政策。

随着改革开放的推进，经济出现了不惜牺牲生态环境的粗放式增长，也是国家治理生态环境的初期阶段。在这一时期，主要以政府行政手段为主，对于一些高能耗、重污染的企业进行规制和监管，也通过资源税等一些税率的开征及税收优惠政策的实施去化解环境污染问题，但仍存在税率过低、调节能力有限等问题。

5.1.2 制度确立阶段（1994—2002年）

改革开放以来，中国实行"包干制"的财政体制，主要表现为"分级包干"和"分灶吃饭"，财政体制改革围绕着如何分配收入进行。1993年11月，党的十四届三中全会通过《中共中央关于建立社会主义市场经济体制若干问题的决定》，提出将现行的财政包干制改为分税制。同年12月，国务院发布《关于实行分税制财政管理体制的决定》（国发〔1993〕第85号），标志着分税制财政体制正式形成。

5.1.2.1 财政体制
（1）进一步调整与统一排污费征收标准

除了排放废水废料之外，工业企业排放的二氧化硫也日益增多，导致日趋严重的酸雨污染。1992年，为了加强对二氧化硫排放的管理，我国选择部分合适地区作为试点，对工业燃煤二氧化硫征收排污费。1998年4月，国家环境保护总局发布《污染源治理专项基金有偿使用暂行办法》（中华人民共和国国务院令第10号），扩大二氧化硫征收范围，由"两省九市"扩大到"两控区"。1998年5月发布的《关于在杭州等三城市实行总量排污收费试点的通知》（环发〔1998〕73号），将排污总量收费试点范围扩大到杭州市、郑州市和吉林市。

(2) 发行国债用于城市环境基础设施建设

改革开放带动我国城镇化的迅速发展，城镇人口数量快速增加，但城镇环境基础设施建设却相对落后，不能满足城镇化快速发展的需求，因此成为环保财政投入的重点。

1996年8月，国务院颁布《关于环境保护若干问题的决定》（国发〔1996〕31号），指出金融部门应积极介入环境保护投融资体制中。1998年，我国实施积极的财政政策，以发行国债投资基础设施建设作为重点，并在中央财政支持的重点中列入城市环境基础设施建设，1998年和1999年，将大量国债资金投入到北京环境综合整治、城市环境基础设施建设以及"三河三湖"污染治理等重点项目，投入占比达23%。2001年，国债资金又充分投入到自然生态系统、生态脆弱区、珍稀濒危野生动植物的天然分布区以及湿地等代表性的自然保护区和野生动植物保护建设工程之中。

5.1.2.2 税收体系

1994年，我国实施分税制改革，在环境保护领域主要表现为逐步运用税收政策调节资源配比及居民对于环境的消费。

(1) 运用税收政策调节资源与环境分配

第一，将资源税划分为地方税，从而增加地方财政收入；第二，增加消费税新税种，征收范围加入在消费环节中易形成环境污染和资源浪费的产品，主要包括：汽油、柴油、小汽车等，从而引导消费方向，调节消费结构，并且增加财政收入。

(2) 制定减免税政策促进资源综合利用

1995年4月，财政部、国家税务总局联合发布《关于对部分资源综合利用产品免征增值税的通知》（财税字〔1995〕44号），规定：对企业生产的原料中掺有不少于30%的煤矸石、石煤、粉煤灰、烧煤锅炉的炉底渣的建材产品和企业利用废液（渣）生产的黄金、白银，在1995年底以前免征增值税。

1996年8月,国家经贸委、财政部、国家税务总局联合发布《关于进一步开展资源综合利用意见》(国发〔1996〕36号),规定实行优惠政策,鼓励和支持企业积极开展资源综合利用,从而节约资源,改善环境,提高经济效益;并且出台《资源综合利用目录》,进一步落实资源合理综合利用工作。

此阶段,在分税制改革的基础上,我国的环保与绿色财政制度开始不断开拓进展,生态环境元素逐渐融入各税种之中,形成融入型环境税费制度体系。

5.1.3 制度完善与快速发展阶段(2003—2013年)

2003年10月,中共十六届三中全会明确提出"坚持以人为本,树立全面、协调、可持续的发展观,促进经济社会和人的全面发展",科学发展观的概念由此完善并被正式确立为共产党的执政理念之一。科学发展观的提出,使环保与绿色财政政策不断发展完善,限制性和激励性税费政策并举,环境"费改税"也在逐步落实之中。2003年以前,我国环境保护政策主要体现在修复生态和污染治理两个方面。随着2003年1月1日《中华人民共和国清洁生产促进法》[中华人民共和国主席令(第72号)]的正式实施,我国逐渐转向全过程生态保护与治理,大力推动绿色财政政策,支持绿色低碳循环产业的发展。

5.1.3.1 财政体制

(1)进一步完善排污费管理

2003年,我国修改原排污费管理条例,先后颁布了《排污费征收使用管理条例》[中华人民共和国国务院令(第369号)]、《排污费征收标准管理办法》[国发(第31号)]、《排污费资金收缴使用管理办法》[中华人民共和国财政部、国家环境保护总局(第17号令)],规定专款专用,所征收的排污费作为环境保护专项资金,只能应用于重点污染源防治、区域性污染防治等的开发示范和应用以及其他符合规定污染防治项目。

2012年，政府开始在多个省份开展排污费提标工作，调整黑龙江的二氧化硫征收标准，将新疆的化学需氧量和二氧化硫排污费分别提升至每污染当量1.4元和1.2元。

（2）实施重点生态功能区转移支付

2005年12月，国务院颁布《关于落实科学发展观加强环境保护的决定》（国发〔2005〕39号），规定"要完善生态补偿政策，尽快建立生态补偿机制"。2007年8月，国家环境保护总局颁布《关于开展生态补偿试点工作的指导意见》（环发〔2007〕130号），规定建立重要生态功能区、自然保护区、流域水环境保护以及矿产资源开发等重点领域生态补偿试点。2008年2月，《中华人民共和国水污染防治法》修订，第一次提出水环境生态保护的补偿措施，即国家通过财政转移支付等方式，建立健全水环境生态保护补偿机制，为重点生态功能区县市的生态治理及环境保护提供了坚实的后盾及制度保障。

（3）将"211环境保护"科目正式纳入预算机制

2006年之前，环境保护作为城市维护建设支出科目下的"环境保护和水资源"分支项目，并不是单独的财政预算项目。2006年2月财政部预算司编写《政府收支分类改革问题解答》，规定在明年即2007年的政府收支分类科目中按照支出功能分类，共设置十七类，政府收支分类改革得到突破性的进展，其中包括"211类环境保护"，此类级科目中下设10款：环境保护管理事务、环境监测与监察、污染防治、自然生态保护、天然林保护、退耕还林、风沙荒漠治理、退牧还草、已垦草原退耕还草和其他环境保护支出，从而完成了环境保护专项财政支出类级科目的设立，有利于进行统一预算内管理，保障环境保护的资金投入。

（4）设立各类中央环保专项资金

2003年科学发展观提出之后，在污染物减排、水污染治理、农村环境综合治理、重金属污染治理、生态补偿、大气污染防治以及江河湖泊生态环境保护等诸多方面，中央陆续设置了专项资金，以便更好地利用资金开展环境保护工作。

2007年5月，国家环境保护总局发布《中央财政主要污染物减排专项资金项目管理暂行办法》（环发〔2007〕67号），设立主要污染物减排专项资金；同年12月，针对重点流域水污染的治理设立专项资金。

2009年2月，国务院转发环境保护部、财政部、发展改革委发布的《关于实行"以奖促治"加快解决突出的农村环境问题的实施方案》（国办发〔2009〕11号），设立农村环境综合整治专项资金，实行"以奖促治"政策，激励地方政府和社会各界人士加大对于农村环境保护的投入。

2009年9月，召开了全国重金属污染防治会议，环保部牵头拟定《重金属污染综合整治实施方案》，设立重金属污染防治专项资金，并且对四类项目：重金属历史遗留问题、污染源整治、污染修复示范以及重金属监管建设给予重点支持。

2011年3月，《中华人民共和国国民经济和社会发展第十二个五年规划纲要》发布，其中第二十五章规定："探索市场化的生态补偿机制，研究设置国家生态补偿专项资金。"

2013年，中央财政根据《大气污染防治行动计划》（国发〔2013〕37号），设立大气污染防治专项资金，针对重点领域大气污染的防治，采用"以奖代补"的方式支持。

2013年11月，财政部和环境保护局联合发布《江河湖泊生态环境保护项目资金管理办法》（财建〔2013〕788号），设立江河湖泊生态环境保护专项资金，重点加强水生态环境保护，支持江河湖泊生态安全调查和饮用水水源地保护等综合治理项目，规范项目资金管理，从而提高投资效益。

（5）初步建立政府绿色采购制度

2006年11月，为了积极推进环境友好型社会建设，充分发挥政府采购环保功能，国家环境保护总局、财政部联合发布《关于环境标志产品政府采购实施的意见》（财库〔2006〕90号）以及第一批《环境标志产品政府采购品目清单》，明确规定了绿色采购的范围、工作程序以及管理方式，推行环境标志产品政府采购，正式建立起政府绿色采购制度。

5.1.3.2 税收体系

（1）大力推进税费改革

除了对于财政体制的各项改革之外，国家还大力推动税费改革，对于资源税、成品油和排污费都进行了完善。

2009年1月，中央对于成品油消费税进行改革，主要包括：提高成品油消费税的单位税额，实行从量定额计征、价内征收的方式；调整特殊用途的成品油消费税；对进口石脑油恢复征收消费税，其中返还用作乙烯、芳烃类原料进口石脑油已纳的消费税，免征用作乙烯、芳烃类原料的国产石脑油消费税；对航空煤油暂缓征税。

2010年逐步开展资源税改革，首先将新疆作为试点，随后扩大到西部其他省份，将资源税计征方式统一调整为按销售额的5%计征。2011年11月，财政部和国家税务总局修订通过《中华人民共和国资源税暂行条例实施细则》，明确采用从价计征的方式，资源税改革如火如荼的向全国展开。

（2）实施所得税和增值税等优惠政策

为了贯彻落实科学发展观，促进经济与环境、资源协调发展，在所得税方面出台了许多优惠法律条款和政策。2007年3月，第十届全国人民代表大会第五次会议上正式通过《中华人民共和国企业所得税法》（主席令第六十三号），提出了一系列优惠政策，对符合条件的环境保护、节能节水、资源综合利用、公共污水处理等企业的应纳所得税允许不同比例的税前扣除、减免或减半征收。

此阶段，随着科学发展观的提出，环境与生态保护受到越来越多的重视，环保与绿色财税政策体系也在迅速发展和完善，从排污费管理、生态功能区转移支付、政府预算、专项资金、绿色采购制度到各项税费改革措施的落地，表明我国绿色财税体系在迅速成长。

5.1.4 现代治理阶段

2012 年,党的十八大召开,面对生态环境污染逐渐加重、自然资源消耗巨大,资源约束逐渐紧缩的现状,为推动中国特色社会主义事业发展,正式作出"五位一体"总布局,并将生态文明建设放在突出位置,与之对应的环境保护及绿色财税体制建设也全面展开。

5.1.4.1 财政体制

(1) 完善生态功能区转移支付制度、生态保护补偿机制

2015 年,中共中央、国务院颁布的《关于加快推进生态文明建设的意见》(中发〔2015〕12 号),其中第二十四条提出健全生态保护补偿机制;2016 年 4 月,国务院办公厅颁布《关于健全生态保护补偿机制的意见》(国办发〔2016〕31 号)提出应不断完善生态功能区转移支付制度,并且进一步完善多元化生态补偿机制的构建,在合理范围内提高生态补偿标准并一步步扩大生态补偿的范畴,从而高效调动社会各界积极参与生态环境的保护。

2018 年 12 月,财政部、国家发改委等 9 部门发布《建立市场化、多元化生态保护补偿机制行动计划》(发改西部〔2018〕1960 号),提出建立市场化、多元化的生态保护补偿机制。与此同时,各地逐步展开生态补偿试点,如安徽浙江新安江、广西广东九洲江等 7 个流域已经建立跨省(区、市)流域生态补偿试点。

(2) 发挥财政引导作用,推进 PPP 模式

除了加强绿色财政支出之外,中央和地方各级政府还相继出台了一系列政府与社会资本合作(PPP)相关政策文件,充分发挥财政引导作用,增强对于社会资本的充分利用,推动环境投融资市场化的工作。2014 年,财政部大力推动 PPP 模式;2015 年,环境保护部和财政部联合印发《关于推进水污染防治领域政府和社会资本合作的实施意见》

（财建〔2015〕90号），系统展现PPP项目在水污染防治领域的实施路线图。2016年10月，财政部发布《关于在公共服务领域深入推进政府和社会资本合作工作的通知》（财金〔2016〕90号），提出在污水处理和垃圾处理两个领域开展PPP"强制试点"。另外国家发改委等多部门联合发布《关于进一步鼓励和引导民间资本进入城市供水、燃气、供热、污水和垃圾处理行业的意见》（建城〔2016〕208号），提出多项扶持政策，包括拓宽民间资本进入环境投融资项目渠道、完善价费财税政策、改善民间资本投资环境等诸多方面。2017年，财政部等多部门联合印发《关于政府参与的污水、垃圾处理项目全面实施PPP模式的通知》（财建〔2017〕455号），规定将PPP模式全面覆盖政府参与的新建污水、垃圾处理项目。

5.1.4.2 税收体系

2014年7月，《深化财税体制改革总体方案》发布，深化财税制度改革，建立健全科学的财税体制，在生态文明建设、环境保护等方面积极发挥引导作用。

第一，推进排污费"费改税"改革。

2014年，国家发改委发布《关于调整排污费征收标准等有关问题的通知》（发改价格〔2014〕2008号），规定将全国废气中二氧化硫和氮氧化物的征收标准提高至不低于每污染当量1.2元，废水中化学需氧量以及5项重金属排污费征收标准提高至不低于每污染当量1.4元。我国排污费改革又向前迈进了阶段性的一步。但是与税收政策相比较，排污费仍存在征管不规范，征收与使用效率低等问题，而且我国生态环境的治理在很长一段时间对于排污费都保持高度依赖，为改变这一现状，我国于2016年通过《中华人民共和国环境保护税法》，规定对于直接向环境排放"环境保护税税目税额表""应税污染物和当量值表"规定的大气污染物、水污染物、固体废物和噪声的企业事业单位及其他生产经营者，征收环境保护税，自2018年1月1日正式实施。由此我国在环境保护领域实现了费改税的阶段性转变，环境保护税能够覆盖到生产、流通、消费的各个环节，能够更好地在生态治理方面发挥积极作用。

第二，规范、完善绿色税收体系。

2015年，财政部、国家税务总局联合印发《〈资源综合利用产品和劳务增值税优惠目录〉的通知》（财税〔2015〕78号），分别设置100%、70%、50%、30%的四档退税比例，对资源综合利用产品和劳务实行即征即退政策。2016年，全面实施"营改增"政策，使增值税在环境保护、节约能源中逐渐发挥越来越重要的作用，主要表现在退免税等优惠税收政策中。

2016年5月，国家税务总局和财政部联合发布《关于资源税改革具体政策问题的通知》（财税〔2016〕54号），进一步明确资源税计税依据、适用税率、优惠政策及管理、共伴生矿产的征免税的处理、资源税纳税环节和纳税地点等政策。2019年8月，《中华人民共和国资源税法》（中华人民共和国主席令第三十三号）颁布，采取法律的形式明确规定资源税的税目、计征方式、税率、免征情形等，并自2020年9月1日起实施。

随着经济社会的发展以及改革开放40余年的环保与绿色发展财税体制的不断改革与完善，财税体制改革与生态文明建设之间的交互影响日益突出，财税体制改革可以促进生态文明建设向纵深发展，而生态文明建设又可成为引导财税体制改革的重要指挥棒。

5.2 改革开放以来我国环保与绿色发展财政投入

改革开放以来，我国不仅在政策方面不断加强绿色环保力度，在资金投入方面也持续加码，从早期的征收排污费、资源税到专项债投入，从单独财政预算到专项转移支付,绿色财政投入不仅在规模上逐步扩大,还经历了由税费治污、公共预算到政府债务支持、专款专用的管理模式转变。

5.2.1 探索阶段(1978—1993年)

改革开放初期,我国工业飞速发展,但日益突出的环境污染问题随之而来,因此这一阶段政府在环境治理方面的财政投入整体呈现出从无到有的快速增长势头。

5.2.1.1 拓宽环保资金来源,增加投资力度

1984年颁发的《关于环境保护资金渠道的规定的通知》(城环字〔1984〕331号)要求各单位将投入更新改造的资金中7%用于环境污染治理,对于高污染部门与单位可适当提高此比例。此外,对于企业按规定缴纳的排污费用,应全部用于污染治理与环境监测等环保活动中。除了专款专用,中央和地方财政在水污染防治、环境监测以及环保技术开发等公共产品领域的投入也被要求逐年增加。

5.2.1.2 设立污染源治理专项基金

为了提高污染治理资金的使用效益,国务院在1988年发布的《污染源治理专项基金有偿使用暂行办法》(中华人民共和国国务院令第10号)中提出,将重点排污单位污染源治理资金的20%—30%用于设立污染源专项治理基金,并实行有偿使用,对于符合要求并通过验收的建设项目,环保部门可提供一定限度的贷款本金豁免额。尽管这一做法并没有从本质上增加污染治理资金的投入绝对额,但在资金使用绩效方面作出了针对性的改善,在一定程度上减少资金挪用、低效使用等现象。

5.2.1.3 资源税与政策优惠共同发力

我国于1984年正式开征资源税,以实现对资源开发与利用活动的强

制性调节。最初的资源税尚处于探索阶段，征税范围相对较窄。此外，在节能生产、生态环保等领域也有一系列税收优惠政策密集推出。尽管这一时期的相关税制安排相对不成熟，成效十分有限，但这体现了国家通过税收手段实现环保目标的决心。

5.2.1.4 改革开放初期绿色财政投入效果分析

改革开放之初，我国环境保护事业的各项制度措施都处于探索阶段。这一时期，我国先后建立了排污收费制度、开征资源税，不断明确和拓宽环保资金渠道，并制定了一系列税收优惠政策等，这是国家利用财税手段对环保事业进行调节的开端。

但由于这一时期正值改革开放之初，全国上下齐心协力发展经济，工业污染排放量飞速增长。根据环保部数据，1991年全国工业废水排放量逼近250亿吨；另一方面，排污费与资源税均处于探索阶段，征收规模有限，即使投入环保的比例逐渐扩大，依然难以满足庞大的治污资金需求。在此背景下，尽管中央认识到环境保护的必要性并开始布局制度体系，但也仅仅是起到了较微弱的缓解作用。得益于产业结构调整、废水重复利用等积极措施，全国工业废水排放量自1991年开始缓慢下降[①]，但随着生活污水排放量的增加，全国污水排放总量并没有得到明显改善。与此同时，全国工业废气的排放量依旧不改上升趋势。整体而言，环境问题仍然日益严重。

5.2.2 制度确立阶段（1994—2002年）

20世纪90年代，城镇化在全国逐步展开。这一时期，城市环境基础设施建设成为在环境保护方面的重点投资领域。为了在增加环保投入的同时切实满足快速增加的建设资金需求，国务院在1996年发布的《关于环

---

① 资料来源：《2000年生态环境统计年报》。

境保护若干问题的决定》（国发〔1996〕31号）中除了提到在基础建设、技术改造等方面加快部署，还要求抓紧制定使金融信贷、引入外资等渠道在环保领域发挥作用的相关政策与措施，积极拓展融资渠道。

5.2.2.1 引入市场投融资渠道

除了财政自有资金的投入，相关政策还鼓励银行、证券等金融机构介入环境保护工程的投融资项目，积极挖掘国外贷款、项目融资等新型融资渠道，从融资效率方面提高环保投资项目的投资效益。

5.2.2.2 发行国债重点投资环保基建

政府作为主体，也积极介入环保项目的市场融资渠道。在国内外经济环境变化的推动下，从1998年开始我国国债的直接用途发生实质性变化，从弥补财政赤字转向投资性支出。1998年这一年，政府将发行国债投资基础设施建设纳入该阶段积极财税政策的重点，并于当年首次增发100亿元长期国债，重点投资于环保治污工作相关的基础设施建设。次年增发国债600亿元，其中138亿元投资于河流污染治理、北京环境综合治理等重点环保项目，占当年国债资金总额的23%。据统计，1998—2000年三年间，中央财政共计发行460亿元国债用于城市环境基础设施建设。[①]

5.2.2.3 开拓阶段绿色财政投入效果分析

相较于前一阶段对专项税费收入的依赖，分税制改革以后，我国环境保护工程的资金来源不断拓宽。得益于金融市场的建立与完善，信贷、国债等市场融资方式也开始进入政府参与的环境保护项目的投融资体系，极大地缓解了环保项目安排中的财政压力。此外，随着城镇化在全国各地推开，资金投向范围由工业污染治理向城市环境保护基础设施建设拓展，自

---

① 徐顺青，程亮，陈鹏，等．我国生态环境财税政策历史变迁及优化建议［J］．中国环境管理，2020，12（03）：32-39.

然生态的保护也逐渐提上日程。因此，这一阶段国家财政在环境保护事业方面作出的一系列努力，既拓宽了环保资金来源，也扩大了投资范围，初步建立起一套包括融资渠道、投资管理在内的较为完善的环境保护体系，为新世纪可持续发展观的践行打下了坚实基础。

5.2.3 制度完善与快速发展阶段（2003—2013年）

根据科学发展观全面、协调、可持续的发展要求，党中央先后提出建设资源节约型和环境友好型"双型"社会、大力发展循环经济、大力推进生态文明建设等重大战略决策。在此背景下，绿色财税相关制度体系逐步走向规范化，各项制度办法、财税机制逐步完善。

5.2.3.1 扩大排污费环保投资比例

2003年我国对原先的排污费管理条例进行修改，将用于环保部门支出的比例从20%提高至100%，即将所征收排污费全部用作环境保护资金，集中用于污染源治理、防污技术开发等重点环保项目。

5.2.3.2 建立政府绿色采购制度

为了更全面地推动经济社会向绿色发展方向转变，我国政府将环境准则纳入政府采购制度，从企业生产、绿色消费等环节积极促进环境友好型发展。据有关公开信息披露，1998—2008年，全国政府采购规模从31亿元增长至5990亿元，年均增长56.8%。而2008年全国节能、节水产品的政府采购金额达到131.9亿元，较2007年增长21.9%，占同类采购产品的64%；环保产品采购金额171.2亿元，占同类采购产品69%。据此，我国政府绿色采购份额已经超过了60%[①]。

截至2008年6月20日，我国政府绿色采购清单中的节能产品与环保

---

① 中国政府采购高峰论坛2009，政府采购信息网。

产品已分别达到33类10239种和14类2823种①。这是我国从财政支出端推动节能环保型社会形成的全新尝试,意味着国家对生态环境的保护工作已经从污染治理向社会生产消费方式的转变倾斜。

5.2.3.3 财政预算支出

(1) 节能环保支出总额

自环保财政支出统一纳入预算管理以来,我国财政在节能环保领域的支出预算逐年增加,从2007年的995.82亿元迅速增长至2013年的3435.15亿元(见图5-1),占财政总支出的比重也从2.0%增长至2.45%。2007—2011年,全国财政节能环保科目累计支出9464.2亿元,年均支出1892.8亿元。

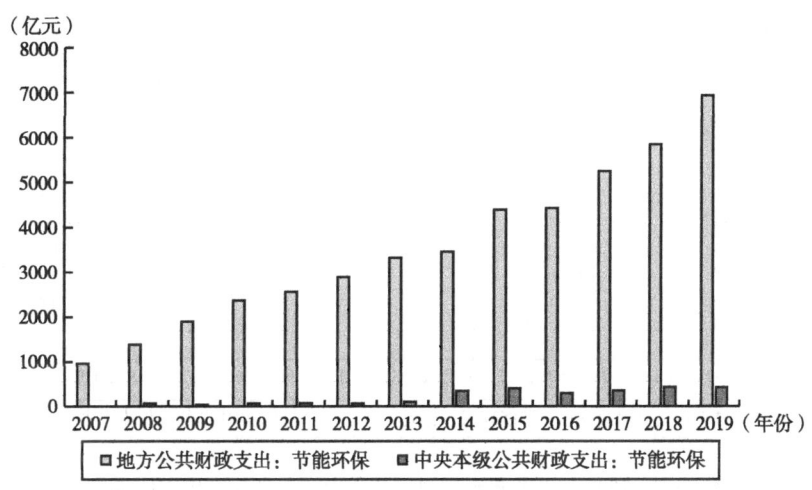

图5-1 2007—2019年中央本级与地方财政节能环保支出

数据来源:Wind数据库。

从细分项目来看,污染防治和生态保护依然是支出重点,其中污染防治支出在2011年达到766.4亿元,在当年财政节能环保总支出中的占比接近30%。

---

① 摘自财政部国库司副司长王英在2008年可持续消费国际研讨会上的主题发言稿。

从节能环保支出的央地权责划分来看，尽管多年来全国财政在环境保护领域的支出安排保持稳定的增速，但中央本级公共财政支出对于节能环保支出的贡献占比始终维持在一个极低的水平。虽然从2014年起这个比例出现了小幅度的上升，但并没有改变地方政府在环保财政投资中的绝对主导地位（见图5－1）。

从投入力度来看，尽管财政在节能环保领域的投资规模在大部分年份都有显著的增加，并长期保持着较高的增长率，但节能环保投入在全国财政支出总额中的比重并没有实现同步增长，甚至在某些年份出现下降。截至2013年，该比重始终维持在3%以下，相较于发达国家在环保高峰期的投入比重仍然有很大差距（具体情况见图5－2）。

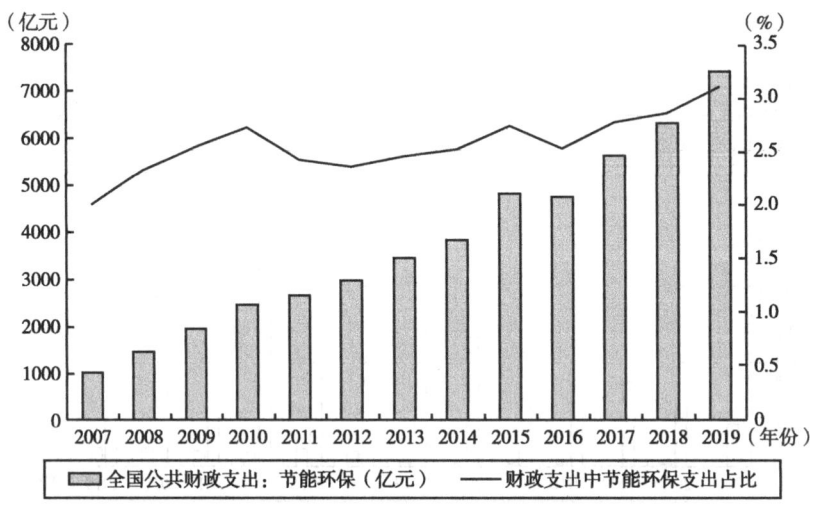

图5－2 2007—2019年全国财政支出中节能环保支出占比情况

数据来源：Wind数据库。

（2）中央对地方转移支付

首先，在一般性转移支付方面，为落实生态补偿机制完善工作，中央财政于2008年设立国家重点生态功能区转移支付资金，并不断扩大试点范围，截至2014年全国享受转移支付的县市已经达到512个[①]。

---

① 数据来源：财政部网站。

自设立以来,重点生态功能区转移支付规模逐年扩大,资金总量由 2008 年的 60 亿元增至 2014 年的 480 亿元①,期间中央财政累计下拨国家重点生态功能区转移支付 2004 亿元,增长了 7 倍。为了贯彻落实十八届二中全会提出的减少专项转移支付的要求,中央财政从 2013 年的预算草案开始对转移支付的结构进行优化,表示将加大一般性转移支付力度,减少和归并专项转移支付。在此背景下,近年来重点生态功能区转移支付规模继续稳步扩大(见图 5-3)。但与早期相比,增长率显著放缓,2016—2021 年累计增长 52.7%。

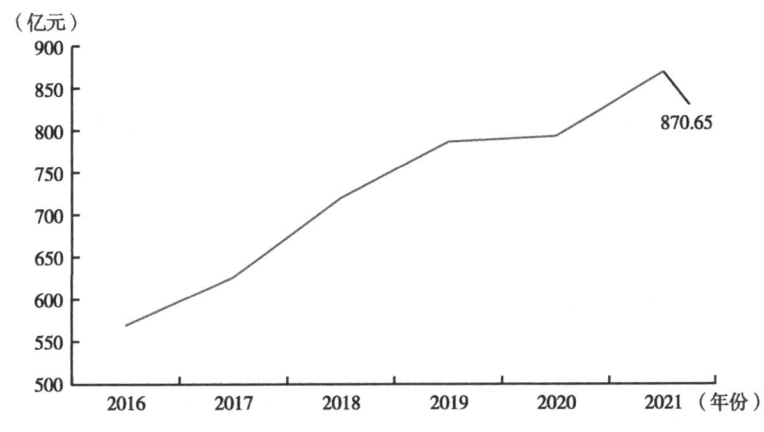

图 5-3 2016—2021 年重点生态功能区转移支付

数据来源:Wind 数据库。

在专项转移支付方面,自 2007 年设立主要污染物减排与重点流域水污染治理专项资金以来,中央财政逐渐扩大环保专项资金支持范围,截至目前已形成覆盖大气、水、土壤、能源等重点要素的 13 项专项转移支付。

受到转移支付结构调整的影响,中央对地方的环境保护专项转移支付额在 2013 年和 2014 年出现了不同程度的下降(见图 5-4)。但出于保障政策精准落实的目的,环境保护方面的专项转移支付规模整体上仍然呈现

---

① 数据来源:财政部网站。

出扩大趋势。其中，2021 年财政部下达大气污染防治专项资金共计 150 亿元，水污染防治资金 140 亿元，节能减排补助资金 97.74 亿元①。

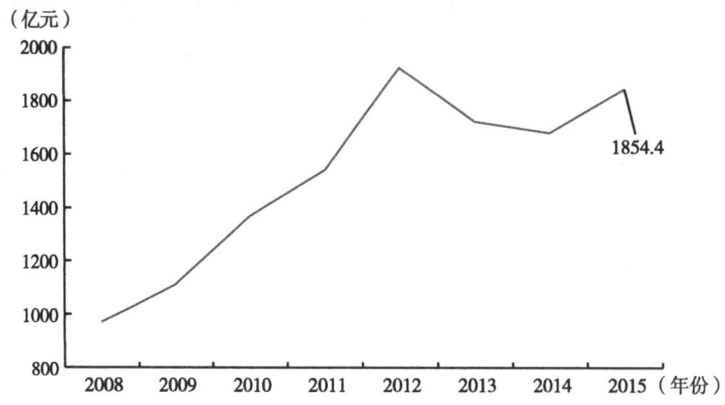

图 5-4 2008—2015 年中央对地方专项转移支付：环境保护

数据来源：Wind 数据库。

5.2.3.4 资源税费改革

2010 年我国在新疆率先试点，经过 6 年的探索期，资源税改革终于在 2016 年全面推开，构建从价计征机制，对优质资源多征税、劣质资源少征税，实现了资源税收入与企业生产成本与资源价格直接挂钩。而在此之前，我国资源税一直采取超率累进税率、从量计征。

21 世纪前 10 年，我国资源税收入始终保持缓步增长。在 2010—2012 年 3 年间，增速有显著的提升。2012 年党的十八大将生态文明建设纳入整体布局，资源开发利用面临环保要求的压力，资源税收入增速再次放缓。而 2016 年资源税费改革全面推开后，资源税收入总额甚至出现了阶段性下降（见图 5-5），单一资源的使用成本在资源使用结构内部交叉调整，初步体现了从价税在资源开采活动调节方面的优势。

自 1984 年正式开征资源税以来，我国不断调整征收范围、优化税率

---

① 数据来源：财政部网站。

结构、改进计税方式，以调节资源开发利用活动为目的对资源税进行改良。对资源开发从逆向收费到正向引导，我国资源税在绿色财政体制建设中的角色逐渐优化，调节作用日益明显。

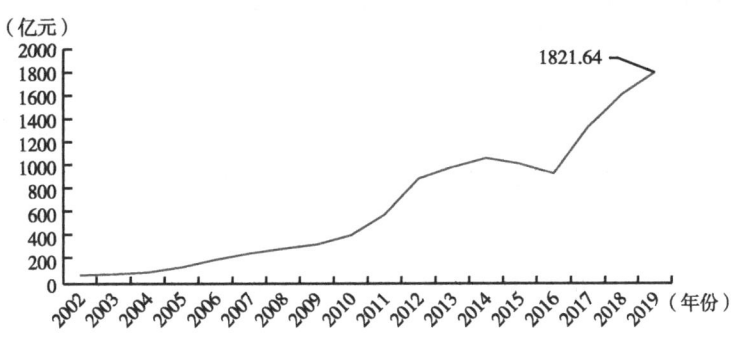

图 5-5　2002—2019 年资源税收入

数据来源：中国财政年鉴。

5.2.3.5　快速发展阶段绿色财政投入效果分析

可持续发展观对新世纪的环境保护工作提出了更加严格、更加全面的要求，在此背景下，中央对环境保护工作的相关制度与措施都做了进一步完善与规范：一方面，将节能环保支出统一纳入预算管理，出台一系列文件规范专项资金的管理，通过转移支付的方式加强环保资金的精准投放；另一方面，对现有的资源税费制度进行改革，促进税收对资源开发活动的调节作用。至此，我国基本完成了财政支出端与收入端对环境保护工作支持体系的构建。

随着专项资金的逐一设立，全国环境保护工作以更加细节而全面的方式推开，范围涉及大气、土壤、水资源和海洋等重要生态因素的保护与修复。此外，通过产业结构调整、加强环境监督等同步措施，工业污染排放量增速大幅回落，绿色发展得到落实。在生产与消费领域，通过政府采购的激励与引导作用，越来越多的企业开始关注产品自身的节能与环保特质，消费者的偏好也逐渐受到影响。通过资源税费改革，资源市场的供求结构得到优化，极大地缓解了资源分配压力。

综上，这一阶段的绿色财政体制逐渐规范化，涉及的领域也日益全面且细致，有助于促进环保工作的顺利展开，并为财政资金的使用效益提供了制度保障。

5.2.4 现代治理阶段（党的十八大以后）

党的十八大报告将生态文明建设在现代化建设整体布局中的战略地位提高到了前所未有的高度，提出加强生态文明制度建设，增强生态文明建设首次被写入"五年规划"，这一系列动作都为新时期的环境保护工作定下了高标准、严要求的准基调。随着绿色产业、绿色金融、绿色消费等理念深入社会发展的方方面面，环境保护不再局限于单一的污染治理与生态保护，而是与经济社会的发展模式紧密结合，形成专业化、产业化的绿色经济体系。

5.2.4.1 在政府环境基建项目中引入 PPP 模式

PPP 作为一种全新的融资模式，在减轻政府财政负担的同时，促进投资主体多元化，因此得到了各级政府的大力支持与推广。在官方的鼓励甚至"强制"试点下，PPP 模式在政府参与的环境基建项目中得到了广泛运用。

最新数据显示，目前全国 PPP 综合信息平台项目管理库中在库项目10082 个，其中生态建设和环境保护领域项目 948 个[①]，占比近 10%，是PPP 模式运用的重点领域。作为地方政府的刚性需求，生态建设和环境保护未来必将是 PPP 推进的关键领域。

5.2.4.2 加大政府绿色采购力度

《"十四五"循环经济发展规划》提出，加大政府绿色采购力度，积

---

① 数据来源：财政部政府和社会资本合作中心网站，详见：https://www.cpppc.org: 8082/inforpublic/homepage.html#/projectPublic。

极采购再生资源产品。在采购过程中，对于已经列入政府采购清单的产品类别，不断提高节约资源和环境保护的规范标准，对于未列入政府采购清单的产品类别，采购人在采购需求中也会不断增加参考绿色采购标准的相关要求[①]。相较于发达国家，我国的政府绿色采购制度发展相对落后，但通过清单管理、扩大产品认证机构范围、建立认证结果信息发布平台等途径实现了飞速发展，政府绿色采购在生产消费领域的环保调节作用日益重要。

官方数据显示，2017年全国强制和优先采购节能产品规模为1733亿元，占同类产品采购规模的92.1%[②]。全国优先采购环保产品规模为1711.3亿元，占同类产品采购规模的90.8%。相较于2008年的64%与69%，政府绿色采购在同类产品中的份额大幅上升，并接近完全覆盖。根据"十四五"规划的要求，接下来还将对政府采购清单外的产品不断提出更高的节能环保要求，通过较强势的需求提高市场中节能环保产品的占有量。

5.2.4.3 发行绿色政府债券

鉴于我国环保财政支出的央地权责分配情况，地方政府的环保投入长期面临巨大的财政压力，这也会在一定程度上对地方环境保护工作的积极性造成影响。作为地方政府专项债的一种情况，绿色政府专项债应运而生。与早期的增发国债投资城市环保基建不同的是，绿色政府专项债将借债责任下沉到地方，并实行专债专用。

尽管我国地方政府绿色专项债目前仍然处于起步阶段，但其发行基础与项目储备早已初具规模。从2018年开始，有部分地方政府开始尝试发行生态保护、水资源配置工程等符合现行绿色债券分类标准的政府专项债，当年共计发行绿色政府专项债券396.39亿元。2019年，江西省政府

---

① 《关于调整优化节能产品、环境标志产品政府采购执行机制的通知》（财库〔2019〕9号）。
② 数据来源：财政部网站。

以"赣江新区儒乐湖新城综合管廊"建设项目为标的发行国内首单绿色市政专项债，一期发行总额3亿元。根据国务院最新规划，2021年财政部还将安排地方政府专项债券3.65万亿元，精准投向能源、生态环保等领域。随着我国生态建设项目的布局进一步完善，政府专项债将成为地方财政投资环保工程项目的重要资金来源。

5.2.4.4 继续扩大中央环保专项资金

随着中央环保专项资金项目库的建设完善，越来越多的生态环境攻坚问题被纳入项目清单，资金需求也日益增加。因此，尽管在2013年和2014年由于受到转移支付结构调整的影响，中央环保专项资金出现了不同程度的下降，但从2015年开始，随着专项资金覆盖范围的扩大以及项目清单的扩张，环保专项资金再次呈现增长势头。此外，在大气、土壤污染治理等一系列传统环境保护工作上，财政部门进一步增加投资力度，其中2017年、2018年、2019年分别以转移支付的形式向地方政府分配大气污染防治专项资金160亿元、200亿元、250亿元[①]，坚决治理长期以来的疑难问题。

5.2.4.5 税收优惠、政府补贴支持绿色产业发展

为了从根本上解决环境问题，新时期的环保工作重点向绿色、低碳、循环经济发展转移，优化能源、产业结构势在必行。2019年，国家发改委联合多部门印发《绿色产业指导目录（2019年版）》（发改环资〔2019〕293号），明确绿色产业发展重点。为了提高绿色产业份额，鼓励更多企业进行绿色生产转型，国家税务部门针对节能环保、清洁生产等绿色产业制定了一系列税收优惠政策，对新能源企业实行税收减免并给予一定补贴，以促进绿色产能的培育与发展。

我国于2016年通过《中华人民共和国环境保护税法》〔中华人民共

---

① 数据来源：财政部网站。

和国主席令（第六十一号）]并从 2018 年开始施行，贯彻落实"多排多征、少排少征、不排不征"的调节理念。环保产业作为典型的政策导向型产业，税收优惠是推动其快速主动发展的有效途径。此外，中央环保专项资金中也包含了清洁能源发展专项资金、节能减排补助等资金安排，专门用于对企业的节能减排、绿色能源开发行为进行奖励与补贴。其中，最为典型的为节能减排专项补助资金中的新能源汽车补助资金。根据工信部最新审核结果，2020 年新能源汽车企业推广新能源汽车数量为 584973 辆，应清算补助资金达到 105 万亿元。通过核定，平均每辆新能源汽车可以获得国家财政补贴 1.8 万元。

5.2.4.6 体系完善阶段绿色财政投入效果分析

党的十八大以来，绿色财政投入呈现出市场化、产业化、体系化的整体特征：一是，通过引入 PPP 模式与政府专项债等渠道，拓宽环保投入资金的融资渠道，采用更加市场化的融资方式，提高财政资金使用效率；二是，投资重点进一步从污染治理向绿色生产转移，通过税收优惠与政府采购等鼓励措施，从生产与消费等环节遏制污染行为；三是，随着投融资体系与投资目录的逐渐完善，我国的绿色财政投入体系开始步入体系化阶段。

在一系列的组合措施推动下，一大波"双高"（高耗能、高污染）企业纷纷开始谋求转型，节能环保型比重显著上升。消费领域的环保潮流也逐渐升温，更多的消费者表示倾向于选择节能环保产品。在污染治理方面，大气污染物各项指标均得到了明显改善，清洁水资源保障更加全面。

对绿色财政投入的效果考察，不仅仅在于直接投资结果，还在于其对社会投资的引领作用。在国家的积极政策引导下，社会投资领域出现了 ESG（环境、社会、政府）热潮，越来越多的资金在投资布局过程中将企业的社会责任纳入考虑范围。可以说，这才是真正的政府投资效益体现。

5.3 我国经济社会绿色发展存在的问题与需求

5.3.1 我国经济社会绿色发展的宏观背景

5.3.1.1 我国经济社会绿色发展的必要性

绿色发展是解决我国资源环境约束的必然要求。我国地大物博，多项资源总储量排名世界前列，但人均占有量却很低。例如，煤炭是我国最丰富的资源，人均占有量只占世界平均水平的67%，而石油、天然气等能源的人均占有量更少，仅为世界平均水平的7.7%和7.1%。同时，随着工业化进程不断推进，工业废水、废气、固废等污染排放量迅速增长，造成生态环境破坏。因此，实现从资源消耗型经济向资源节约型和环境友好型经济、从"黑色发展"向"绿色发展"的转变是经济发展的必然趋势。

绿色发展是应对全球气候变化的必然要求。随着化石燃料提供世界能源需求量的不断上涨，全球气候变暖形势严峻，危害公众健康和人类福祉。2019年全球温室气体排放达到117亿吨，占全球温室气体排放量近30%，温室气体带来的全球气候变暖问题已经成为一个全球性挑战。2020年9月习近平总书记向全世界宣布中国将争取于2030年前实现碳达峰、2060年前实现碳中和，这对于推进世界各国齐心协力应对气候变化、构建人类命运共同体具有重要意义。

我国要实现经济高质量发展，绿色发展是必然要求。经过改革开放后的飞速发展，我国成为世界第二大经济体，逐步走向繁荣。但过去高耗能、高污染的经济发展方式也造成了环境污染、气候变暖、资源短缺和生态退化等问题，成为社会发展的负担，危害人民健康和人类福祉。因此，协调经济社会发展与自然环境保护间的关系,在实现人类发展的同时保持资源和生态环境的核心功能不被破坏是保证中国经济高质量发展的必然要求。

绿色发展是提高国际竞争力的必然要求。世界各国已然意识到绿色可持续发展关系国家前途命运,纷纷将产业发展的重点投向新能源、节能环保等领域,才有机会在国际市场上赢得主动。绿色健康发展成为全球各行业发展的趋势,绿色经济革命势不可挡。作为最大的发展中国家,要想在世界占有一席之地,我国也必须发展绿色经济,进行绿色转型。

5.3.1.2 绿色发展理念的提出与发展

过去以自然资源开发和化石燃料燃烧为主的传统经济发展方式,引发了严重的生态环境问题。基于此,党和国家认识到必须摒弃这种不可持续的发展模式,随后开始制定一系列相关政策和措施来保护和修复生态环境、降低能耗和物耗,绿色发展理念开始萌芽。1992年,我国响应国际倡议,提出可持续发展战略,初步建立绿色发展理念。随后几年,党中央提出绿色经济、低碳经济、循环经济等概念并付诸实践,绿色发展理念渐入人心。党的十六大以来,党中央提出构建资源节约型、环境友好型社会,将节约资源和保护环境作为一项基本国策来贯彻推进,彰显了我国坚持绿色发展的决心,绿色发展理念进入到形成发展阶段。党的十七届五中全会提出绿色低碳发展理念,党的十八大报告将生态文明建设纳入"五位一体"总体布局,并将"美丽中国"作为生态文明建设的行动指南,提出"创新、协调、绿色、开放、共享"五大发展理念,将绿色发展作为关系国家发展全局的重要理念。2015年,中央文件中正式写入"绿水青山就是金山银山",意味着绿水青山和金山银山并不是矛盾对立的,保护生态环境就是在保护生产力;党的十九大指出,我国进入中国特色社会主义新时代,要建设人与自然和谐共生的现代化格局,满足人民对美好生态环境与优质生态产品的现实需要;"十四五"规划中指出,推动经济社会发展全面绿色转型,建设美丽中国。基于此,我国走出了一条具有中国特色的社会主义生态文明和绿色发展道路,为世界各国提供了重要的理论与实践价值。

5.3.1.3 绿色发展的意义

绿色发展涵盖了"生态兴则文明兴"的绿色文明观、"人与自然和谐共生"的绿色自然观、"绿水青山就是金山银山"的绿色发展观、"山水林田湖草是生命共同体"的科学治理观、"良好生态环境是民生福祉"的绿色民生观、"共谋共建生态保护国际合作"的绿色全球观等价值观念,绿色发展理念贯穿人类社会发展的全过程,是社会经济发展的必然选择和人类社会永续发展的必要条件,具有丰富深刻的内涵。

绿色、低碳发展关系人民福祉、民族未来,是我国经济社会发展的基本方向,是破解资源环境约束、生态系统退化难题的根本途径,是全世界应对资源环境和气候、生态等多重挑战的发展共识,也是当前调整经济结构、改变经济发展方式和促进转型升级的重要举措。

5.3.2 我国经济社会绿色发展存在的问题

5.3.2.1 能源消费面临严峻的环境问题

(1) 我国能源消费状况

如图 5-6 所示,近些年我国能源利用效率有所提高,但能源消耗总量仍然不断上升,根据《世界能源统计年鉴 2021》数据显示,2020 年我国煤炭消费量为 82.27 艾焦,占世界的 54.3%,比上年提高 2.45 个百分点,创历史最高水平;石油消费量达到 6.69 亿吨,占世界的 16.70%;天然气消费量达到 3306 亿立方米,占世界的 8.65%。

从能源结构来看,2020 年在我国能源消费中,煤炭占 56.56%,石油占 19.59%,天然气占 8.18%,核能占 2.23%,水电占 8.07%;从世界平均水平看,煤炭占 27.20%,石油占 31.21%,天然气占 24.72%,核能占 4.31%,水电占 6.86%,与世界平均水平相比,我国煤炭能源消费占比较高，天然气占比较低。而与世界主要能源消费国相比也是如此（见表5-2）。由此可见我国能源清洁度、"绿色"程度低于世界平均水平和世界主要能源消费国。

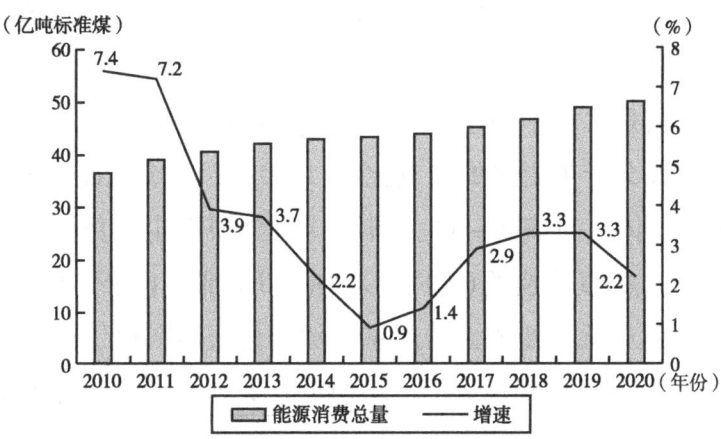

图 5-6　2010—2020 年我国能源消费总量及增速

资料来源：《世界能源统计年鉴 2021》。

表 5-2　　　　　　　　　　2020 年世界主要国家能源消费结构

国家	消费总量（艾焦）	能源消费结构（%）				
		石油	天然气	煤炭	核能	水电
美国	87.79	37.07	34.12	10.48	8.42	2.92
俄罗斯	28.31	22.57	52.31	11.55	6.78	6.68
日本	17.03	2.88	21.73	26.83	2.23	0.53
德国	12.11	34.76	25.76	15.19	4.71	1.40
法国	8.70	30.80	16.78	2.18	36.09	6.21
英国	6.89	34.69	37.88	2.76	6.53	0.87
中国	145.46	19.59	8.18	56.56	2.23	8.07
印度	31.98	28.21	6.72	54.85	1.25	4.53
世界总计	556.63	31.21	24.72	27.20	4.31	6.86

资料来源：《世界能源统计年鉴 2021》。

(2) 过度消费化石能源导致生态环境被破坏

化石能源是现代工业发展和人类生活必不可少的物质基础。而20世纪末国际上相继发生了多次能源危机，给全球发展造成了严重损失，石

第 5 章　我国经济社会绿色发展的客观需求　203

油、煤炭等不可再生能源已趋向枯竭。根据专家推测，若按目前的速度开采已探明的能源，石油、煤炭大致可供开采100年，天然气仅可开采50—60年。由上文可知，我国能源资源以化石燃料为主，由此导致经济增长与能源安全、资源节约、环境保护之间的矛盾愈加突出，经济增长的能源资源环境约束日益强化。

首先，煤炭是驱动中国经济增长的主要化石燃料之一，而与其他能源相比，煤的燃烧会产生更多的二氧化碳（CO_2）、二氧化硫（SO_2）和二氧化氮（NO_2）气体（见表5-3）。据统计，全国烟尘排放量的70%、SO_2排放量的90%、氮氧化物的67%、CO_2的70%都来自于燃煤[①]。当地球上的CO_2太多，地球就会变成大的温室。随着化石燃料提供世界能源需求量的不断上涨，温室气体带来的全球气候变暖已经成为一个全球性挑战。SO_2和NO_2气体也是产生酸雨的主要原因。酸雨对水陆生生态系统、建筑材料以及人体健康具有极大的危害性，在以煤炭作为主要能源的我国，SO_2的排放问题更显得严重。除了大气污染，大量燃煤还会造成严重的地面污染。并且我国煤炭开采以井工开采为主，这在造成大量土地资源浪费的同时，还会导致地表塌陷，居民住房损坏，农业减产，周边土壤、水源等污染。

其次，石油作为一项越来越常规的能源资源，在开采、运输、装卸、加工和使用过程中，有可能会发生泄漏和排放，带来许多的环境问题，被称为石油污染，主要发生在海洋。当发生海洋石油污染后，漂浮在海面上的石油会迅速扩散形成油膜。这些石油会沾附在鱼鳃上，使鱼无法呼吸致死，还会抑制水鸟的产卵和孵化，破坏海鸟羽毛的不透水性，降低了水产品的质量。同时这层油膜会阻碍水体的复氧作用，导致浮游生物无法正常生长，海洋生态平衡遭到严重破坏，长此以往，周围的海滨风景也遭到破坏。据统计，全世界汽车大约消耗全世界原油产量1/6—1/7的油品用作汽车燃料，汽车排放的废气会严重污染大气环境。如果采用天然气燃料，一

---

① 数据来源于金投网的有关信息：https://energy.cngold.org/nybk/c2843942.html。

氧化碳（CO）排放量会比常规燃油汽车减少60%，碳氢化合物减少90%，投资费用减少40%，与常规燃油汽车相比具有良好的经济和环境效益。

相比之下，天然气在所有化石能源中碳排放系数最低，可以算作一种优质、清洁的化石燃料。近年来我国的天然气需求增长迅速，但占能源消费总量的比例还是远远低于国际平均水平（见表5-2），改进能源消费结构是解决污染的关键。

表5-3　　　　　　各种能源消费所产生的污染物排放量

燃料产物	天然气	原油	煤炭
灰分	1	14	148
SO_2	1	400	700
NO_2	1	5	10
CO	1	16	29
CO_2	1	4	5

资料来源：王庆一．中国天然气与煤的竞争[J]．国际石油经济，2002（08）：36-39，44-46。

5.3.2.2　生态环境治理问题

（1）我国生态环境治理现状

截至2020年，我国GDP从改革开放时的3645亿元增长到101.59万亿元，翻了279倍。然而高耗能、高污染的传统经济发展方式也带来了空气污染、生态退化、气候变暖、资源短缺等问题，2005年以来，我国主要污染物排放量已达到世界第一。虽然我国目前的生态环境保护工作开展顺利，环保意识深入人心，整体环境品质有所改善，但远远达不到应有的水平，生态环境问题依然形势严峻。

2016年环境保护部发布的338个监测城市中有3/4的城市存在严重的空气质量问题，尤其是北方地区受雾霾、沙尘暴等恶劣天气污染严重。2021年121个城市环境空气质量不达标。农药、重金属等对土壤的污染导致耕地不断减少；过度放牧、乱砍乱伐等行为破坏了草原生态平衡；工业废水、生活污水污染水资源，2021年全国地表水Ⅴ类比例为2.2%、劣Ⅴ类比例为1.2%；干旱洪涝灾害频发，江河断流、湖泊退化更是加剧了水资源失衡现象。2021 年全国水平流失面积为 269.27 平方千米、荒漠化面积为 261.16 平方千米[①]。巨大的环境污染成本，日渐成为我国经济社会发展的严重负担，危害人民健康和人类福祉。

(2) 我国生态环境治理存在的问题

近年来，党和国家高度重视生态环境问题，稳步推进"美丽中国"建设进程，但我国在生态环境治理方面仍然存在以下问题。

首先，在政府治理方面，我国关于生态环境的基础设施还相对缺乏，生态治理技术落后，绿色、循环、低碳的新型技术推广缓慢；此外，环保相关的立法滞后，我国环境治理方面的立法，创新性和地方适用性不高，导致地方政府在这方面有较大的自由裁量权，没有按照严格的标准进行治理，很难达到根据当地特色因地制宜的治理效果。

其次，在市场治理方面，一是产业集聚在加快城市化进程、提高人民消费水平的同时，也会恶化居民的生活环境，因为有限的空间对空气、水、土壤等污染的承载力也是有限的，产业过度集聚、污染物过度排放势必会加重生态环境承载的压力；二是我国资源、能源的利用效率同发达国家相比，仍存在很大差距，导致污染物排放种类增加，加重大气、地面污染，同时企业环保执行动力不足、效率不高，成为影响环境治理的又一主要因素；三是由于社会公众缺乏对环保制度和政策的了解渠道、缺乏参与平台等原因，群众参与生态环境治理率较低、缺少多元主体参与，间接地拖延了修复环境的进程。

5.3.2.3 绿色产业发展存在的问题

(1) 我国绿色产业发展现状

近年来，在国家绿色发展战略布局和绿色产业政策扶持下，我国绿色产业得到快速发展。以下选取新能源汽车、环保和发电三个典型行业概括我国绿色产业发展现状。

---

① 《2021 年中国生态环境状况公报》。

第一，新能源汽车行业。2010 年国务院发布《关于加快培育和发展战略性新兴产业的决定》，指出要重点培育和发展新能源汽车产业，到 2020 年新能源汽车产业成为国民经济的先导产业。从此国家对新能源汽车产业发展予以高度重视，从研发生产到销售，以及充电桩的安装和使用，都提供政策补贴和优惠，鼓励新能源汽车产业的发展推广。从图 5-7 可以看出，2011—2020 年我国新能源汽车产销量快速扩张，年销量从 2011 年的 0.8 万辆增长到 2020 年的 136.7 万辆，年产量从 0.8 万辆增长到 136.6 万辆，传统汽车厂商不断转型，新能源汽车行业呈现快速发展态势。

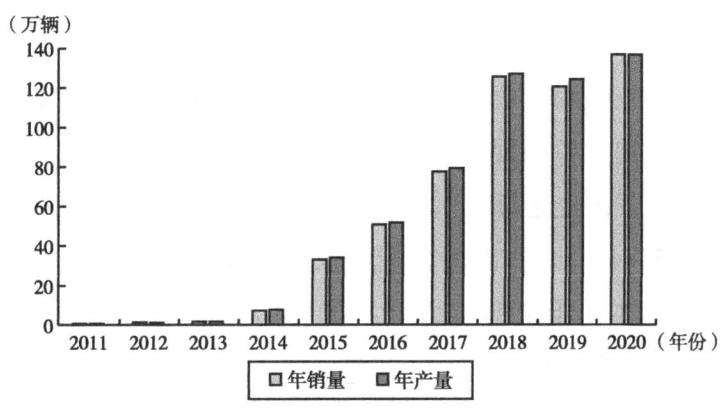

图 5-7　2011—2020 年新能源汽车产销量

数据来源：根据网络资料整理。

第二，环保产业。21 世纪以来我国资源和生态环境问题逐步凸显，大力发展绿色环保产业成为我国发展的一项重点工作。数据显示，2006 年我国环保、社会公共服务及其他专用设备制造工业总产值为 585.28 亿元，到 2011 年这个数字就增加到 2469.2 亿元，翻了四倍；从废弃资源利用业发展情况来看，规模以上废弃资源综合利用业企业资产总额从 2013 年的 1561 亿元增加到 2018 年的 2470 亿元，相关企业数量、利润总额也在逐年上涨，这些都说明我国环保产业的投入产出在不断增加；从财政投入来看，国家财政每年投入到环境保护方面的支出也呈上升趋势（见图 5-8），带来良好的经济社会效益。

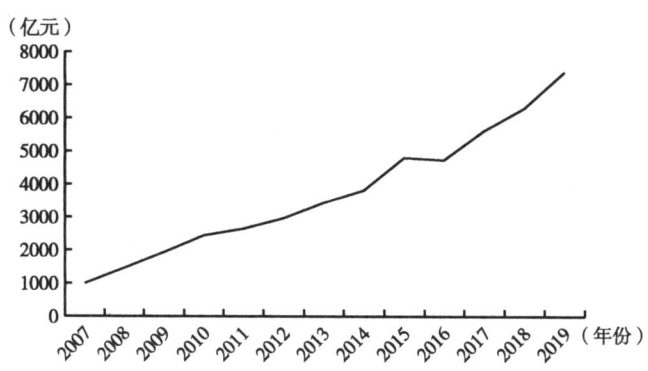

图 5-8 2007—2019 年我国国家财政环境保护支出

资料来源：国家统计局。

第三，可再生能源行业。过去以化石燃料为主的能源消费结构，引发了严重的环境问题，各国开始大力开发清洁、低碳能源，减少温室气体排放和资源耗费。我国也逐渐加大了对风能、水能、氢能等可再生能源的开发力度。从表5-4可以看出，我国以水力、风力、核电等为代表的可再生能源发电量都在逐年上升，2019年的水力、核电、风力发电量分别是2011年的1.9倍、2.0倍、2.2倍，增长速度非常快。由此可见，我国新能源产业发展速度很快，为国民经济发展提供了很好的绿色能源保障。

表 5-4　　　　　　　　主要可再生能源发电量　　　　　　单位：亿千瓦小时

年份 指标	2011	2016	2017	2018	2019	2020
水力发电量	6989.5	11840.5	11978.7	12317.9	13044.4	13552.1
核电发电量	1707.9	2132.9	2480.7	2943.6	3483.5	—
风力发电量	1857.7	2370.7	2972.3	3659.7	4060.3	—

资料来源：国家统计局。

(2) 我国绿色产业发展存在的问题

近几年，我国绿色产业在国家的大力支持下持续向好发展，在国民经济中所占的比重越来越大，但还存在以下不足。

第一，绿色产业融资缺口大。数据显示，我国财政资金只能满足绿色产业年投资需求的 10% 至 15%，绿色产业融资缺口超 1.7 万亿元[①]。巨大的融资缺口为绿色金融发展提供了机遇与挑战，亟须采取行动改变当前绿色融资工具较为单一且发展不均衡的局面，推出碳排放权交易、绿色保险、资产证券化等方面的创新产品。

第二，政府过度干预导致绿色产业缺乏市场竞争。以光伏产业为例，政府的扶持政策在产业发展初期起到了重要的推动作用，但在 2011 年，欧美对我国光伏产品实施反倾销、反补贴调查，导致国际上对光伏产品的需求萎缩，国内光伏企业受到重创。为了挽救光伏企业，2013 年国家部门相继出台《关于发挥价格作用杠杆促进光伏产业健康发展的通知》《促进光伏产业健康发展的若干意见》等政策，规定光伏发电补贴相关支持政策，采取贷款担保、地方并购等方式帮助企业渡过难关。政府过度保护导致一些落后企业没有被淘汰，对政府产生依赖，为下一次危机留下隐患。

第三，企业自主创新能力不足。政府对绿色产业的扶持多集中于生产和出口方面，对技术研发和创新的投入不足，导致企业仅重视生产销量，加上核心技术研发需要投入大量资金和时间，风险较高，导致企业无法承担相关成本而忽略技术投入。因此，政府在对绿色产业的补贴中要鼓励企业进行技术创新，在核心技术研发上给予政策优惠。

5.3.2.4 绿色财税金融等政策支持力度和支持效率不够

绿色财政税收和金融政策是推行绿色发展的重要政策选择。面对生态环境保护的严峻形势，通过财税体制改革和金融政策改革提升政策对资源环境的促进作用已经刻不容缓。

（1）绿色财税制度

财政是国家治理的基础和重要支柱。绿色财政税收政策是以实现生态保护、可持续发展为核心的政策，是推行绿色发展的重要政策选择。

从绿色税收政策来看，在绿色发展理念的指导下，"十三五"期间，

---

① 数据来源于人民网，http://finance.people.com.cn/n1/2016/0530/c153179-28393831.html。

我国针对自然资源开发、污染物排放等问题初步构建了一个环境税费体系，强化了资源税、环境保护税和消费税等税收政策工具对环境资源的保护力度。但绿色税收政策之所以在实际运用中缺乏足够的针对性，总的来看：第一，当前我国财税政策体制不够系统、灵活，比如税收政策优惠主要是税收减免，在折旧、延期纳税等方面占比很少，且税收减免基本集中在企业所得税上，无法适应当今多样化市场经济主体的需求；第二，在发展绿色产业过程中，没有结合农业、工业发展要点和倾向优化政策补贴和投资，对绿色产业的税费减免、优惠力度有待进一步提升；第三，一些地方政府对于绿色可持续发展的认识不足，为实现经济增长指标而审批部分高耗能、高污染项目，重经济、轻发展，在污染治理上与国家整体规划脱节。

从具体税种来看，根据财政部公布数据，2020年我国资源税收入1755亿元，同比下降约3.7%；全国环境保护税收入207亿元，同比下降约6.4%。在资源税领域，2010—2020年，我国资源税收入整体呈上升趋势（见图5-9），占全部税收收入的比重从2008年的0.52%提高到2020年的1.14%，在促进资源节约和生态文明建设等方面发挥着越来越重要的作用。但其中也存在不少问题：第一，资源税征收范围较窄，集中于矿藏资源，水资源税尚处于推广和完善过程中，森林、草地等可再生资源还未开征；第二，当前资源税税率较低，总体税负水平偏低，且对资源开发的管制较少，导致资源开采过程中浪费和污染现象严重，不能有效制约企业对资源过度开发和粗放利用等行为。

在环境保护税方面，2018年1月1日我国取消排污收费，开始征收环境保护税。当年全国工业企业缴纳环境保护税167.5亿元，约占企业营业利润的0.2%，与上一年度排污费负担相近，可见征收环境保护税并未增加企业负担。但目前来看，由于《环境保护税法》沿用了原排污收费的税目，没有对污染物做到应征尽征，存在税目征收不全面等问题，导致环境保护效果不明显。从长期来看，根据立法目的，环境保护税应对所有污染排放行为征税。但由于污染物种类多、检测技术不成熟，很难达到收税

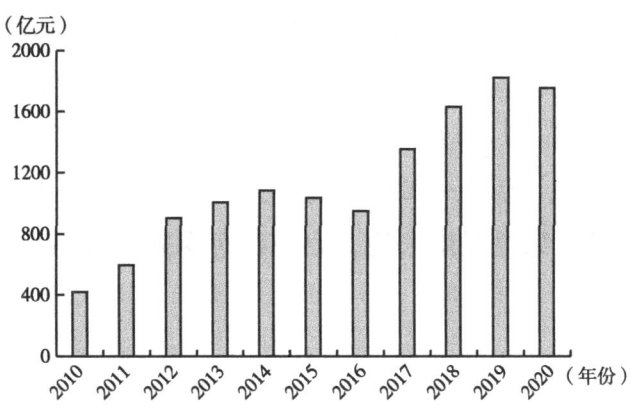

图 5-9 2010—2020 年我国资源税收入

资料来源:《中国税务年鉴》。

条件。现有《环境保护税法》对应税污染物的规定基本覆盖了污染物排放企业的大气污染物、水污染物,但是其在每一排放口的应税项目数按照污染物污染当量数从大到小仅取前三项或前五项,因此,环境保护税征收存在企业的应税污染物与排放总量管理的污染物不对应的现象。另外,根据数据统计,2018 年全国共有 26.7 万户环境保护税纳税企业,被纳入全国重点排污单位自动检测体系的仅占 7.4%,其余企业选择自行申报,税务部门没有设置专业人员和设备进行核查,第三方环境检测机构也不严格按照国家标准进行污染监测,申报税额无法真实反映企业排污现状。

(2) 绿色金融

《关于构建绿色金融体系的指导意见》中明确指出,绿色金融是"为支持环境改善、应对气候变化和资源节约高效利用的经济活动",涵盖绿色信贷、绿色债券、绿色基金、碳金融等金融工具,还包括绿色保险等风险管理活动。经过分析梳理,我国绿色金融实践还存在以下问题:

第一,绿色金融结构有待优化。从绿色金融发展状况来看,我国已初步形成绿色信贷为主,绿色债券为辅的引导实体经济发展的绿色金融产品和市场体系,但对于绿色保险、绿色证券指数和碳交易市场来说,未来仍有较大的发展空间。如图 5-10 所示,截至 2020 年末,我国绿色信贷规模已增长到近 12 万亿元,是 2013 年的 2.3 倍,居全球第一,对于促进节能减排的贡献度很高。根据银保监会统计，2017年6月，绿色信贷促进 CO_2 和标准煤减排量达到4.9亿吨和2.2亿吨，促进节水约7.2亿吨。对于绿色债券，截至2021年2月底，我国绿色债券发行规模累计超1.2万亿元，居全球第二；2016—2020年每年发行规模均超过2000亿元（见图5-11）。而对于绿色保险来说，目前绿色保险品种较为单一，代表性

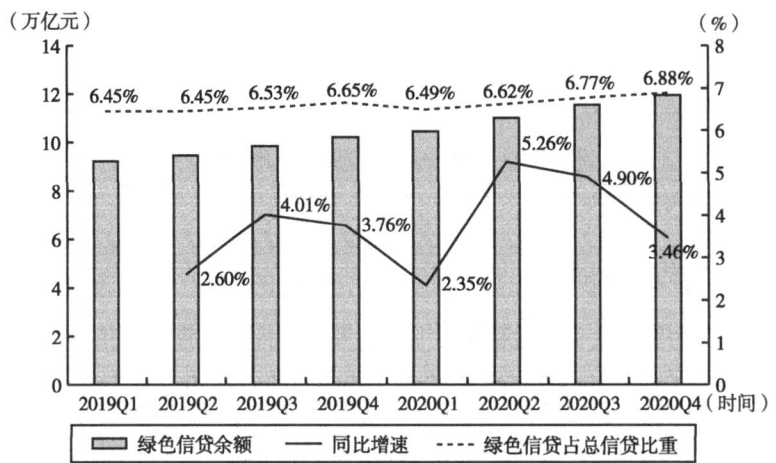

图5-10 2019—2020年我国绿色信贷余额、增速

资料来源：Wind数据库。

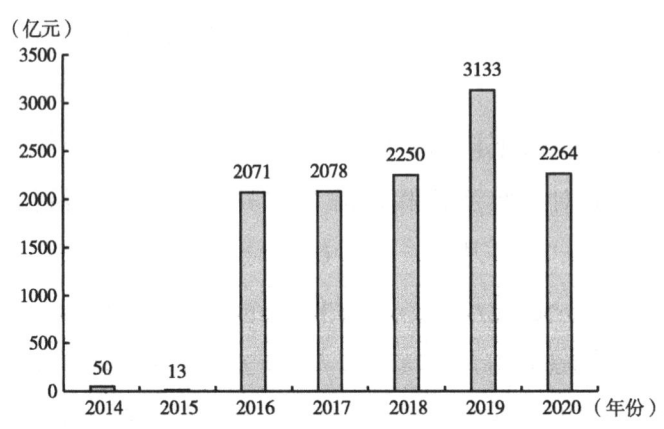

图5-11 2014—2020年我国绿色债券发行规模

资料来源：Wind数据库。

险种是环境污染责任保险,2017年环境责任保险为企业提供306亿元风险保障,不及绿色债券的15%。目前单一的绿色保险品种很难满足现阶段绿色产业的发展,例如风电、光伏等清洁能源发电对天气的要求较高,如果出现较长时间的阴雨等不利天气,就会对相关企业造成不利影响,因此,为应对诸如此类的特殊风险,还应创新开发对应绿色险种。

第二,绿色资金供需不匹配。国际上公认的能源消耗和碳排放三大领域分别为建筑、能源和交通。从我国绿色信贷投放用途来看,大约有70%的比例用于绿色交通运输、可再生能源及清洁能源项目(见图5-12);从绿色债券募集资金投向来看(见表5-5),清洁交通和清洁能源方面占比较高,而用于绿色建筑的占比不足10%,国际市场上这一比例能达到30%。从绿色融资需求来看,电力行业的需求量最高,建筑行业次之,表明我国绿色资金投放存在供给和需求不匹配、投融资结构不平衡的问题。

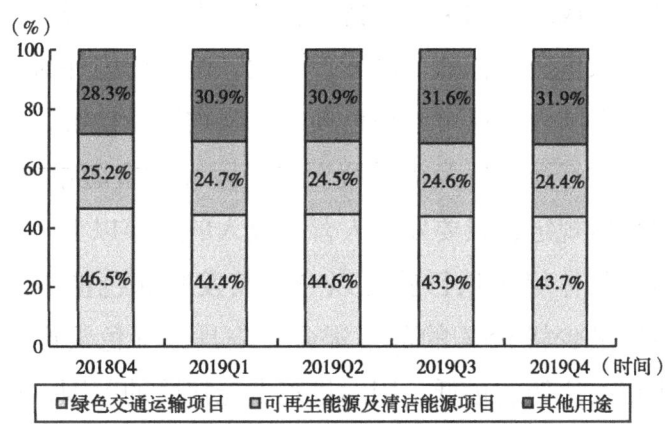

图5-12 2018—2019年我国绿色信贷募集资金投向

资料来源:Wind数据库。

表5-5　　　　　　　我国绿色债券募集资金投向

用途	2018年	2019年
清洁交通	30%	26%
清洁能源	19%	27%
污染防治	14%	13%

续表

用途	2018 年	2019 年
生态保护和适应气候变化	12%	6%
节能	9%	8%
资源节约与循环利用	9%	4%
一般营运资金	6%	13%
其他	1%	3%

资料来源：Wind 数据库。

第三，金融支持绿色产业发展面临诸多矛盾。绿色产业的一大特点就是初始投资规模大、回报周期长，存在较大的投资风险；同时绿色相关企业与金融机构之间信息不对称，缺乏相应的信息共享渠道，因而金融机构很难做到批量识别涉绿企业给予精准支持，导致双方供需脱钩。另外，当前的金融机构监管政策重点在于加强对中小微企业和涉农主体的信贷投放和考核，还没有形成统一的关于支持绿色产业发展的监督考核机制。

第四，国内绿色金融标准与国际差距大。由于国内外对绿色的定义不同等原因，一些在国内被认可的绿色项目并未被国际认可，难以实现国内外绿色金融的互联互通，以及提升我国在国际绿色金融市场上的话语权。如上海证券交易所规定，只要发行人营业收入的一半以上来自相应的绿色行业，无须对应具体绿色项目就可以允许其发行绿色债券。而国际上规定，绿色债券应最少将 95% 的募集资金对应具体绿色资产或项目。由此可见，我国规定的比例远远低于国际投资者能接受的范围，这会降低国际投资者对我国绿色债券的投资兴趣。

5.3.3 我国经济社会绿色发展的客观需求

5.3.3.1 实现碳达峰碳中和目标的需要

地球是人类赖以生存的家园，气候变暖、灾害频发、环境污染是需要人类共同面对的挑战。2019 年全球温室气体排放达到 117 亿吨，占全球温室气体排放量近30%①；全球CO_2排放量达364亿吨，其中中国是全球最大的碳排放国家，达到101.75亿吨，占全球排放量的27.95%。分行业来看，全球CO_2排放主要来源于电力和热力生产、工业、交通运输等高耗能行业，分别贡献42%、18%、25%，在我国数字分别变为51%、28%、10%。我国作为碳排放量最大的国家，向国际社会提出"碳达峰、碳中和"目标，充分体现了中国作为负责任的大国的责任和担当，同时也是对我国的碳减排和绿色发展工作的一大挑战。

全球能源互联网发展合作组织在2021年发布的《中国2060年前碳中和研究报告》中指出，要实现碳中和，能源活动碳减排需要减少87亿吨，占总减排量的81%；能源生产过程中，电力和热力生产、液体燃料生产分别需要减排38亿吨和5亿吨；能源使用过程中，工业领域需要减排27亿吨，交通领域需要减排10.6亿吨，建筑领域需要减排6.4亿吨；其他领域中，工业生产过程、土地利用变化和碳移除过程分别需要减排减排7.4亿吨、4.6亿吨和8.7亿吨（见图5-13）。

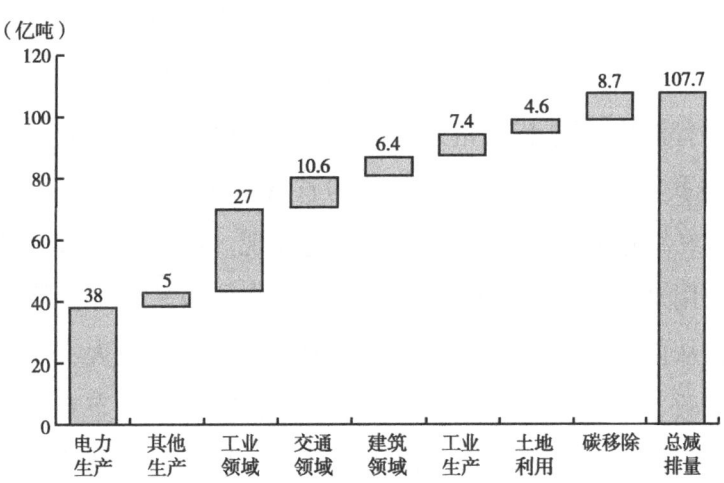

图5-13 我国实现碳中和各领域减排量

资料来源：《中国2060年前碳中和研究报告》。

---

① 数据来源于新浪网的有关信息，http://finance.sina.com.cn/zl/china/2021-04-20/zl-ikmxzfmk7891284.shtml。

可见，中国对于二氧化碳减排压力很大、需求迫切。碳减排是绿色发展的重要内容，二者具有高度一致性。根据目前国家生态文明建设需求，特别是"30·60"目标下，更加需要关注绿色发展中的碳减排问题，在追求绿色发展的过程中实现碳减排，以碳减排促进绿色发展。

5.3.3.2 绿色产业转型升级

我国提出碳达峰、碳中和目标，牵动着一系列领域转型升级，特别是传统高污染、高排放行业更应该认识到实行绿色发展的必要性与紧迫性。

对于能源产业而言，要实现碳中和目标需要彻底改变我国以煤炭为主的能源消费结构，将煤炭在能源使用中的占比降到10%甚至5%以下，大幅提高风能、水能、氢能等可再生能源的占比，大力发展新能源产业。在这方面一个典型的案例就是青海电网。青海清洁能源资源丰富，占到全省能源总量的87%，2020年新增并网新能源场站87座，装机容量861万千瓦。2020年9月，首条从青海输送清洁能源的特高压直流输电通道接入河南。未来，青海、甘肃、宁夏等西部省份将成为向全国输送清洁能源的基地。2021年2月，世界首台新能源分布式调相机落地青海。截至2021年8月底，青海电网总装机量达4065万千瓦时，其中新能源装机占比达到61%，是我国新能源装机占比最高的省域电网。[①]

青海省在绿色农业转型方面也有出色表现。例如，青海在沙漠地区铺设光伏板，用来发电的同时还可以通过冲洗光伏板来增加灌溉，提高牧草的存活率，从而缓解土地沙漠化。而且为了解除光伏板火灾隐患，他们在光伏板下放牧，建立了一个水、草、光伏、畜牧循环生态系统。

在建筑领域上，绿色转型应该以实现资源循环、创新驱动、产业融合为目标。第一，循环经济要实现对建筑垃圾的资源化应用，提高资源利用效率，同时要在建筑垃圾分解、材料研发等领域进行资源循环化创新，减

---

① 资料来源于央广网的有关信息，http://news.cnr.cn/native/city/20210201/t20210201_525404832.shtml。

轻资源耗费和环保负担。第二，创新驱动要从管理、技术、商业模式等方面着手，研发建筑业智能化技术，探索商业运行新模式。第三，促进产业融合，实现产业的空间和领域拓宽以及产业的高层次发展。对于绿色建筑转型升级来说，与工业化产业融合，实现建筑行业对现代化机械的应用，提高行业技术装备率和生产效率；与节能环保产业融合，使建筑业向外扩展产业边际，提升各类产品的附加值，实现建筑业的转型升级。

5.3.3.3 绿色财税制度改革需求

第一，为经济高质量发展提供新动能。绿色财税政策改革是财税体制改革的重点领域。目前我国经济已由高速增长阶段转变到高质量发展阶段，需要充分发挥绿色财政税收政策的导向、调节作用，约束企业的高能耗、高排放行为，引导企业向绿色低碳、环保方向发展，提高企业对环境保护的社会责任感，推动经济绿色转型，为经济高质量发展提高新动能。

第二，为生态文明建设提供新动力。当前，我国生态环境质量改善虽有一定成果，但生态环境保护形势依然严峻。相对于生态文明建设的需要，绿色财政建设还有很大差距，生态环保领域依然存在财政投入不足、绿色生产消费动力欠缺等问题。针对存在的问题，需综合运用多种政策手段，特别是充分发挥财税政策的财源保障、功能调节作用，优化财税结构，推进生产生活绿色化发展，加快生态文明建设进程。

5.3.4 发展绿色债券市场的重要性

近年来，国内绿色债券市场发展速度较快，截至 2021 年 2 月底，我国符合境内绿色认证标准的绿色债券发行规模累计超 1.2 万亿元，已超过去年全年规模的一半。

江西省赣江新区积极推动"产城结合"，传统的土地储备专项债、棚改专项债等难以满足新区对综合智慧管廊、绿色园区建设的融资需求。

2019年6月18日，江西省赣江新区创新债券品种，成功发行全国首单绿色市政专项债，发行额为3亿元，期限30年，发行利率4.11%，用于儒乐湖新城一号综合管廊兴业大道项目和儒乐湖新城智慧管廊项目建设[①]。下面以此为例，探讨发展绿色债券市场的重要性。

5.3.4.1 绿色债券助力生态环境建设

绿色债券募集资金专项用于能产生环境、生态和能源效益的项目，不断改善生态环境，减轻和适应气候变化，创造更多的经济效益和社会效益。从实践来看，我国绿色债券对改善环境具有明显作用，根据数据，每年绿色债券募集资金投向的项目可节约标准煤大约5000万吨，相当于二氧化碳减排超过1亿吨。

此次赣江新区先行先试，成功发行全国首单绿色市政专项债，积极践行绿色发展理念，丰富了我国绿色债券品种。通过对绿色项目实施税收减免、补贴等优惠政策，可以激励更多资本支持绿色、低碳、循环项目建设，充分发挥财政政策对绿色发展的支持作用，加快绿色发展步伐。

5.3.4.2 绿色债券融资成本优势明显

我国针对符合一定条件的绿色债券优惠力度很大，因此对于企业来说：第一，发行符合条件的绿色债券能够享受到国家税收减免等优惠政策，拓宽企业的融资渠道，满足融资需求；第二，绿色债券发行可以享有专有绿色通道，审批速度更快、手续更简洁，因此融资成本更低。对于金融机构，发行绿色债券相比于发放绿色信贷来说更有优势，因为发行绿色债券不受法定存款准备金的约束，从而降低投资资金的机会成本。

可见，此次赣州新区绿色市政专项债成功发行，使基础设施建设中投入大量募集资金，加快了赣州新区的公共事业发展；解决了项目建设所需

---

① 资料来源于江西省人民政府官网的相关信息，http://jiangxi.gov.cn/art/2019/6/21/art_398_700809.html。

融资大、融资难的困境，对地方政府缩减融资成本、降低债务风险、完善绿色债券市场结构有着重要的意义。

5.3.4.3 解决资金期限错配问题

绿色债券相比于绿色信贷、绿色股权融资的一个主要优势，是解决绿色项目资金的期限错配问题。目前，我国银行业金融机构的绿色信贷平均负债期限约为6个月，而绿色产业投资回报期长的特点，决定了贷款不能满足大部分企业中长期贷款的需求，而且中小企业资信和规模较低的特点，也无法满足银行信贷融资的要求。因此，发行5年期、10年期甚至更长期限的绿色债券成了很多企业的选择。此次赣州新区发行的绿色市政债券期限30年，能够降低政府的短期偿债压力，缓解期限错配可能引发的风险。

5.3.4.4 促进我国绿色金融体系构建

发展绿色金融对于实现国家绿色转型具有积极意义。作为我国新兴的绿色金融工具，绿色债券是构建绿色金融体系的重要推动器。从目前我国绿色金融发展状况来看，绿色金融产品结构较为单一，与绿色融资需求不匹配，主要集中在绿色信贷上。2020年末，我国绿色信贷规模近12万亿元，居全球第一，而绿色债券发行规模仅1.2万亿元左右（截至2021年2月底）。绿色债券、绿色保险、绿色基金等还有很大发展空间，绿色金融市场亟须完善。大力发展绿色债券能够为绿色信贷分担融资需求，加速资金周转，缓解绿色信贷流动性不足的问题。同时，通过税收减免、财政补贴等优惠政策，引导社会资本投入到绿色产业当中来，填补现存的绿色融资缺口，促进绿色金融产品和相关产业模式的创新，健全多层次的绿色金融体系。

第 6 章
我国绿色政府债券探索与实践

6.1 我国绿色债券发展现状

6.1.1 绿色债券发行历程

我国绿色债券发行具有较强的政策主导性，2015年9月，中共中央、国务院发布《生态文明体制改革总体方案》，就加快建立系统完整的生态文明制度体系，加快推进生态文明建设，增强生态文明体制改革的系统性、整体性、协同性，制定总体设计方案。《方案》在第八章"健全环境治理和生态保护市场体系"中提出建立绿色金融体系，研究银行和企业发行绿色债券，鼓励对绿色信贷资产实行证券化。《方案》发布后，各债券市场监管部门积极响应，央行、发改委和证监会相继发布了各自指导下的绿色债券发行指引。2015年12月，央行发布《关于发行绿色金融债券有关事宜的公告》和《绿色债券支持项目目录》，对绿色金融债进行定义和指导。2016年1月，发改委印发《绿色债券发行指引》。2016年3—4月，上海和深圳证券交易所发布《关于开展绿色公司债券试点的通知》和《关于开展绿色公司债券业务试点的通知》。自此，我国绿色债券市场全面正式启动，我国绿色债券规模不断扩容，支持品种逐渐丰富，一系列绿色债券支持文件陆续推出，绿色债券市场的框架初步形成。

绿色债券市场框架，主要包括绿色产业及绿色债券支持项目目录认证标准、支持范围，绿色债券发行披露要求及各品种下绿色债券的发行指引等，这些框架随着我国绿色产业进步、金融体系发展持续更新。以绿色产业和绿色债券支持项目目录认证标准为例，第一份绿色债券界定和分类的文件是2015年12月由中国金融学会绿色金融专业委员会发布的《绿色债券支持项目目录（2015年版）》，这一目录制定了节能、污染防治、资源节约与循环利用、清洁交通、清洁能源、生态保护和适应气候变化六大类的界定标准。在 2021 年版出台之前，交易所和交易商协会都使用这一版本作为识别绿债的依据，发改委则使用 2016 年发布的《绿色债券发行指引》。

随着绿色经济的不断发展，社会对绿色能源、绿色产业的认识逐渐丰富和多元，旧有的界定标准逐渐不能满足实际需求，如《绿色债券支持项目目录（2015 年版）》里没有将核电认定为清洁能源，反而将煤炭清洁利用和清洁燃油视为清洁能源，这与国际主流标准不符。经过反复研究和讨论，2019 年 2 月，发改委联合工信部等七部委发布《绿色产业指导目录（2019 年版）》，较 2015 年版新增"绿色服务"大类内容，在"清洁能源产业"类中新增核电产业，对其他大类的二级分类也做了一定修改，不过这一标准只作为各地方、各部门发展绿色产业时的意见指导，金融业方面的绿色信贷、绿色债券仍使用 2015—2016 年制定的绿色产业认证标准。

2020—2021 年，中国人民银行先后印发了《绿色债券支持项目目录（2020 年版）（征求意见稿）》和《绿色债券支持项目目录（2021 年版）》，最新版的目录实现了国内绿色债券市场目录的统一，缩小了与国际主流绿色债券标准的差距。《目录》的制定参考了此前发改委的《绿色产业指导目录（2019 年版）》，在 2015 年版基础上做了较大更新，主要是新增了核电、农业农村、绿色交通、绿色服务等新项目，同时删除了煤炭、清洁燃油等不符合当前实际情况的项目。绿色产业目录文件的增删改反映了我国对绿色产业认识的加深，最新版本在绿色项目二级、三级分类上与国际主流标准保持基本一致，缩小了国内与国际绿色项目分类标准的差距，提升了投资者鉴别和投资绿债的效率，将作为今后较长时间发展绿色债券的产业目录指引。

2021 年是绿色金融发展极为重要的一年。2021 年全国两会期间，"碳达峰、碳中和"被首次写入政府工作报告，我国正式开启"碳中和"征程的元年，在双碳达峰目标的引导下，绿色金融政策支持力度持续加码。2021 年 2 月，国务院印发《关于加快建立健全绿色低碳循环发展经济体系的指导意见》,《意见》在第七章"完善法律法规政策体系"中明确提出：大力发展绿色金融,加大对金融机构绿色金融业绩评价考核力度,统一绿色债券标准,建立绿色债券评级标准。随后各项配套措施陆续跟进,2021年3月中国银行间市场交易商协会发布关于明确碳中和债相关机制的通知,助力碳中和债发行;4月中国人民银行发布统一的绿色债券支持目录;5月中国人民银行发布《银行业金融机构绿色金融评价方案》,激励银行业对绿色金融的支持,绿色债券的统计范畴新增了经绿色债券评估认证机构认定为绿色的地方政府专项债券;7月沪深交易所明确碳中和绿色公司债券发行条件,新增了支持海洋保护和海洋资源可持续利用相关项目的蓝色债券。碳中和债作为绿色债券的子品种,在2021年成为绿色债发行的主流。

我国绿色债券相关政策如表6-1所示。

表6-1　　　　　　　　　　绿色债券历史政策梳理

时间	出台机构	出台政策	主要内容
2015年9月	中共中央、国务院	《生态文明体制改革总体方案》	明确了建立绿色金融体系的顶层设计,提出建立绿色金融体系,研究银行和企业发行绿色债券
2015年12月	中国人民银行	《关于发行绿色金融债券有关事宜的公告》《绿色债券支持项目目录（2015年版）》	给出绿色金融债发行指导,并规定了绿色项目支持的六大领域
2016年1月	发改委	《绿色债券发行指引》	给出绿色企业债发行指导
2016年3月—4月	上海/深圳交易所	《关于开展绿色公司债券试点的通知》	给出绿色公司债发行指导
2016年8月	中国人民银行等7部门	《关于构建绿色金融体系的指导意见》	构建绿色金融体系,增加绿色金融供给,动员和激励更多社会资本投入到绿色产业
2017年3月	中国证监会	《中国证监会关于支持绿色债券发展的指导意见》	对交易所的绿色公司债在信息披露、资金使用上给出指导
2017年3月	中国银行间市场交易商协会	《非金融企业绿色债务融资工具业务指引》	给出银行间非金融企业绿色债发行指导

续表

时间	出台机构	出台政策	主要内容
2018年3月	中国人民银行	《绿色金融债券存续期信息披露规范》	对银行间的绿色金融债在信息披露、资金使用上给出指导
2018年8月	上海证券交易所	《上海证券交易所资产支持证券化业务问答（一）、（二）》	明确绿色资产证券化业务规则
2019年3月	发改委等7部门	《绿色产业指导目录（2019年版）》	给出节能环保、清洁生产、清洁能源等六大绿色产业
2021年3月	中国银行间市场交易商协会	《关于明确碳中和债相关机制的通知》	明确交易商碳中和债业务规则
2021年4月	中国人民银行等3部门	《绿色债券支持项目目录（2021年版）》	更新了绿色债券支持项目目录版本，实现国内绿色债券市场目录的统一
2021年7月	上海证券交易所	《上海证券交易所公司债券发行上市审核规则适用指引第2号——特定品种公司债券（2021年修订）》	新增"碳中和绿色债券""蓝色债券"和"乡村振兴公司债"等内容

6.1.2 我国绿色债券市场发行特征

一是，绿色债券规模不断扩容，银行间市场占比接近80%。

如图6-1所示，在绿色债券政策的持续催化下，我国绿色债券市场发展迅速。2016年以来境内绿色债发行总量稳中有进，以Wind"绿色债券"概念板块统计（包含未贴标但实质投向绿色产业的地方政府债券），2016—2021年，境内每年绿色债发行量均在2000亿元以上，2020年发行量更是突破5000亿元，全年发行数量接近500只。2021年绿色债总体发行量超6000亿元。发行场所集中在银行间市场，占比接近80%。

如图6-2所示，截至2020年底，全球累计发行绿色债券10248亿美元，国际绿色债券的类别主要有绿色用途债券、绿色收益债券、绿色项目债券和绿色证券化债券四类。

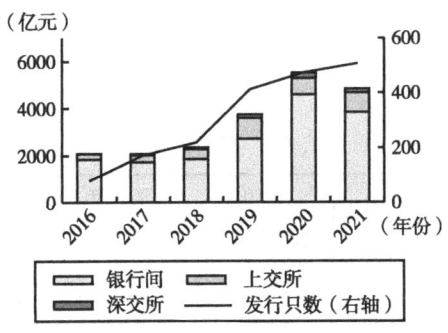

图6-1 我国绿色债发行规模和场所

数据来源：Wind，中证鹏元整理。

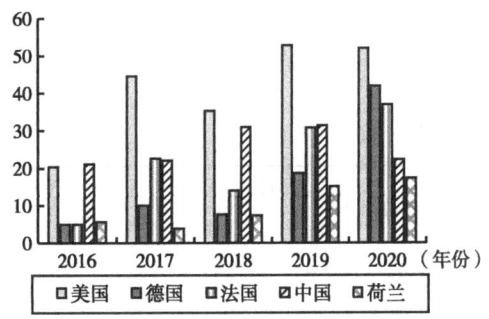

图6-2 全球主要绿色债发行国家

数据来源：CBI，中证鹏元整理。

二是，绿色债发行品种扩容，结构趋向均衡，新兴债券发行火热。

从最早的绿色金融债开始，我国绿色债券品种已扩容至绿色金融债、绿色企业债、绿色公司债、绿色资产支持证券等主流债券品种，债券结构从以金融债为主到趋向均衡，企业债、公司债、中票等非金融债的发行占比逐渐提升，绿色金融债发行数量和规模从2017年的44只、1234亿元下降至2021年的23只、778亿元。金融债数量的锐减与新冠肺炎疫情发生有关，由于疫情首要冲击企业的整体流动性，在补充整体流动性中，企业一般不会选择专款专用的绿色金融债作为资金支持，而会选择为应对疫情新增的小微企业支持债或其他补充整体流动性资金的债券。同时2016—2018年大量发行的绿色金融债也需要时间进行消化，因为绿色产业项目时间较久，多在3年及以上，预计在项目库存见底后或迎来新一轮发行热潮。

绿色金融债大幅减少并不意味着商业银行业"含绿量"的减少，商业银行可以继续通过绿色信贷投放的方式参与地方绿色产业项目建设中。以青岛银行为例，青岛银行在2016年两次发行绿色金融债，共计募集资金80亿元，在后续几年以贷款方式全部投入青岛市域内的污水处理、水库整治、废物处置等项目中，2017—2021年未新增绿色债。但通过青岛银行（002948.SZ）公开披露的信息，2019—2020年，青岛银行先后投放绿色信贷115.87亿元、152.33亿元，占公司贷款总额超过10.43%。可以看到，绿色信贷的投放量实际上远高于绿色债券，全国范围内，截至

2020年末,境内绿色贷款余额接近12万亿元,是同期境内绿色债券余额的10倍(见表6-2)。

表6-2　　　　　　　　国内绿色债发行品种　　　　　　　单位:只、亿元

债券品种	2017年		2018年		2019年		2020年		2021年1—9月	
	数量	规模	数量	规模	数量	规模	数量	规模	数量	规模
金融债	44	1234	38	1289	31	834	11	272	23	778
企业债	22	317	21	214	39	480	46	477	27	298
公司债	27	2	33	376	65	606	91	732	84	689
中票	7	79	17	173	22	296	30	339	107	1210
ABS	67	146	96	141	177	510	90	337	143	690
地方政府债	0	0	13	132	73	788	196	3286	53	604
PPN	5	38	2	15	4	27	3	16	6	20
短融	1	2	0	0	1	5	6	37	42	538

2021年创新型绿色债发行极为火热,这与"碳中和、碳达峰"这一重要政策目标有关。在双碳目标提出后,为进一步落实低碳减排目标,加大传统金融体系对产业低碳转型的支持力度,交易商协会和交易所加大创新,先后推出自己属下的碳中和债等新兴债券品种。据Wind统计,截至2021年9月30日,碳中和债共计发行183只,发行额1751亿元,发行种类主要是中期票据和资产支持证券;可持续挂钩债券共计发行19只,发行额298亿元,发行种类主要是中期票据。

按交易商协会定义,碳中和债是指募集资金专项用于具有碳减排效益的绿色项目的债务融资工具,需满足绿色债券募集资金用途、项目评估与遴选、募集资金管理和存续期信息披露等核心要素,可以看作绿色债务融资工具的子品种。2021年2月,以三峡集团、国电投资集团为代表的能源类央企发行了第一批碳中和债,募集资金用于满足绿色低碳产业项目建设的前期借款和建设需求,后续7月交易所也推出了以碳中和债为代表的创新绿色债发行指引,在核心要素上与交易商协会规定相近。

作为绿色债的子品种,碳中和债更突出创新性,一是资金用途更加聚焦在碳减排领域,主要包括清洁能源类、清洁交通类、低碳改造类三类;

二是加强了信息披露管理，在发行文件中要披露测算环境效益、测算方法及效果、鼓励披露碳减排计划，在存续期间每半年要披露碳减排效益，并设立资金监管账户，整体披露要求严于一般绿色债券，也更突出了"精准施策"这样的宏观政策风格。

可持续挂钩债券则在债券结构上加以创新，通过债券结构设计来激励发行人达到可持续发展目标。2021年5月10日，中国华能、大唐国际、长江电力等企业发行首批7单可持续发展挂钩债券（见表6-3），募集资金73亿元，发行期限以3年为主，这批债券票面利率普遍低于发行人相同期限的市场利率水平。挂钩的绩效指标有新能源发电装机容量、污染物排放量、综合能耗等，有利于激励发行人提质增效，实现社会效益和经济效益的双增。

表6-3　　　　　　　首批可持续发展挂钩债券基本情况

发行人	债券简称	规模（亿）	期限（年）	可持续发展绩效目标	债券结构
广西柳州钢铁集团有限公司	21柳钢集团MTN001	5	3	截至2022年12月31日，2022年度单位产品氮氧化物排放量比2020年度至少降低0.188kg/t，达到0.935kg/t。	若发行人在本期债券存续期第2年末达到可持续发展绩效目标，则正常还本付息；若未能达到可持续发展绩效目标，则本期债券再延续1年，第3年票面利率为本期中期票据存续期前2年票面利率加50BP。
国电电力发展股份有限公司	21国电GN002	10	3	2021年1月1日至2022年12月31日，新增风力发电装机容量不低于截至2020年12月31日发行人风力发电总装机容量的11.9%。	如未完成，则第1个和第2个计息年度票面利率不变，第3个计息年度票面利率按照初始票面利率加20个基点执行。
中国长江电力股份有限公司	21长电MTN002	10	3	到2023年末可再生能源管理装机容量不低于7100万千瓦，总可再生能源管理装机容量相比2020年9月末增长幅度不低于45%。	如2023年末未达到上述目标，发行人第3个计息年度票面利率将上浮25个基点。

续表

发行人	债券简称	规模（亿）	期限（年）	可持续发展绩效目标	债券结构
中国华能集团有限公司	21华能集MTN001	15	3	2021年1月1日至2023年12月31日，华能集团甘肃能源开发有限公司可再生能源发电新增装机容量共计不低于150万千瓦。	若未达到预设指标，则最后一个计息年度票面利率上调10BP。
陕西煤业化工集团有限责任公司	21陕煤化MTN003	10	5	2024年吨钢综合能耗430kgce/t、火电供电标准煤耗317gce/kW·h、新能源装机规模400MW。	如2024年度发行人未完成任一可持续发展绩效目标，则存续期第五年的票面利率在原利率上增加20BP。
红狮控股集团有限公司	21红狮MTN002（可持续挂钩）	3	3	2023年末，发行人单位水泥生产能耗降至77kgce/t	若发行人未按约定实现可持续发展绩效目标，则第3个计息年度的票面利率调升20BP。
大唐国际发电股份有限公司	21大唐发电MTN001	20	3	截至2022年12月31日，2022年度京津冀区域公司单位火力发电平均供电煤耗下降至296.8gec/kW·h。	若发行人未按约定实现可持续发展绩效目标，则第2个付息日赎回全部债券。

三是，地方国企是绿色债发行主体，主体债项评级较高，发行期限偏短，资金主要投向清洁能源、绿色交通领域。

绿色债发行主体（见图6-3）主要是地方国企和中央国企，国企主体占发行总量的95%以上，地方国企居多，但2021年央企发行碳中和债较为热情，截至2021年9月30日，央企碳中和债发行1208亿元，占央企绿债发行总额的49.2%。绿色债券发行方以国企特别是地方国企居多与绿色产业性质和市场偏好有关，绿色产业性质偏向公益性，投资时间和回报周期较长，投资者更偏好风险承受能力和评级主体更高的国有企业。

2021年绿色债资金项目（见图6-4）（剔除绿色地方政府债）主要投向清洁能源、绿色交通等领域，清洁能源中以水电、风电、光伏为主，绿色交通主要是投入城市轨道交通建设，这一分类可参见人民银行《绿色债券支持项目目录（2021年版）》下的二级子分类。

在有评级的绿色债券（见图6-5）中，AAA级债项占比基本在70%以上，评级中枢较高，并呈现逐步提升趋势，2021年，债项评级为AAA的占比提升至86%，主要是AAA级央企发债数量提升。主体评级上也以AAA为主，AAA主体发行额占比达到79%。国企主体评级中枢略高于民营企业。在期限结构（见图6-6）上，绿色债发行期限集中在5年以下，多发行3—5年期间债券，按发行规模加权计算，2016—2021年绿色债加权期限分别是4.34年、4.31年、4.12年、5.76年、11.03年、5.10年，整体加权期限有所延长，2020年加权期限较高是因为该年发行了较多的10年期以上绿色政府债。

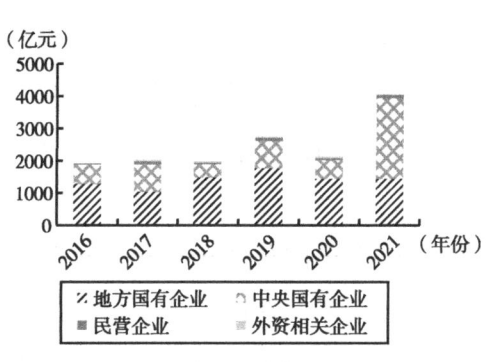

图6-3 我国绿色债发行主体

数据来源：Wind，中证鹏元整理。

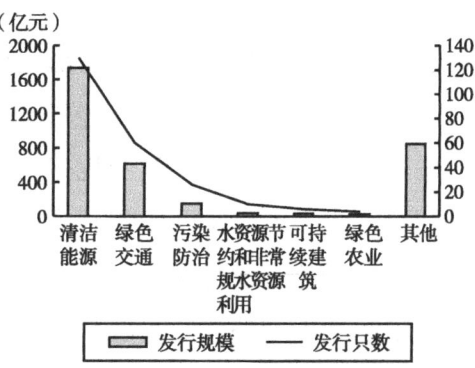

图6-4 我国绿色债项目类别

数据来源：Wind，中证鹏元整理。

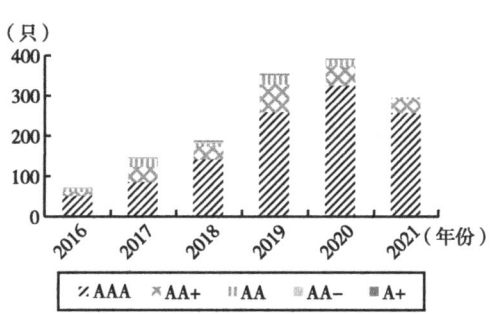

图6-5 我国绿色债发行债项评级

数据来源：Wind，中证鹏元整理。

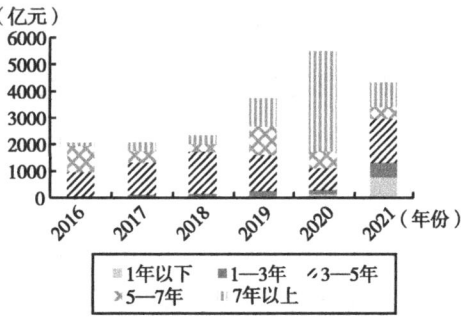

图6-6 我国绿色债期限结构

数据来源：Wind，中证鹏元整理。

6.2 我国绿色政府债券发展意义和基础

6.2.1 我国绿色地方政府债券发展意义

6.2.1.1 贯彻绿色发展理念，注入绿色经济新动能

自党的十八届五中全会首次提出将走绿色发展的生态发展之路后，绿色发展这一中国未来经济社会发展的重大国策正式进入现代化经济体系。绿色发展理念培育于历史、服务于未来，是党和国家对人类文明进展形态、历史发展进程、经济运行形势的新认识、新思考、新判断，是对人与自然、人与社会关系、人与经济规律认识的升华，是一种尊重自然规律、生态规律、经济规律，社会规律，实现人与自然和谐发展，实现工业文明可持续进步的人类文明发展新形态。

播种绿色金融是贯彻绿色发展理念的重要组成部分。金融在现代经济运行中起到不可替代的重要作用，党的十八大以来，在以习近平同志为核心的党中央坚强领导下，我国金融体系不断取得新的重大成就，金融产品日趋丰富、金融体系不断完善；2021年3月16日，习近平总书记在中央财经委员会第九次会议时强调：要完善绿色低碳政策和市场体系，完善有利于绿色低碳发展的财税、价格、金融、土地、政府采购等政策，加快推进碳排放权交易，积极发展绿色金融。绿色金融作为支撑绿色产业发展和低碳专项的重要金融要素，正在成为金融服务实体经济领域创新性最为活跃的一部分。

绿色金融是指通过利用绿色信贷、绿色债券、绿色股票指数和相关产品、绿色发展基金、绿色保险、碳金融等金融工具和相关政策为绿色发展服务。绿色债券方面，自2015年启动绿色债券以来，我国每年的绿色债发行量均在2000亿元以上，近两年发行数量和规模显著提升，发行品种

逐渐多元，对绿色产业项目的支撑初见成效。但在已有绿色债券品种中，正式贴标的绿色地方政府债券的份额却比较低，这与地方政府债券已经成为我国债券市场的第一大债券品种地位不匹配。Wind 数据显示，截至 2021 年 9 月 30 日，地方政府债存量达 28.71 万亿元，占我国境内债券市场余额的 23%，远高于其他债券品种，但正式贴标的绿色地方政府债数量却仅有 1 只，其他多是以一般债和专项债形式投入到绿色产业项目的建设中，发行贴标绿色地方政府债券正当时。

在绿色发展理念正式进入经济领域发展"国策"的当前，绿色债券在绿色金融服务实体经济领域正发挥着更积极的作用，作为我国债券领域的"领头羊"，地方政府债券理应提升绿色债券领域占比，顺应当前绿色发展理念，发挥地方政府债券的政策方向指导作用，彰显绿色产业发展信号，吸引更多绿色产业投资，实现经济高质量发展和产业结构升级的整体目标，为地方经济发展注入新活力、新动能。

6.2.1.2 提升项目布局质量，发挥专项债的"撬动"作用

地方政府债券的发行主体是地方政府，对当地的民情摸排得更加清楚，在项目把控、布局和政策倾斜上较企业债和金融债更具公益属性，这与绿色债券产业目录里所透露出的公益性相匹配，由地方政府来主导部分领域的绿色产业投资更为合适，更能提升项目布局的针对性、紧迫性、精准性，实现地方生产生活方式绿色转型，生态环境和城乡人居环境持续改善，更好地贯彻新发展理念，走可持续发展之路。

无论是一般债还是专项债，都具有"资金跟着项目"走的特点，在支撑地方固定资产投资、重大项目建设等方面发挥着积极作用。除拉动直接投资外，专项债另还可以作为项目资本金使用，2019 年 6 月，中办、国办印发了《关于做好地方政府专项债券发行及项目配套融资工作的通知》，明确专项债可用于重大项目资本金，并允许配套市场化融资。2019 年 9 月国务院常务会议提出进一步扩大专项债券的适用范围：专项债券用于项目资本金的规模占该省份专项债券规模的比例可为 20% 左右，适用

领域有交通、能源、农林水利、污水垃圾处理、冷链物流、水电气热等基础设施和生态环保项目，职业教育和托幼、医疗、养老等民生服务领域的重大项目。这里面的能源、交通、农林水利、污水处理等生态环保项目就符合人行2021年版的绿色债券支持目录，这意味着，在这些方面，可以通过发行绿色地方政府债券补足地方绿色产业所亟须的资本金。

在实际发行中，有多地采用这一方式。2021年9月发行的广东政府专项债券（六十四）期中，有一子项目为黄浦区水环境处理及综合整治开发，该项目与绿色债券支持目录中的城镇污水垃圾处理类相符。项目总投资123.66万元，发行专项债18.12万，其中用作资本金数额13万，按项目自身法定资本金20%计算，可以撬动投资65万元。这意味着，在自有资金资本金不满足法定资本金要求，或不满足融资所需资本金要求时，可由专项债资金起到必要的补充作用，发挥专项债撬动社会投资的杠杆效应，提高项目可融资性，托底基建稳需求的作用。

6.2.1.3 降低产业融资成本，缓解期限错配压力

绿色地方政府债在资金成本和发行期限上较为宽裕，较绿色公司债、绿色企业债而言更能降低产业融资成本，缓解期限错配压力。融资成本方面，地方政府债以地方名义举债，筹措财政收入以外的资金投入到重大民生项目的建设中，在资金成本上较当地国企、金融机构具有一定优势，根据Wind数据统计，2020年绿色地方政府债发行平均票面利率3.42%，低于同期AAA级信用债的3.93%。期限方面，绿色地方政府债发行期限更长，2020年绿色地方政府债发行平均期限是15年，高于同期AAA级信用债的4.38年，这意味着绿色地方政府债可以为绿色产业项目提供长期低成本资金解决方案，匹配绿色项目建设时间长、投资回报期长的特点，缓解期限错配风险。

6.2.1.4 丰富绿色债券品种，提升对外开放水平

发行贴标绿色地方政府债，可以丰富我国现有绿色债券品种，促进绿

色债券发展，提升债券市场对外开放水平，吸引外资投资兴趣。2015年以来，我国绿色债券市场发展非常迅速，发行的绿色金融债、绿色企业债、绿色公司债、绿色资产支持证券逐步进入主流债券市场。只是相较于发达国家市场，正式贴标的绿色政府债券的发行还是较为缓慢。随着我国债券市场提高对外开放水平，丰富绿色债券品种，激发债券市场活力是不争的事实和要求，特别当下债券市场"南向通"开放后，两地金融市场联通效率和一体化程度进一步提高，债券市场要从"引进来"迈向"走出去"，发行贴标绿色政府债券，是接轨世界、接轨国际规则的重要一步，这将有力推动中国市场成为具有国际影响力、影响国际资源配置的重要级市场。

6.2.2　我国绿色地方政府债券发展基础

6.2.2.1　现有地方政府债制度完善，经验充足

现行地方政府债券发行始于2008年，历时10多年的发展和革新，各类规章制度和流程渐趋完善，为绿色地方政府债券的发行奠定了良好的制度和经验基础。2008年全球金融危机暴发，为防范金融风险向实体经济传导，缓解中央财政压力，我国实施了较为积极的财政政策，其中就包括发行地方政府债券。

此后地方政府债券制度演变经历了三个过程：（1）2009—2011年的代发代还阶段，这一阶段的地方政府债券发行主体是省级地方政府（含计划单列市），债券的发行和还本付息由财政部代办，但地方政府仍需在结算时承担债券本息偿还，这一时期的地方政府债券可视为国债转地方的延伸，每年的地方政府债券额度是2000亿元。（2）2011—2014年的自发代还阶段，这一阶段国务院批准上海、浙江、广东、深圳四地可以自行发行债券，由财政部代为还本付息，其他地方仍按代发代还处理。地方政府在债务管理上的自主权更高，可以就债券期限、发行利率等要素与财政部协商，信用评级机制也被引入到政府债券发行中来。三年间地方政府债券的发行量逐渐扩容到3500亿元。（3）2015年至今的自发自还阶段，这

一阶段地方政府自主权更加扩大,地方债的利率、期限等要素迈向市场化。2015年新预算法实施,自发自还由试点地区推广至全国,但每年的债务总量仍在财政部管控范围内。

财政部管控债务总量的目标,主要是出于防范风险,因为在推动中国快速城镇化和经济发展过程中,为了追逐GDP,各地通过多种渠道取得融资,形成了各式各样的隐形债务,如政府提供的隐性担保、不规范的PPP项目等。近几年来,随着地方隐性债务监管的加强,地方政府隐性债务风险得到缓释,地方政府债逐渐成了地方政府举措债务、筹集资金的唯一方式,在推动绿色产业项目中,也只能考虑用一般债或专项债来筹措资金。

一般债券和专项债券是2015年后开始划分的,一般债券用于纯公益性投资,如农村公路、河道整治等没有收益的公共事业,主要以地方公共财政收入偿还,计入财政赤字;专项债券用于具有一定收益的公益性事业发展,如水库建设、收费公路等,主要依靠项目收入或政府性基金偿还,不计入财政赤字。2019年后专项债发行额超过一般债,截至2021年9月底,地方政府债券余额已有28万亿元,是目前境内债券市场存量余额最大的债券品种(见图6-7)。

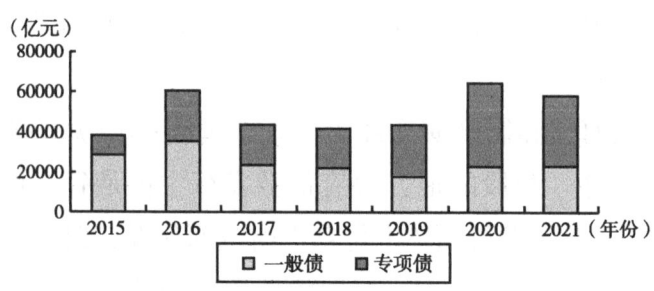

图6-7 我国地方政府债券发行情况

数据来源:Wind数据库,中证鹏元整理。

6.2.2.2 绿色地方政府债券支持领域符合绿色项目要求

前文提到地方政府债可分为一般政府债和专项政府债,核心区别是公益性强弱和偿还资金来源,但无论是一般债还是专项债,都必须投向具有公益性质的项目建设中,而具有公益性质的项目就或多或少和绿色产业目录存在重叠，需要注意的是，项目类型重叠并不意味着一定符合绿色产业标准，具体的识别认证工作还需要专业绿色认证机构加以确认。

一般政府债方面，以江苏省 2020—2021 年发行的地方一般政府债（二期）为例，2020—2021 年前三季度，江苏省以省级名义发行 13 期一般地方政府债，包含 4 期政府一般债和 9 期地方政府再融资债券。再融资债券不用于项目建设的募集资金，只用来偿还现有债务，具有"借新还旧"的性质，不纳入绿色债考量范畴。在二期的一般债券上，表 6-4 列出了 6.2 亿元与绿色产业接近的项目，占总发行额 71 亿元的 8.7%。由于公开渠道难以获取项目详细的实施方案和可行性研究报告，关联情况仅供参考。

表 6-4　2021 年江苏省政府一般债券（二期）中相关绿色产业项目情况

区划	项目名称	拟发行金额（万元）	相关绿色产业项目情况
南京市	秦淮区广洋沟流域汇景和园片区雨污分流工程	200	基础设施绿色升级——5.4 水资源节约和非常规水资源利用——雨污分流管网建设和改造。
	鼓楼区流域雨污水管网清疏修缮工程等	47800	基础设施绿色升级——5.3 污染防治——城镇污水管网排查、疏浚、维修修复及改造。
	天生桥河防洪能力提升工程	2630	生态环境产业——4.2 生态保护与建设——防控、防岸线蚀退设施建设等。
	涧屋河水环境整治工程	370	节能环保产业——1.3 污染防治——统筹使用截污治污、垃圾清理、河道清淤疏浚、湿地保护修复、植被恢复等手段，开展的改善水环境质量、恢复水域生态功能的治理活动。
常州市	钟楼区防洪除涝及水环境综合整治工程	2000	节能环保产业——1.3 污染防治——统筹使用截污治污、垃圾清理、河道清淤疏浚、湿地保护修复、植被恢复等手段，开展的改善水环境质量、恢复水域生态功能的治理活动。
如皋市	如皋市 2021 年农村黑臭水体治理工程	2000	节能环保产业——1.3 污染防治——城市黑臭水体综合整治活动，如污水处理、再生利用、污水管渠建设和技术改造，排污口整治、截污系统建设和改造，内源治理、人工湿地建设、垃圾清理、智慧水务等治理活动。

续表

区划	项目名称	拟发行金额（万元）	相关绿色产业项目情况
灌南县	灌南县盐河环境整治提升工程	2000	节能环保产业——1.3 污染防治——统筹使用截污治污、垃圾清理、河道清淤疏浚、湿地保护修复、植被恢复等手段，开展的改善水环境质量、恢复水域生态功能的治理活动。
淮安市	大运河里运河城区段岸线整治工程	800	基础设施绿色升级——5.4 水资源节约和非常规水资源利用——为保护和修复城市水体自然生态系统开展的河湖水系自然连通恢复和保护工程，河道系统整治、生态修复活动。如渠化河道改造，因势利导恢复自然弯曲河岸线，自然深潭浅滩和泛洪漫滩等。
淮安市	古盐河治理工程	300	基础设施绿色升级——5.4 水资源节约和非常规水资源利用——为保护和修复城市水体自然生态系统开展的河湖水系自然连通恢复和保护工程，河道系统整治、生态修复活动。如渠化河道改造，因势利导恢复自然弯曲河岸线，自然深潭浅滩和泛洪漫滩等。
响水县	文体公园景观绿化工程项目	2000	基础设施绿色升级——5.6 生态保护与建设——城市郊野公园、湿地公园，以及区域设施防护绿地等区域绿地的建设、养护管理和运营。
射阳县	兴阳路雨水管网改造工程（小洋河—众兴路段）	510	基础设施绿色升级——5.4 水资源节约和非常规水资源利用——雨污分流管网建设和改造。
东台市	农村河道疏浚及生态河道建设项目	1000	节能环保产业——1.3 污染防治——统筹使用截污治污、垃圾清理、河道清淤疏浚、湿地保护修复、植被恢复等手段，开展的改善水环境质量、恢复水域生态功能的治理活动。

专项债方面更贴近绿色产业标准。以最新 2021 年财政部、发改委联合下发的《关于梳理 2021 年新增专项债券项目资金需求的通知》为纲，《通知》明确了地方专项债的九大领域，分别是：交通基础设施、能源项目、农林水利、生态环保项目、社会事业、城乡冷链物流设施、市政和产业园区基础设施、国家重大战略项目、保障性安居工程。对应的，专项债券的发行也以所投项目的大类命名，如棚户区改造专项债、交通水利及市政产业园区发展专项债等。因为不计入财政赤字，且产生一定社会经济效

益，近年来专项债的发行逐渐超过了一般债，成为地方政府债券的主流。二者目录对比如表6-5所示。

表6-5 地方专项债领域和绿色债券支持项目目录对比

大类领域	地方政府专项债领域	绿色债券支持目录
交通类	交通基础设施：铁路、水运、城市轨道交通、城市停车场等	绿色交通：货物运输铁路建设运营和铁路节能环保改造、港口、码头岸电设施建设、城乡公共交通系统建设和运营、不停车收费系统建设和运营等。
能源类	能源：天然气管网和储气设施、城乡电网（农村电网改造升级和城市配电网）	清洁能源：天然气输送储运调峰设施建设和运营，包括天然气长输管道、储气库、支线管道、区域管网，以及液化天然气（LNG）接收站等天然气输送、储运、调峰设施建设和运营。 能效提升：城镇电力需求侧管理平台开发建设，城镇配电网技术改造，用电设备智能化改造，以及高污染、低效用能设备的电能替代改造。
农林类	农业、水利、林业	绿色农业：农业资源保护（包括农田水利设施建设和林业基因资源保护）、农业农村环境综合治理、绿色农产品供给。
生态环保类	城镇污水垃圾处理	污染防治：城镇污水处理系统排查改造建设修复。 资源综合利用：城乡生活垃圾综合处理。
市政基础设施类	供水、供热、供气、地下管，产业园区基础设施	水资源节约和非常规水资源利用：城镇供水管网分区计量漏损控制建设和运营。 能效提升：城镇集中供热系统清洁化建设运营和改造。 污染防治：工业园区污染治理，包括园区污染治理集中化改造和园区重点行业清洁生产改造。

6.2.2.3 绿色债券发展方兴未艾，绿色地方政府债前景广阔

绿色债券作为绿色金融的重要抓手，在我国落实"30·60"目标，实现工业经济可持续发展中将发挥重要的助力作用，预计未来每年还会继续保持正增长。而绿色产业的公共性和公益性就注定了地方政府还将继续发挥中流砥柱的作用，绿色地方政府债券前景极为广阔。

"双碳目标"是一个缓缓拉开的四十年投资蓝图。根据《BP世界能源统计年鉴》，截至2020年，中国是全球二氧化碳排放量和一次能源消费量最高的国家，碳排放总量接近美国的两倍，过去10年（2009—2019年）中国碳排放量每年增长2.4%。中国要想实现"双碳目标"还需在各

方面开展投资，包括减少碳排放的能源结构调整、普及节能措施，投资新能源产业；增加碳吸收的生态固碳，规划和建设生态环保林木、水源、湿地；支持绿色金融发展，建立绿色信贷、绿色债券、绿色基金体系等。根据生态环境部相关研究结果，为实现2030年碳达峰目标，未来每年还需3万亿—4万亿元的绿色领域投资，而财政只能覆盖其中10%—15%。

财政投资的有限预示着亟须通过绿色金融引入社会资本投资，绿色债券发展前景方兴未艾。清洁能源会继续担任绿色债券投资的主流，风电、水电、太阳能替代火电的需求一直存在，2020年国家能源局提出了2030年非化石能源消费占比20%的战略目标，截至2019年非化石能源消费的占比是15%。可持续建筑/绿色建筑行业是另一个被低估的趋势，就CBI的国际经验看，国际绿色建筑类绿债发行量仅次于清洁能源，而我国绿色建筑类债券发行量仅有清洁能源的2%，绿色建筑包括超低能耗建筑材料、符合标准的绿色建筑、覆盖光伏的再生能源应用等。

绿色产业较强的公共性和公益性，决定了很多领域只能由政府开展投资，地方绿色政府债还会继续发挥重要作用。地方绿色政府债（非贴标）投资领域，主要是生态环保和农林水利，这与图6-4给出的企业绿色债主投的清洁能源和绿色交通存在较大差异。与城乡居民关系更密切、公共性更强、收益性更低的公共事业领域的投资，比如城市黑臭水体治理、城市生态公园建设、乡村水利设施都大多只能依靠政府主导建设，毕竟这类项目收益很低，难以吸引企业兴趣，而目前在一二级资本市场十分火热的新能源、比较能盈利挣钱的轨道交通类项目则有较多企业参与。除助力低碳环保外，投资生态环保和农林水利等公共事业，还具有助力城市居民生活环境改善、乡村基础设施扶贫的重大意义，我们不仅要看到"30·60"的碳中和碳达峰，还要看到2035年中国基本实现社会主义现代化的伟大目标，地方绿色地方政府的前景极为广阔。

6.2.2.4 绿色地方政府债券进入银行绿金评价方案

2021年6月，中国人民银行发布《银行业金融机构绿色金融评价方案》，这是此前2018年《中国人民银行关于开展银行业存款类金融机构绿色信贷业绩评价的通知》的升级版，考核范畴从绿色信贷拓展至绿色贷款和绿色债券。根据方案，绿色金融评价是指中国人民银行及其分支机构对银行业金融机构绿色金融业务开展情况进行综合评价，并依据评价结果对银行业金融机构实行激励约束的制度安排，评价结果将纳入央行金融机构评级。

在新增的绿色金融债券方面评价体系中，首次明确了绿色债券的认定范围，将经绿色债券评估认证机构认证为绿色的政府专项债券纳入其中，这意味着央行认可地方政府专项债在绿色金融领域的支持作用，更意味着今后或将有更多经认证的绿色地方政府债推出。

6.3 我国绿色政府债券的实践探索

正式贴标的绿色地方政府债券发行较少，经正式认证的仅有3只，其中2019年江西发行的赣江新区绿色市政专项债券，募集资金7.5亿元，用于赣江新区儒乐湖地下综合管廊建设，这一项目得到了绿色贴标认证，是全国首单绿色市政专项债。债券票面4.11%，期限30年，项目建设期24—30个月，以运营期的入廊使用费、管廊维护管理费、综合开发收入和财政补贴收入为偿债资金，本息覆盖倍数1.10。管廊建设用以应对城市空间的快速扩张和空间资源的制约间的矛盾，可以促进土地资源和空间资源的有效节约利用，推动新型城镇化发展。

非贴标绿色地方政府债方面发行量较大，这一债券品种是Wind根据募集资金投向与绿色产业目录相匹配，将近似的地方政府债券划分为绿色地方政府债券，由于专项债的信息披露更为翔实一些，所以只将专项债纳入考虑。

据Wind统计口径，最早发行的绿色地方政府债是2018年发行的广东债22,至2021年9月30日,绿色地方政府债共发行335只,募集资金4810亿元(见图6-8);在将绿色地方政府债按所发行类别(农林水专项债、生态环保专项债)进行分类统计后,地方绿色政府债投资项目主要是生态环保和农林水利类(见图6-9)。

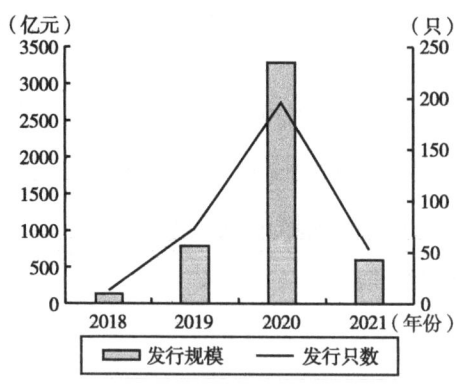

图6-8 我国地方绿色政府债发行期限和规模

数据来源:Wind数据库,中证鹏元整理。

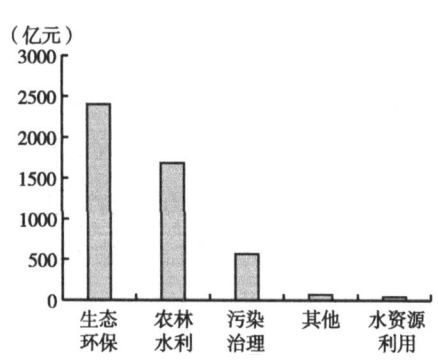

图6-9 我国地方绿色政府债项目特征

数据来源:Wind数据库,中证鹏元整理。

地域特征方面(见图6-10),地方绿色政府债主要集中发行在广东、山东、天津等地,广东省发行累计接近1200亿元,发行数量已有80只,广东省发行量较大的是生态环保专项债和水污染治理专项债,这与广东珠江水系覆盖较广有关。期限结构方面(见图6-11),地方绿色政府债发行期限以7年及以上为主,较常规绿色信用债和金融债发行时间更长,加权期限上,2018—2021年的加权平均期限分别是8.67年、10.24年、15.13年、17.20年,偏长的期限也正好与地方绿色政府债投向的生态环保和农林水利行业性质相符,较长的建设运营周期匹配较长的债务期限,这也侧面反映地方绿色政府债在适应绿色产业项目长周期上的优势。债券收益方面,绿色产业项目能较好覆盖债券本息,以2021年深圳市城镇污水垃圾处理专项债券(二期)为例:本期债券募投项目为大鹏新区水污染治理项目和深圳市龙华区城镇垃圾处理项目两个项目,水污染治理在绿色产业目录作为1.3.2节单独列示,分为良好水体保护及地下水环境防治、重点流域海域水环境治理、城市黑臭水体整治、船舶港口污染防治四个子项，项目中为大鹏新区消除黑臭水体较为符合绿色产业项目。本次债券募集资金8450万元，以债券存续期周边的土地出让收入作为还本付息的主要来源，根据项目实施方案，债券本息资金覆盖率为1.29。

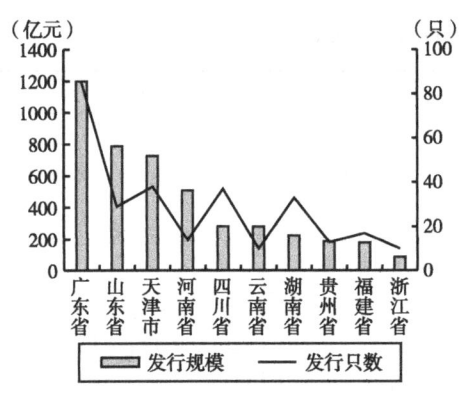

图6-10 我国地方绿色政府债地域特征

数据来源：Wind数据库，中证鹏元整理。

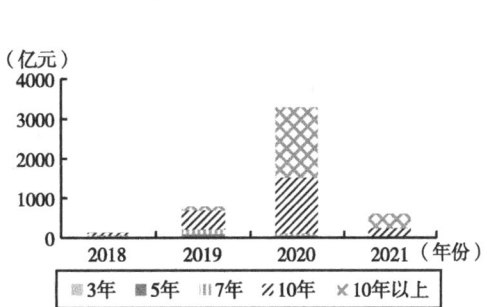

图6-11 我国地方绿色政府债期限结构

数据来源：Wind数据库，中证鹏元整理。

6.4 我国绿色政府债券实践探索中的问题

6.4.1 整体绿色债券发行端标准仍不统一

绿色债券发行端标准不统一是当前国内债券市场的整体问题，在多头监管下，各类债券在发行交易、信息披露、信用评级等各类制度和执行标准上存在一定差异（见表6-6）。落实到绿色债券上，集中体现在募集资金投入比例、信息披露要求和认证要求上等方面的不同，更细分到碳中和债券上，还在环境信息披露及第三方认证、募集资金管理等方面有所差异。

就不同监管部门下发行标准的宽松程度看（见表6-7），发改委对绿色企业债的要求较为宽松，资金投入比例为50%，在绿色认证和信息披露上没有更进一步的规定。证监会和中国人民银行监管下的绿色公司债、绿色金融债和绿色非金融企业融资工具则更为细致,在资金投入比例上要求更高一些,证监会要求资金投入比例是70%,中国人民银行则要求募集资金应100%投入到产业中去。目前尚无对地方绿色政府债的明确发行指引。

表6-6 多头监管下绿色债券发行端标准差异

具体差异	发改委	证监会	交易商协会
资金投入比例	允许企业使用不超过50%的债券募集资金用于偿还银行贷款和补充营运资金。	确定用于绿色产业项目(以下简称绿色项目)建设、运营、收购或偿还绿色项目贷款等的募集资金金额应不低于募集资金总额的70%。	金融企业:应当在募集说明书承诺的时限内将募集资金用于绿色产业项目。 非金融企业:将所募集资金全部用于绿色项目。
绿色认证要求	没有作出明确要求。	可自主选择是否聘请独立的专业评估或认证机构出具评估意见或认证报告。	金融企业:鼓励发行人按年度向市场披露由独立的专业评估或认证机构出具的评估报告。 非金融企业:鼓励第三方认证机构对企业发行的绿色债务融资工具进行评估,出具评估意见并披露相关信息。
信息披露要求	没有作出明确要求。	募集说明书:发行人应当披露募集资金拟投资的绿色项目情况,包括但不限于绿色项目类别、项目认定依据或标准和环境效益目标等内容。 债券存续期:发行人应在定期报告等文件中按照相关规则规定或约定披露绿色公司债券募集资金使用情况、绿色项目进展情况和环境效益等内容。受托管理人应在年度受托管理事务报告中披露上述内容。	金融企业:发行人应当于每年4月30日前披露上一年度募集资金使用情况的年度报告和专项审计报告,以及本年度第一季度募集资金使用情况,并将上一年度绿色金融债券募集资金使用情况报告中国人民银行。 非金融企业:应于每年4月30日前披露上一年度募集资金使用和绿色项目进展情况;每年8月31日前,披露本年度上半年募集资金使用和绿色项目进展情况。

表6-7 多头监管下碳中和债发行端标准差异

具体差异	交易所	交易商协会
环境信息披露及第三方认证	加强碳中和项目环境效益相关信息披露,重点披露环境效益测算方法、参考依据,并对项目能源节约量(以标准煤计)、碳减排等环境效益进行定量测算。对于第三方评估认证,鼓励披露由独立第三方机构出具的碳中和项目碳减排等环境效益评估认证报告。	在发行文件中需要披露定量测算环境效益、测算方法及效果。对于第三方评估认证,建议发行人聘请第三方专业机构出具评估认证报告。

续表

具体差异	交易所	交易商协会
募集资金管理	未规定资金监管机构；未对闲置资金给出规定。	发行人应设立资金监管账户，由资金监管机构对募集资金的到账、存储和划付实施管理，并严格按照发行文件中所约定的用途使用，确保募集资金专款专用。资金监管机构应建立资金监管专项工作台账，对募集资金的到账、存储和划付进行记录，并妥善保管资金使用凭证。对闲置资金管理给出规定，可投资安全性高、流动性好的产品。
募集资金使用比例及发行期限	募集资金须主要用于碳中和项目或偿还碳中和项目贷款的绿色公司债券；对发行期限无要求。	碳中和债募集资金应全部用于碳中和项目或偿还绿色项目的有息债务；鼓励企业发行中长期债务融资工具品种。
存续期管理工作	未规定检查事项。	交易商协会将通过现场或非现场检查的方式加强对碳中和债的存续期管理，及时了解绿色项目建设的进展情况，督促发行人、存续期管理机构、资金监管机构等合规使用、管理募集资金，并做好相关信息披露。对于发现的违规行为，交易商协会将及时督导纠正，并采取相应自律管理措施或自律处分。

多头监管的问题一直在持续改革，2021年8月人行、发改委、财政部等六部门联合发布的《关于推动公司信用类债券市场改革开放高质量发展的指导意见》给出了总体解决方案。《意见》要求，今后将按照"分类趋同"的原则，逐步统一信用类债券在发行交易、信息披露、信用评级、投资者适当性、风险管理等各类制度和执行标准。在这一《意见》出台之前，债券市场已经先后出台过一系列相关趋向统一的子政策，如2021年4月出台的绿色债券支持项目目录已经实现了产业认证上的统一，现在《意见》的出炉，着重在前期政策基础上，对整体信用债券市场进行统一顶层规划和补充，形成一个比较正式明确的指导性文件。综合来看，整合各项监管标准，可以降低发行人和投资者的选择成本，提高债券市场丰富度，提升融资效率和对外开放水平，但也不必完全保持统一，一定的差异性可以激励市场不断创新，正如2021年所看到的碳中和债、蓝色债券这样受市场追捧的创新品种。

6.4.2 绿色债券还需进一步创新以吸引投资力度

绿色债券还可以在激励方式和认证方式上进一步创新，碳中和碳达峰是绿色债券发展或者落地的一个明确抓手，碳减排形成的量化指标可以构建一个有效且明确的激励机制。参考可持续挂钩绿色债券，我国绿色债券可在激励机制上进一步创新，形成社会环境效益和产业经济效益间的正循环，以市场化的形式推动绿色低碳转型。对比绿色债券大国美国的有效经验：美国在绿色地方政府债券上投入较多，为吸引投资者兴趣设立了绩效给付机制；如果项目实现了应有的投资收益，则投资者可在固定付息的基础上获得额外的利息收益，反之，如果项目没有实现这一目标或没有投入绿色产业项目，则投资者将要承担一部分损失。这种激励机制将投资者和项目方捆绑在一起，强化了投资者的监督职能，激励了投资兴趣。在美国，募投项目的后续监管主要由第三方中介评估机构进行，通过每年的定期报告和不定期监督向社会反馈绿色产业进度。我国已在可持续挂钩绿色债券上借鉴这一模式，未来可继续在绿色债券或者绿色地方政府债上落实。

绿色债券的认证方式还可以进一步放宽，因为目前的经济活动仍然是以"高碳"为主，纯绿的项目或者活动很少，如果将绿色债券投资范围仅仅框定在当下的绿色产业里面，就会错过一些具有可持续性发展潜力的好项目。建议在今后的认证或者鉴别过程中，可以将一些目前还不是很"绿"，尚未能达到绿色认证要求，但潜在可能"转绿"或者正在部署绿色产业的项目纳入考虑，让企业得到绿色融资工具的支持以开展转绿活动，未尝不可。

6.4.3 绿色地方政府债券的推广力度有待加强

绿色债券贴标与非贴标的一大重要区别，在于经过认证后可以彰显绿色标识，凸显企业在绿色经济活动中的活跃性和绿色属性，提升企业品牌绿色沉淀后的附加值，彰显企业环保、公益、社会责任、人文关怀的情怀。这是绿色债券对企业额外的推广、宣传价值，落实到绿色地方政府层面，这一推广力度还不足，致使地方政府对绿色债券的认识深度还不够，限制了地方绿色政府债的发行潜力。

不同于重视绿色债券带来的品牌宣传下的外溢效应，地方政府更偏向承担守护一方水土，推动区域发展、促进人民幸福的公共职能，在选择经济政策工具时较为注重练习内功下的提质增效，而绿色债券也正好符合地方政府推动实现"30·60"目标下经济可持续发展和高质量发展的潜在需要。在各地公开的中长期"十四五"规划和政府工作报告中，多地已经扎实明确和制定了有关双碳达峰的目标规划，包括优化产业机构、发展新能源、规划绿色建筑、绿色农业、绿色装备制造产业等众多绿色基础设施建设。以上绿色产业和绿色基础设施建设都需要大量资金给予前期支持，尽管从中长期时间上看，绿色产业转型后是能提供一定收益，但是在建设和运营初期，地方财政或许难以维持高水平的投入，考虑到各项因素，具有公信力的绿色地方政府债券或许是筹措绿色发展资金的一项良药。但目前来看绿色地方政府债券的推广和宣传力度还不够突出，地方政府对绿色地方政府债的认识还需加强。

6.4.4 缺乏绿色地方政府债方面的明确指引性文件

目前，中国人民银行、证监会、发改委都已出台相应绿色债券的指引性文件，对各自主管下的绿色债券发行流程给予规范性的指导，鼓励绿色债券展开第三方评估认证，但财政部方面尚未出台绿色地方政府债券的相关指引。考虑到财政部未出台指引或是有认证标准不统一上的阻碍，如发改委等七部门公布的《绿色产业指导目录（2019 年版）》和此前 2015 年版绿色债券支持目录存有较大差异，但在 2020 年版支持目录出台后，这一差异已经走向统一。目前非贴标下的绿色地方政府债发行量较大，已经形成绿色轨道交通、绿色防洪防汛、绿色水网建设等一系列与《绿色债券支持项目目录（2021年版）》相契合的绿色属性的专项债。下一步，财政部或可出台绿色地方政府债券的规范性指引文件，鼓励地方政府发行绿色地方政府债券，推动非贴标绿色地方政府债券贴标化。

6.4.5 绿色金融示范区发行绿色地方政府债券的示范力度不够

2017年6月14日，国务院常务会议决定在浙江、江西、广东、贵州、新疆5省（区）选择部分地方，建设各有侧重、各具特色的绿色金融改革创新试验区，在体制机制上探索可复制可推广的经验，随后兰州新区也获批绿色金融改革创新试验区。在6省9地的不断创新拓展下，各地绿色金融产品和服务方式稳健增长，绿色债券方面已经涵盖了企业债、公司债、金融债等多种债券品种，整体发行规模逐年上升。但在绿色地方政府债券上，目前仅有江西省发行过正式贴标的绿色地方政府债券，支持对象为地下综合管廊建设，未来各地的绿色金融示范区还可在推广农林水利、清洁能源方面的绿色地方政府债券上创新思路。

第 7 章
我国绿色政府债券制度设计

目前，绿色发展成为我国重要的国家战略。而绿色政府债券作为一种新型债务融资工具，在此过程中可以发挥重要的作用。结合国外绿色政府债券的发展经验与国内绿色债券、地方政府债券的相关发展实践，本章对我国绿色政府债券的制度架构提出了初步的设计构想。

7.1　我国绿色政府债券标准与评估认证

7.1.1　现行绿色债券标准体系

通过对国外和国内现行绿色债券相关标准的梳理，为后续我国绿色政府债券标准体系的构建提供了极具价值的参考与借鉴意义。

7.1.1.1　国际标准

自2016年二十国集团（G20）峰会设立了绿色金融研究小组以来，绿色金融的国际主流化进程得以明显推进，绿色金融标准的重要性逐渐为国际社会所重视，众多国际组织纷纷加入标准制定与实施的行列中，其中一些标准已经得到国际社会的广泛认可和行业机构的一致遵循。从国际层面看，绿色债券标准主要是由自愿性指导原则和自律性行业规范构成，体现出市场主导的特征[①]。2018年，国际资本市场协会（ICMA）修订发布了《绿色债券原则》（GBP），从筹集资金用途、项目评估与遴选流程、募集资金管理及信息披露报告等四个方面，明确了绿色债券发行范畴，有效提高信息披露水平和市场互信程度。2019年，气候债券倡议组织（CBI）制定了《气候债券标准》（CBS），配合确定了气候债券分类方案和气候债券认证机制，有效弥补了绿色债券原则在可支持项目界定标准、

---

① 林梦瑶. 国内外绿色债券标准的比较研究［J］. 金融与经济，2018（04）：46-51.

指导环境效益评估和第三方认证等方面的不足，与 GBP 形成有益互补，并明确排除了所有与化石燃料相关的项目。现阶段，《绿色债券原则》与《气候债券标准》已成为国际社会普遍接受的绿色债券共识性标准。一些诸如穆迪、标普等国际评级机构，以此两项标准为主要依据原则，提出了环境评级、绿色债券指数和证券交易所的绿色债券上市资格标准等，也为绿色债券标准提供了更广泛的内容。

此外，2019 年，欧盟制定发布了《欧盟可持续金融分类方案》，就欧盟组织的可持续经济活动范围进行了明确与界定，共涉及了七大类经济行业和 67 项经济活动。2021 年，欧盟委员会正式通过了面向绿色和可持续金融产品的《欧盟可持续金融分类方案——气候授权法案》，其包括低碳、转型、扶持和适应等四个层面的科学标准构成。同时，欧盟还决定要构建"欧洲绿色债券标准"（European Green Bond Standard，EuGBS），主要对绿色债券募集资金用途、资金分配透明度、外部评审及监管等提出了具体要求，并致力于打造更为严格的"黄金标准"，以实现绿色债券市场的高质量可持续发展，防范"洗绿"风险。

7.1.1.2 国内标准

我国的绿色金融标准呈现出政府顶层设计的特征，其主要由政府部门制定，存在一定的政府引导以及强制性措施，在现行的绿色金融标准体系中，主要制定者为中国人民银行、银保监会、证监会以及国家发展改革委等部门[①]。而绿色债券作为绿色金融领域的重要构成元件之一，各级政府和相关监管机构发布了一系列政策规章对绿色债券的标准与范围进行了规定。

2015 年，中国人民银行发布了《银行间债券市场发行绿色金融债券有关事宜的公告》（中国人民银行公告〔2015〕39 号）对绿色债券发行条件与方式、发债审核材料、信息披露、债券资金用途与管理等方面制定

---

① 王海全，唐明知. 优化我国绿色金融标准体系 [J]. 中国金融，2019（01）：74-76.

了规范与标准，同时提出政府相关部门可发挥其对绿色债券发展的政策鼓励作用；同期，央行还发布了《绿色债券项目支持目录》和国家发展改革委办公厅发布了《绿色债券发行指引》（发改办财金〔2015〕3504号），提出了绿色债券项目适用范围与支持重点的明确要求，标志着中国绿色债券市场的起步。2016年，《关于构建绿色金融体系的指导意见》（银发〔2016〕228号）中提出了完善各类绿色债券发行的相关业务指引、自律性规则，并将相关绿债资金用途明确限定于绿色项目，同时对发行绿债的信息披露要求和监管安排进行了明确规范。

2017年，《非金融企业绿色债务融资工具业务指引》（中国银行间市场交易商协会公告〔2017〕10号）突出强调并列举了绿色债务融资工具发行前需要明确披露绿色项目的具体信息。同年，中国人民银行、证监会联合发布了《绿色债券评估认证行为指引（暂行）》（中国人民银行、中国证券监督管理委员会公告〔2017〕第20号），分别从机构资质、业务承接、业务实施、报告出具、监督管理等方面，构建了绿色债券的评估认证行为的监管和自律管理框架，同时还建立了绿色标准委员会对绿色债券评级机构实施统筹自律管理。这是我国第一个以绿色债券评估认证为主题的部门规章。2018年，中国人民银行发布了《关于加强绿色金融债券存续期监督管理有关事宜的通知》（银发〔2018〕29号），针对信息披露评价进行了细致的规定；同期，《绿色金融债券存续期信息披露规范》由中国人民银行负责颁行，其对绿色金融债券存续期的信息披露提出了更具针对性和操作性的具体标准与要求。

2019年，国家发展改革委联合七部门印发了《绿色产业指导目录(2019年版)》，它是国内第一个对绿色产业范围予以明确界定的权威目录。此外，2021年生效的由中国人民银行、国家发展改革委、证监会三部门联合发布的《绿色债券支持项目目录（2021年版）》在对当前应用较为广泛的《绿色债券支持项目目录（2015年版）》的有关内容进行补充与完善的基础之上，同时与国际惯例和标准相衔接，删除了化石能源清洁利用相关的类别，界定标准更加严格，对绿色债券支持项目的范围进行了统一，以推动促成国内外绿色债券标准和规范的趋同。

2021 年，中国银行间市场交易商协会公告〔2021〕10 号①的一系列公告、中市协发〔2021〕43 号②文件，均就非金融企业绿色债务融资工具相关的信息披露规则、报告模板或信息披露表等相关方面予以清晰规范，以供发行人和评估认证机构利用和遵循。同年 9 月，绿色债券标准委员会发布了《绿色债券评估认证机构市场化评议操作细则（试行）》及评议标准、材料清单等配套文件，这是国内首份针对绿色债券评估认证机构的自律规范文件，对评估认证机构的规范化运营提出更高要求，为绿色债券市场的法治化、国际化打下坚实基础，更是对"双碳"政策的深入贯彻。

7.1.2 绿色政府债券标准体系建构③

虽然当前尚无专门针对绿色政府债券的相关规范与标准文件，但前述的国际国内的相关绿色债券标准规范，对绿色政府债券也具有一定的适用性。现阶段，我国绿色政府债券的相关标准与规范可以在对这些指引性规范进行梳理的基础之上，再结合我国地方政府债券发行应遵循的一般规范，进行进一步的设计与构建。绿色政府债券标准体系应当包括绿色项目界定标准、债券资金用途规范、评估认证规范与信息披露标准等内容。

---

① 中国银行间市场交易商协会关于发布《银行间债券市场非金融企业债务融资工具信息披露规则（2021 版）》《银行间债券市场非金融企业债务融资工具存续期信息披露表格体系（2021 版）》《非金融企业债务融资工具募集说明书投资人保护机制示范文本（2021 版）》的公告。

② 中国银行间市场交易商协会关于发布实施《银行间债券市场非金融企业债务融资工具信息披露规则（2021 版）》《银行间债券市场非金融企业债务融资工具存续期信息披露表格体系（2021 版）》及《非金融企业债务融资工具募集说明书投资人保护机制示范文本（2021 版）》等有关事项的通知。

③ 温来成，余燕，李升．建立我国绿色政府债券制度的思考［J］．经济研究参考，2022（06）．

7.1.2.1 绿色项目界定标准

绿色政府债券标准，实质上是对绿色政府债券支持项目的绿色属性予以保证的制度规范，有助于明确政府开展绿色经济活动的界限与范围。清晰界定政府债券项目的绿色属性，也是绿色政府债券标准内容的应有之义。绿色政府债券标准，具体包括两个方面：一方面，绿色政府债券要符合绿色债券的一般标准。如在我国，绿色政府债券要符合有关主管部门发布的《绿色债券支持项目目录（2021年版）》中的标准。另一方面，符合政府债券的相关标准，即符合国债、地方政府债券包括发行、流通、使用和偿还等过程在内的管理标准。因此，在制定绿色政府债券标准时，首先考虑符合一般绿色债券的特征，如其募集的资金绝大部分要用于支持环境保护、环境治理、推广清洁能源、减少温室气体排放等方面。其次，绿色债券资金建设项目要符合政府投资项目的条件，即《政府投资条例》中所规定的克服市场失灵的投资项目。这些项目往往是企业和个人不愿，或者无力投资但又是经济社会发展不可缺少的项目，如水、大气、土壤污染治理，绿色交通，清洁能源，绿色农业，生态保护与建设，绿色基础设施建设等。鉴于目前国内外绿色债券标准已趋于成熟，我国颁布绿色政府债券标准，可采用由中国人民银行等三部门发布《绿色债券支持项目目录》的形式，便于具体操作。

7.1.2.2 债券资金用途规范

根据现行规定，政府发债用途被限定为仅可以支持公益性资本支出或者偿还政府债务，而不能用来满足经常性支出。地方政府在发行绿色债券时也要注意对这一规范的遵循。在地方政府标准体系的设计中，除明确绿色政府募集的资金只能用于具备社会公益属性的环境友好型绿色发展项目外，还要进一步明确绿色政府债券募集的资金，只能用于偿还政府为建设与发展绿色项目所欠下的政府债务，而不能用于偿还其他与之无关的地方政府债务。

7.1.2.3 信息披露标准

相较于普通债券而言,绿色政府债券要求的信息披露内容更为广泛,程度更高。鉴于此,绿色政府债券信息披露标准的制定与发展,在遵循政府债券信息披露有关的一般规定与要求的同时,也要参考和借鉴绿色债券信息披露的有关规定。

基于地方政府性债务公开制度,各地方政府要定期向社会公开绿色政府债券项目建设情况,自觉接受社会监督;财政部支持地方财政部门公开地方政府发行绿债的相关信息,除包括发行规模、发行方式、期限利率结构、账户信息、募集资金投向和使用情况以及等在内的债券项目基本信息外,还应包括绿色项目符合相关标准的说明,以及该绿色债券项目所能够产生的节能减排、低碳环保等环境效益目标,其应在省级地方财政部门、发行场所门户网站进行公开与披露。

地方政府在发行绿色债券时,应当要进一步披露绿色政府债券项目信息披露模板,利用表格直观展示项目的核心信息;具体披露模板表可以采用《关于启用地方政府新增专项债券项目信息披露模板的通知》(财办库〔2019〕364号)、中国银行间市场交易商协会公告〔2021〕10号文件和中市协发〔2021〕43号通知中的相关模板与文本规范。同时,地方财政部门应保证所披露的信息真实、准确、及时,要在不迟于绿色政府债券发行前5个工作日予以披露。而参与地方债发行的承销机构、信用评级和评估认证机构、登记托管和代理还本付息机构等中介机构,要对其所提供的信息承担责任。

在绿色政府债券存续期内,地方财政部门应不迟于信用评级和评估认证机构出具跟踪评级认证结果后5个工作日,公布相关跟踪评估报告。此外,地方各级财政部门要对绿色政府债券存续期信息公开工作给予督促和指导,应当规定使用绿色债券资金的部门不迟于每年4月底披露截至上年末绿色债券资金使用、绿色项目进展、项目收益及对应形成的资产情况;每年8月底披露本年度上半年募集资金使用、政府绿色债券对应项目进展、项目收益及对应形成的资产情况。

7.1.3 绿色政府债券评估认证制度

7.1.3.1 绿色政府债券评估认证内涵

根据《绿色债券评估认证行为指引（暂行）》（中国人民银行、中国证券监督管理委员会公告〔2017〕20号）可知，绿色债券评估认证是指评估认证机构对债券是否符合绿色债券的相关要求，实施评估、审查或认证程序，发表评估、审查或认证结论，并出具报告的过程和行为[①]。这一定义适用于市场上所有品种的绿色债券，绿色政府债券当然也包含其中，因此，这一以绿色债券评估认证为主题的指引性部门规章，对规范绿色政府债券的评估认证工作，推动绿色政府债券发展具有重要指导意义。

就绿色政府债券的认证模式而言，现如今国际上主要存在两种通用的绿色债券认证模式，即第二方意见（Second Opinion）和第三方认证（Third Party Verification）。前者是指绿色债券的发行方委托一家专业机构与其共同建立绿色债券架构，并基于这一架构对债券的绿色属性进行评估与认证；后者则是指绿色债券发行者将绿色债券评估认证工作交由具备资质的独立的第三方评估机构负责，其在进行绿色债券评估与认证时要遵循现行的相关标准。在国际绿色债券市场实践中，应用较为广泛的是第三方认证的模式。我国的相关政策性规范文件也强调了独立的第三方评估认证的重要作用，但当前国内绿色债券的第三方认证并非强制性的，仅是一种鼓励性支持。由此，绿色政府债券评估认证的内涵可以确定为：政府委托专业机构与其共建绿色政府债券架构，或者选择符合要求的独立的第三方评估机构，对绿色政府债券进行绿色属性评估与认证，并出具相关结论报告的过程和行为。

---

① 《绿色债券评估认证行为指引（暂行）》（中国人民银行、中国证券监督管理委员会公告〔2017〕第20号）。

7.1.3.2 绿色政府债券评估认证机构

国内已有一些机构开展了绿色债券认证或评估业务，积累了一些评估认证经验，可以继续依据相关规定与标准对绿色政府债券开展评估认证业务。当前，可承接第三方评估认证业务的机构主要包括审计机构（安永、德勤、普华永道和毕马威等）、信用评级机构（中债资信、联合赤道、穆迪、东方金诚、新世纪、中诚信、大公和中证鹏元等）、环境咨询机构（商道融绿、挪华威、中节能咨询、中节能衡准、联合赤道、中财绿融和必维等）。这些机构在绿色债券评估认证方面进行了与相关制度规范衔接的评估认证方法规则探索。例如，中债资信公司制定和发布了国内首个与《绿色债券支持项目目录》相衔接的《绿色债券评估认证方法体系》；安永会计师事务所自主开发了《绿色债券发行认证方法学》；联合赤道公司对绿色项目的绿色等级进行分类打分；穆迪公司将绿色债券评估划分为职能组织、募集资金用途、募集资金使用披露、募集资金管理和持续报告与披露等并分别赋予一定权重，并将绿色债券评估等级从 GB1（优）到 GB5（差）进行划分；中节能咨询有限公司制定了《绿色债券认证报告审批流程》《咨询及第三方认证质量管理办法》和《绿色债券认证操作流程暂行办法》等内控制度和工作流程；中财绿融咨询有限公司开发了《中国绿色债券评估文件》模板和一系列评估方法指南，形成了"发行主体＋债券项目"和"环境风险＋环境效益"的双评估框架，建立了环境信用风险跟踪系统。这些第三方认证机构设计的认证方法与规范，可以在其对绿色政府债券进行评估认证时加以参考和遵循。在对绿色政府债券进行评级认证时，评级认证机构要对绿色政府债券拟投向的项目进行合规性审查，包括项目绿色程度、预期的环境效益、项目可行性（包括对项目环境和社会风险的评估）等，符合要求的绿色政府债券才能够予以认证贴标。对于符合标准的绿色政府债券，经过资信评级，由评级机构给予相应的资信等级，供市场投资者参考。

7.1.3.3 绿色政府债券评估认证管理规范

结合《绿色债券评估认证行为指引（暂行）》和《地方政府债券信用评级管理暂行办法》中的有关规定，在绿色政府债券评估认证制度规范构建中，财政部可以作为绿色政府债券信用评级与评估认证业务管理部门，依据相关规定，在职责范围内对绿色政府债券信用评级和评估认证工作实施监管。地方财政部门则要依法依规选择合适的评估认证机构，并通过全国统一的地方政府债券信息公开平台、本单位门户网站、中国债券信息网等财政部指定网站及时公开选定的信用评级和评估认证机构。而相关评估认证机构要将绿色政府债券评估认证方法、流程、指标体系等向财政部报备，并在本机构网站上予以披露。同时，评估认证机构要遵循信用评级和评估认证行业自律规范，例如，绿色债券标准委员会发布的《绿色债券评估认证机构市场化评议操作细则（试行）》，有助于压实评估认证机构的责任，规范绿色政府债券发展。而对于在评估认证工作中存在违反规定、弄虚作假的情况，可以先由绿色债券标准委员会提请相关行业自律管理组织予以自律处分；情节严重的，再提请相关债券发行管理部门予以行政处罚，并由财政部通报中国人民银行、发展改革委、证监会等部门，健全守信联合激励和失信联合惩戒机制，推动协同监管。涉嫌违法犯罪的，移交司法机关。

7.2 我国绿色政府债券的资金管理

我国绿色政府债券尚处于起步阶段，第一单贴标绿色市政债券，也就是真正意义上的绿色政府债券最早出现于 2019 年，在此之前，绿色政府债券可以看作是指地方政府发行过资金用于生态环保领域的债券。现阶段，我国绿色政府债券基本上是以地方专项债的形式出现。所以，在进行绿色政府债券资金管理制度设计时，既要突出其债券资金使用的绿色属性限定，又要与地方政府专项债资金管理的一般制度规范相适配。

7.2.1 资金用途限定

根据地方政府债券的有关规定，绿色政府债券可以考虑分为绿色一般责任债券和绿色专项债券。对于绿色一般责任债券而言，其募集的资金主要用于一揽子绿色项目建设，适用于公益性强、收益较差的绿色项目；而绿色专项债券所筹集的资金则专门用于某一绿色项目建设，适用于具有稳定收入来源、收益性较高的绿色项目，应遵循市场化原则运行。

结合当前具体实践状况来看，以 2019 年发行的绿色政府专项债券为例，江西省赣江新区绿色市政专项债券、青海西宁绿色交通专项债券、天津市智慧绿色港口专项债券和甘肃省政府绿色生态产业发展专项债券系列等所募集的资金，均投向了助力当地改善生态与环境状况的工程项目，并由相关评估认证机构认定给予绿色贴标，以表明其具有的良好的环境效益。基于此，再参照国际经验，绿色政府债券发行所筹集的资金，必须严格限定其只能用于经符合资质要求的评估机构认证的、具有社会公益性的绿色项目建设，其比例至少达到投资总额的 85% 以上，主要用途应是为了改善当地环境状况及相关绿色基础设施改造与建设，涉及节能环保、清洁能源、绿色交通、绿色建筑等绿色领域。

7.2.2 资金使用偿还与监管

绿色政府债券作为政府债券的构成部分之一，其债券资金收支也应当纳入预算管理。就绿色一般责任债券而言，其债券资金可以纳入一般公共预算管理，主要通过一般公共预算收入进行还本付息，即以政府的税收及其他财政收入为担保；而对于绿色政府专项债券而言，其募集的资金则纳入政府性基金预算管理，除了依靠该项目收益作为主要还款来源以外，还能够以政府性基金收入作为偿债担保。绿色政府专项债的发行及使用要尽可能地遵循融资规模与其绿色项目收益维持平衡，债券资金跟着项目走的原则。

绿色政府专项债券可以探索建立统一的债券资金专户管理办法，对债券项目收入资金的接收、存储及划转等建立专账、设立专户，专门管理项目资金收入和安排还本付息资金。具体而言，对于通过市场化方式发行的绿色专项债券，同级财政部门可以在国库单一账户体系内为发行主体建立一个独立的专门账户，对整个债券存续期内所募集的资金进行管理，包括对绿色债券项目收入资金的存储、划转和本息偿付进行具体管理，保证资金专款专用，在债券存续期内能够全部用于改善当地环境状况的绿色产业项目。

此外，还应构建绿色政府债券资金使用统筹管理制度和债券资金溯源监控机制，严格监督债券资金使用情况。具体而言，绿色政府债券项目主管部门和项目建设单位要建立资金使用跟踪监测机制，对债券资金使用进度及绿色项目工程建设进展实施动态监控，以确保能够及时发现问题并进行纠正，同时还要告知同级财政部门。此外，财政部门可以借助信息化技术对绿色政府债券项目实施穿透式监管，地方财政部门应当跟踪绿色专项债券项目绿色目标的实现程度，对于存在"洗绿""漂绿"的项目要停止向其拨款，并进行追责，不断提高相关资金使用的合规性和有效性，确保绿色专项债券资金使用管理安全高效。

7.2.3 资金使用问责

按照有关规定，在绿色政府债券资金使用问责制度的构建过程中，绿色政府债券应当由财政部门负责统一领导和组织债券项目资金管理工作的开展，并对相关债券项目主管部门和项目建设单位的具体债券资金管理工作进行督促、指导和监督检查。项目主管部门主要承担绿色项目发起、准备、审核入库、发行及后续资金管理等各个方面的配合管理工作，尤其要确保债券项目的绿色属性。同时，项目建设单位及其主管部门对绿色政府专项债券的资金绩效目标达成程度实施监控，负责对可能发生的问题进行纠正，并向同级财政部门进行报告，以切实提升资金使用效益。比如监督项目建设进度，做好资金缺口协调安排工作，并及时上报财政部门，以保障债券款项的及时支付，确保绿色项目建设如期高质完工。

绿色政府债券资金的配置使用责任，应当压实到绿色项目负责人、财政部门负责人以及政府主管领导身上，可以创建一个由本级政府主要行政领导统管的绿色政府债券指导小组，负责绿色债券资金的统筹使用及分配。当相关责任主体发生债券资金使用违法违规行为时，绿色项目的具体负责人与领导者需要承担相应比例的经济责任；同时，减少或取消当地政府下一年度绿色政府债券增量额度，以及禁止若干年内申报绿色政府债券发行资格。严格落实绿色政府债券资金使用责任追究制度和干部问责制，如发现挪用绿色政府债券资金、申报项目把关不严、假报资金项目进度、项目未达到预期的绩效目标而导致资金浪费且未实现预期的环境效益而造成"漂绿"等现象，立即追究相关单位、机构与个人的责任，给予失信惩戒并严肃惩处，有效规避地方政府假借绿色债券的名义，利用绿色通道之便发行债券，筹集的资金却用于与绿色产业不甚相关的"漂绿"行为的发生。

7.3 我国绿色政府债券的发行

2015 年，中共中央、国务院的颁行的《生态文明体制改革总体方案》，为我国绿色政府债券的发行确立了顶层设计，提出了构建绿色金融体系的目标要求，研究绿色政府债券的发行制度。2016 年，中国人民银行、财政部等 7 部门发布的《关于构建绿色金融体系的指导意见》进一步对我国绿色金融体系及绿色债券发行制度的完善提出了具体要求，为我国绿色政府债券发行的制度设计提供了构建与完善方向。此外，主管部委及证券监管机构的有关绿色债券的制度规范，还就国际公认的较为重要的有关绿色债券发行的通行规则，进行了原则性的体现，比如信息披露制度和鼓励第三方机构的专业认证制度，这些都为绿色政府债券发行制度框架体系的构建提供了重要借鉴。

7.3.1 绿色政府债券发行主体确认

绿色政府债券的发行主体应为县级以上各级政府，即既包括中央政府，也包括地方政府，由其负责发行绿色债券并承担债券还本付息的责任。而对于省级以下的市县级政府发债，则由省级政府代为发行，所筹集的资金投向于特定的绿色政府项目，在项目建成投入运营后，收入上解省级政府专项用于偿还债券本息。此外，可以基于"谁融资、谁举债、谁偿还"的原则探索发行绿色政府债券，在条件成熟时，由绿色项目的实际建设运营政府发行，即将绿色政府债券的发行主体拓展为具备条件的省、自治区、直辖市及其他市县级基层政府。同时，绿色政府债券的发行规模应由发行主体在国务院批准的限额内，综合考虑绿色项目建设、运营、回收周期和债券市场状况等因素后合理确定。

7.3.2 绿色政府债券发行方式和期限结构

针对绿色政府债券的发行方式，绿色政府债券作为政府债券的新品类，可以采用公开发行的方式，就其具体的招标方式而言，可以采取弹性招标方式。根据法律法规规定，绿色政府债券的发行利率确定应符合市场机制，由市场当前的行情来确定。就发行期限结构而言，绿色项目的建设周期往往跨度较大，具有建成所需时间长，项目收费投资成本回收期长等特征，加之传统的银行贷款期限较短，存在期限错配问题。因此，为加快推进绿色环保、低碳节能的可持续发展模式的构建，绿色政府债券的发行十分必要。绿色政府债券的发行期限设计可以适当延长至 15—30 年，地方政府可以通过发行具有较长周期的绿色专项债券，以支持环境改善重大工程的建设与发展，并使绿色政府债券偿还期限与绿色项目收益回收周期相适配。绿色政府债券的发行有效地发挥了资金融通功能，为绿色项目的较长周期的低成本融资提供了解决方案，助力经济实现绿色低碳转型，激发增长潜力。

7.3.3 绿色政府债券发行管理工作

7.3.3.1 绿色政府债券信用评级

信用评级是债券发行的重要环节，绿色政府债券的发行同样也要择优选择评级机构开展信用评级工作。拥有债券市场评级资格的信用评级机构基于地方财政部门提供的有关地方财政信息和债券项目信息等评级资料、实地调查收集的信息，以及数据分析，对绿色政府债券进行评级。在首次评级之后，还可于债券存续期期间定期开展跟踪评级，所有评级结果都有信用评级机构以报告的形式向社会公开，评级费用由地方政府承担。我国目前现有的国内资信评级机构和在我国开展业务的境外评级机构，基本能够满足绿色政府债券评级的需要。

7.3.3.2 绿色政府债券项目合规与筛选认证

相较于普通政府债券信用评级而言，绿色政府债券的发行在进行信用评级的同时，还要进行绿色认证，客观准确地评估其绿色属性和信用水平，为相关投资主体和监管部门提供准确、有效的信息。募集资金投向是绿色债券与其他债券的本质区别。在募集资金投向上必须符合绿色项目界定标准与规范，确保债券募集资金真正用于绿色项目。因此，政府在发行绿色债券时，要经过具备资质的评估认证机构对绿色政府债券拟投向的项目进行合规性的筛选与认证，考虑的认证要素主要包括项目绿色程度、预期的环境效益、项目可行性（包括对项目环境和社会风险的评估）等，每个要素之下可以由有资质且经验丰富的评估认证机构设立具体的可衡量的指标，符合要求的绿色政府债券才能够得以发行。在债券发行后，相关评估认证机构要继续对绿色项目建设与实施状况进行跟踪评估认证，保证其绿色属性，从而为绿色政府债券发行增信。

7.3.3.3 绿色政府债券信息披露

对于发行绿色债券的政府而言，其GDP、财政状况、发债规模和期限等都须进行公开与披露；同时，还要公开在绿色政府债券的信用评级、绿色认证报告，以及对投资者作出购买决策有重大影响的其他信息，在债券存续期期间内的相关债券资金使用情况、项目建设进度、项目收益与融资平衡方案等，也要予以及时、准确地披露，各财政部门、主管单位及机构要对披露内容承担责任。

此外，政府在发行绿色债券时，要进一步加强信息披露要求，对募投项目的信息披露要包括绿色产业项目基本信息、绿色产业项目贷款信息，以及绿色产业项目的收益情况；定期披露募集资金使用情况报告，确定资金使用计划完成进度；定期向市场披露由独立的专业评估或认证机构出具的评估意见或认证报告，对政府绿色债券支持的绿色产业项目建设进展，以及产生的环境效益等进行持续地跟踪评估；对于地方政府专项绿色债券，即募投项目具有一定营利性质的，可定期披露募投项目上年度的收益情况等。

总之，绿色政府债券信息披露，应当注重制定详细的定期披露募集资金使用情况的计划、在债券存续期内提供详细且及时更新的项目报告、对募集资金用途监管，以及对绿色项目有重大影响事件及时披露、经第三方机构评估认证的环境效益等。如果存在预期环境效益未达成的情况，还应该对预期环境效益与实际环境效益的差异，作出定量或定性的说明并由发债部门进行披露，同时可以将其纳入政府债券绩效评价范围，助力绿色政府债券的有序发行。

7.3.3.4 绿色政府债券发行管理职责

我国绿色政府债券发行过程中涉及的主要主体有财政部门、发展改革部门、审计机构、项目实施机构、项目主管部门、信用评级和评估认证机构以及投资者等。财政部门负责统筹绿色政府债券的发行管理工作。项目实施单位负责在发债前制定具体的绿色债券募投项目计划，然后经过信用评级和绿色认证（相关信用评级和认证机构负责），确定其符合绿色政府债券标准并进行绿色贴标，形成绿色政府债券项目库。发展改革部门则负责政府绿色债券项目的审批工作，审批通过后，绿色政府债券才能够得到顺利发行。而审计部门则负责地方绿色政府债务的审计工作，助益绿色债券资金使用效益的切实提升。项目主管部门则对项目资金的使用情况、项目收益情况进行评定，并将评定的结果向财政部门汇报由其向社会公示，以便投资主体了解信息。

7.4 我国绿色政府债券的流通

作为绿色债券市场中的一类券种，我国绿色政府债券的流通依赖于绿色债券流通市场。近年来，在绿色发展理念的推动下，我国绿色政府债券市场取得了长足的发展，但相较于债券市场整体而言，存量规模仍然较小，交易也并不活跃，因此，要提高加快我国绿色政府债券的流通，提高绿色政府债券市场活力。

7.4.1 逐步建立标准统一、多层次、多元化的国内国外绿色政府债券交易市场

目前，我国绿色政府债券流通面临国内交易子市场分割、国内国外交

易市场分割两种阻碍。

  首先，国内债券交易子市场分割。我国债券的流通市场，又称为债券二级市场，指已发行债券买卖转让的市场。根据市场组织形式，可以分为场内交易市场和场外交易市场。目前，我国债券流通市场主要由银行间交易市场、交易所市场和银行柜台交易市场三个子市场组成。证券交易所市场，通常也称为场内市场，是专门进行证券买卖的场所，具有高度的组织形式和严格的交易规则。在我国通常指上海证券交易所和深圳证券交易所，以及北京证券交易所。债券在交易所挂牌交易，需要经过管理部门严格的审核和批准，并采用公开竞价的方式进行交易。相较于场内交易市场，场外交易市场包括银行间交易市场和柜台交易市场，债券交易条件较为宽松，通常采用询价模式进行交易。由于子市场间交易规则和定价模式存在显著差异，限制了市场参与者在不同特征市场间的选择，导致了我国债券子市场的分割，制约了绿色政府债券的流动，根据2020年气候债券倡议组织等发布的《中国绿色债券市场2019研究报告》，2019年我国绿色债券，约62%流通于银行间债券市场，33%流通于证券交易所市场。

  其次，国内国外债券交易市场分割。国内外绿色债券标准在倡导绿色、可持续发展方面的宗旨是一致的，在宏观层面具有很高的重合度，但是由于国内外在引导绿色投融资活动的目标侧重有所不同，导致绿色投资项目界定层面存在部分差异。根据《中国绿色债券市场2019研究报告》统计数据，2019年，我国有460亿元人民币的绿色债券投向了未被纳入气候债券倡议协会定义的项目。国内外绿色债券界定标准差异，限制了部分境外投资资本在我国绿色债券市场中的投资，降低了绿色债券市场的活力。因此，要激发绿色政府债券的流动性，应加快建设统一、规范的绿色政府债券标准和认证体系，完善绿色债券发行与定价机制，逐步建立标准统一、多层次、多元化的国内国外绿色政府债券交易市场。

7.4.2 丰富绿色政府债券期限品种结构，满足投资者的多种市场需求

投资者的风险厌恶程度，体现在对收益率曲线上不同位置债券品种的偏好，风险厌恶程度较高的投资者多选择短期品种，风险厌恶程度低的投资者多选择期限较长的品种。目前，我国政府发行的绿色债券主要以中长期为主，债券品种结构单一、规模庞大，如2019年江西省赣江新区发行的绿色市政专项债，债券期限30年，发行规模3亿元；2020年广东省发行"20广东债62"，债券期限10年。[①] 发行期限较长、发行规模较大，导致绿色政府债券的流通局限于机构投资者等大型资金主体。

丰富绿色政府债券期限品种结构，鼓励地方政府根据现金流情况设计绿色政府债券偿还周期，不仅能够降低政府一次性偿还压力，实现项目收益与融资成本自求平衡，还可以从不同程度上满足投资者的多种需求。对于风险偏好较低的投资主体，可以选择期限较短、收益率较低的券种，以实现其资产的保值需求；对于风险偏好较高的投资主体，可以选择期限较长、收益率较高的券种，以实现资产的投资需求。此外，丰富的债券期限品种结构，还有利于投资者实现在不同品种上的投资转换需求，进而吸引社保基金、保险等长期资金进入绿色政府债券投资市场，提高资金的稳定性，激发债券市场活力，加快绿色政府债券的流通。

7.4.3 完善回购市场和衍生工具市场的功能，提高绿色政府债券现货市场能力

回购市场和衍生工具市场的运行，将为交易商提工具，因而可以提高绿色政府债券现货市场的功能，促进流动性。当前，我国绿色政府债券市

---

① 数据来源：中国金融信息网，http://greenfinance.xinhua08.com/zt/database/glgd.shtml。

场仍处于起步阶段，市场体制机制不完善，存在各种各样的不确定性，回购市场及衍生工具市场能够为投资者提供风险管理工具，如期货和远期合约等，有利增强投资者的投资信心，促进二级市场的流动性。

7.4.4　加快建设绿色政府债券发行和流通相关的、可持续的、透明的法律和监管框架

近年来，银保监会、中国人民银行等相关监管机构出台了一系列相关绿色金融的指引性文件，这些政策为规范我国绿色债券市场的运行，促进我国绿色债券市场健康、可持续发展发挥了很重要的作用，但目前还存在不少的问题，如非贴标绿色债券、"洗绿"现象等，这对我国绿色政府债券市场的发展造成了阻碍。因而需要加快建立绿色政府债券融资和二级市场发展相关的、可持续的、透明的法律和监管框架，包括绿色政府债券的定义与评定，相关募集资金用途，债券结构的规定和还款的职责，债券发行和定价模式，信息披露机制，信用评级及增信，清算和结算平台等。

7.5　我国绿色政府债券项目的还本付息与绩效评价

7.5.1　我国绿色政府债券项目的还本付息

我国目前市场中流通的绿色政府债券具有明显的专项债券特征，以地方政府为发行主体，以项目收益为基础，债券与项目资产、收益相对应，适用现有专项债券还本付息相关政策。此外，对于我国绿色政府债券存在发行周期普遍较长、项目具有一定的公益性、绿色标准认定存疑等特征，

在构建我国绿色政府债券项目的还本付息机制时应侧重关注。

7.5.1.1 建立绿色政府债券发行资金和运营管理机制

绿色政府债券通常用于节能减排、环境保护等项目，分为一般绿色债券和专项绿色债券。对专项绿色债券而言，在债券发行和运营管理过程中，需要重视融资规模与项目收益之间的平衡性。在政策具体操作执行层面，应加快绿色项目标准认定、绿色资金规范使用，以及绿色项目运营管理等机制建立。

首先，建立绿色政府债券项目审核认定机制。专项绿色债券项目要保证绿色政府债券偿还，必须确保项目相关收益能够与债券还本付息规模相平衡。因此，在绿色政府债券发行阶段，项目单位必须客观评估绿色政府债券申报项目预期收益与资产价值，科学合理编制预期收益与融资平衡方案；财政部应组织生态环保、自然资源等相关职能部门，严格按照绿色债券评定标准，甄别"绿色"和"洗绿"项目，避免策划包装"绿色"政府债券项目等行为；财政部门应加强对项目建设资金和还款来源的合理性、项目收入实现路径的可行性的审核。

其次，建立绿色政府债券项目资金运营监督机制。绿色政府债券项目通常投向清洁交通、污染防治等项目，项目收益周期普遍较长，因此，在资金运营阶段，需要建立资金长效监督机制，以确保绿色项目资金及时规范使用。财政部门必须及时拨付项目资金，项目单位必须严格按照项目进程及时支付相关工程款项；项目结束后必须及时进行决算结算，避免形成"滞留资金"；强化监督绿色政府债券资金实际使用情况，严禁截留、挪用、变更项目资金；强化监督绿色政府债券资金资本性支出和经营性支出比例，保证资金至少70%以上的募集资金应投向绿色领域[①]；强化债券的绿色资质信息披露，包括对募集资金用途的类别定义进行说明、对项目目

---

① 上海证券交易所. 上海证券交易所公司债券融资监管问答（一）——绿色公司债券 [EB], 2018.

标或效益进行解释说明、确认募集资金没有投向化石燃料发电或相关技术。

7.5.1.2 构建绿色政府债券收益监管机制

虽然绿色政府债券具有公益性，但对于部分绿色项目，特别是基础设施类项目建设周期相对较长的项目，建成后可形成持续稳定收入。因此，必须加强债券项目资金监管，要确保债务到期时能够及时履行还本付息责任。首先，建立绿色政府债券项目收益归集账户管理机制。设立政府性绿色发展基金，严格按照《中华人民共和国预算法》《国务院关于加强政府性债务管理的意见》（国发〔2014〕43号）、《财政部关于印发〈2015年地方政府专项债券预算管理办法〉的通知》（财预〔2015〕32号）等相关规定，足额并及时地将项目运营形成的政府性基金收入和专项收入缴入国库，保障债券项目还本付息能力。其次，对于绿色政府债券项目运营形成的专项收入，由项目单位设立资金监管账户进行归集管理，实行专账管理制度，对项目收支进行专账核算。最后，建立绿色政府债券项目资金运营监督管理机制。应明确绿色政府债券项目主体责任，加强日常运营的严格监管，监督项目收入、支出、还本付息等信息披露，自觉接受相关部门及社会公众的外部监督。针对绿色债券项目周期普遍较长的特征，建立项目移交机制，确保不同管理主体任期内，绿色政府债务偿还的可持续性。

7.5.1.3 构建绿色政府债券债务偿还机制

在保障绿色政府债券项目收益实现和监管的前提基础上，构建灵活债务偿还机制和风险处置机制，保证绿色政府债务的还本付息。

首先，建立绿色政府债券灵活偿还机制。绿色政府债券偿还机制可参考现有地方专项债券偿还机制。根据《中共中央办公厅 国务院办公厅〈关于做好地方政府专项债券发行及项目配套融资工作的通知〉》（厅字〔2019〕33号）、《关于进一步做好地方政府债券发行工作的意见》（财库〔2020〕36号）等相关政策，政府财政部门应当统筹考虑收益率曲线建设、项目期限、融资成本、到期债务分布、投资者需求等因素科学设计债券期限，允许结合实际情况，采取到期还本、提前还本、分年还本等不同还本方式。

其次，建立绿色政府债券预警监管机制。加强绿色项目和绿色资金信息披露，采用动态监测预警机制，组织发展改革、生态环保、自然资源等相关职能部门或第三方机构对绿色政府债券项目的绿色效益进行评价，协助监管部门对债券项目的偿付评价。

最后，建立绿色政府债券应急风险处置机制。针对绿色政府债券项目收益滞后实现等现象，可允许项目期限内接续发行绿色政府债券进行偿还，但必须进行严格的财务审计、项目再审核等相关检查，加强财政部门、审计部门以及市场监督部门对后续项目的监管力度，确保项目收益在债券接续期限内实现从而保证还本付息。严格问责管理制度，明确绿色政府债券项目责任主体，严格按照倒查责任，终身追责，强化债务偿还责任。

7.5.2 我国绿色政府债券项目绩效评价

2018 年 9 月中共中央、国务院《关于全面实施预算绩效管理的意见》（中发〔2018〕34 号）明确提出，力争用 3—5 年时间基本建成全方位、全过程、全覆盖的预算绩效管理体系，并要求将绩效管理延伸至政府投融资活动。作为全面实施预算绩效管理的重要组成部分，政府绿色债券绩效管理应包括项目相关主体、覆盖债券资金运行（"借、用、管、还"）全过程，以及债券项目全生命周期，建立事前、事中、事后有机衔接的绩效管理体系，以实现合规、有效和高效的绿色政府债券绩效管理。

7.5.2.1 制定统一的绿色政府债券绩效评估体系和标准

当前，我国绿色政府债券以第三方认证为主，绿色属性的判定主要依据各部门公布的指导意见以及绿色债券支持项目目录等文件，缺乏对绿色政府债券项目统一的系统性评估方法和标准。因此，要实施绿色政府债券绩效管理，首先应制定统一的绿色政府债券评估方法体系和标准，定量评估项目的环境成本，包括能源消耗、环境排放、生态保护、节能减排等，对债券项目生态环境效益进行认定，并依据"绿色程度"进行等级划分，有助于债券项目申报审核的同时，防治项目申报主体变相模糊标注，杜绝非绿色项目包装成绿色政府债券融资等"洗绿"行为。

在进行债券项目生态环境效益认定，划分"绿色"等级，可引入生命周期评价方法（Life Cycle Assessment，LCA），LCA 法指"对一个产品系统的生命周期中输入、输出及其潜在环境影响的汇编和评价"[①]，绿色政府债券项目通常会涉及污染物在产业链或污染类别中的转移问题，如清洁能源代替化石能源减少某类污染物排放的同时，增加了另一类污染物的排放，因此，在评价绿色项目的生态环境时应基于全过程、全功能、全方位的角度进行综合评估，运用 LCA 方法量化绿色政府债券项目的各种产品和技术改进方案的环境效益，披露绿色政府债券的"绿色程度"，可以为投资者和政府监管部门提供科学、公认、标准的量化依据。

7.5.2.2 构建绿色政府债券项目绩效目标体系

绩效目标与评价指标是绩效评价的关键点，是开展绿色政府债券项目绩效运行监控和绩效评价的重要基础和依据，应清晰反应绿色政府债券资金的预期产出和效果，并进行量化处理。政府发行绿色政府债券的出发点是实现绿色、可持续发展，因此，在构建绩效目标体系应纳入对污染物排放量、资源的利用效率、环境的改善程度、生态环境效益等"绿色"相关指标，并从数量、质量、实效、成本等方面进行细化。此外，还应反映绿色债券项目偿债资金来源、融资与项目收益平衡等指标，确保政府偿债能力是政府融资的前提基础。

---

① 定义来源：ISO14040-1999 环境管理生命周期评价原则。

7.5.2.3 构建绿色政府债券项目绩效运行监控机制

绿色政府债券项目绩效运行监控包括两部分：项目资金的预算执行情况和绩效目标的实现程度。对于项目资金的预算执行情况，项目主管部门应对照项目绩效目标，通过项目追踪、审计核查、实地调研等方式，对项目施工进度、资金管理情况、预算执行情况、信息披露情况等进行评价。对于绩效目标实现情况，应对照债券项目实际执行情况进行核查，对于偏离绩效目标设定或项目资金使用不规范等现象，进行及时纠正，提高政府绿色债券项目绩效。

7.5.2.4 构建绿色政府债券绩效评价和结果应用机制

绩效评价和结果应用是政府绩效评价工作的关键一环，既体现了绩效评价结果的价值，也体现了绩效评价的约束力。首先，绩效评价指标。政府专项债券绩效评价指标体系构建时往往包括融资与项目收益平衡、项目投入与产出、偿债资金来源、债券风险防控等内容，对于绿色政府债券项目还应纳入反映生态环境保护或污染治理等相关指标。其次，适当引入专业第三方。通常在年度预算执行完毕后，项目实施单位需要对照批复的项目绩效目标，开展项目绩效自评，对于绿色政府债券项目还应适时引入专业第三方，如环境检测机构、环保部门等，对生态环境效益进行评价，并纳入项目单位自评结果。最后，绩效评价结果应用。将绿色政府债券项目绩效评价结果与专项债券限额合理挂钩，以绩效管理评价结果作为政府预算安排、投资计划调整的依据，对债券项目绩效评价较差或者存在违规、违法使用绩效资金的项目主体，应削减或取消主体举债融资的额度。将绿色政府债券绩效评价结果与官员政绩合理挂钩，绿色政府债券项目周期较长，通常无法在相关责任人任期内完成项目建设，因此，可实行终身责任制，防止由于相关负责人换届等不确定因素，导致债券项目出现停滞、偏离预算等违法、违规行为。

第 8 章
我国绿色政府债券制度法制建设

绿色债券与普通债券的最大区别在于其"绿色"属性。为了保证绿色债券确实用于环境保护和减缓气候变化等绿色项目，绿色债券在透明度的要求上比普通债券更高。为此，围绕债券募集资金的用途、绿色项目的评估与选择程序、募集资金的跟踪管理，以及绿色收益和融资使用情况的公开等，成为绿色政府债券相关法律制度重点规范的内容。

8.1 我国绿色政府债券规章制度建设

自2015年中共中央、国务院发布《生态文明体制改革总体方案》以来，为促进中国绿色债券市场的快速发展，中国人民银行、发改委等多部门出台文件，对绿色债券进行了规范，同时明确了鼓励绿色金融债券发行的优惠政策等。

8.1.1 《生态文明体制改革总体方案》及中国人民银行有关事宜的公告

2015年9月21日，中共中央、国务院发布了《生态文明体制改革总体方案》（以下简称《方案》），首次明确提出了建立中国绿色金融体系的顶层设计，鼓励对绿色信贷资产实行证券化，并将发展绿色债券市场作为其中的一项重要内容。

为贯彻落实《方案》，推动我国绿色金融债券市场的快速发展，2015年12月22日，中国人民银行发布了《有关银行间债券市场发行绿色金融债券有关事宜的公告》（中国人民银行公告〔2015〕第39号），鼓励政府相关部门和地方政府出台优惠政策措施支持绿色金融债券发展。鼓励各类金融机构和证券投资基金及其他投资性计划、社会保障基金、企业年金、社会公益基金等机构投资者投资绿色金融债券。该公告对绿色金融债券作出了明确界定，同时就发行人资质、申请及备案材料、发行方式及其管理、募集资金投向、存续期间资金管理、信息披露、独立机构评估或认证、业务办理等进行了引导和规范。强调募集资金只能用于支持绿色产业项目。发行人可按照公告所附的目录筛选项目，也可参考其他的绿色项目界定标准。该公告的发布标志着中国绿色债券市场的正式启动。绿色债券市场可为金融机构和绿色企业提供一个新的、较低成本融资渠道。发行绿色金融债将有助于缓解银行期限错配的问题，提升其中长期绿色信贷的投放能力。

8.1.2 国家发改委印发《绿色债券发行指引》

为进一步贯彻落实《方案》精神，积极发挥企业债券融资对促进绿色发展、推动节能减排、解决突出环境问题、应对气候变化、发展节能环保产业等支持作用，引导和鼓励社会投入，助力经济结构调整优化和发展方式加快转变，国家发展改革委印发了《绿色债券发行指引》（发改办财金〔2015〕3504号），就现阶段企业发行绿色债券的适用范围和支持重点、绿色债券发行的审核要求及程序等作出了原则性规定。同时，进一步明确了国家鼓励企业发行绿色债券的相关政策。如，要求地方政府积极引导社会资本参与绿色项目建设，鼓励地方政府通过投资补助、担保补贴、债券贴息、基金注资等多种方式，支持绿色债券发行和绿色项目实施，稳步扩大直接融资比重；推动绿色项目采取"债贷组合"增信方式，鼓励商业银行进行债券和贷款统筹管理；积极开展债券品种创新，支持符合条件的股权投资企业、绿色投资基金发行绿色债券，专项用于投资绿色项目建设；支持符合条件的绿色投资基金的股东或有限合伙人发行绿色债券，扩大绿色投资基金资本规模。《绿色债券发行指引》作为有关企业发行绿色债券的指导性意见，为构建中国完整的绿色债券市场奠定了基础。

8.1.3 年度《绿色债券支持项目目录》的发布

为保证绿色债券市场健康、规范发展,中国金融学会绿色金融专业委员会于 2015 年 12 月 22 日发布了《绿色债券支持项目目录(2015 年版)》(以下简称《目录》),以规范绿色产业项目的范围。这是我国第一份关于绿色债券界定与分类的文件,就绿色债券审批与注册、绿色债券资金用途范围、第三方绿色债券评估、绿色债券评级和相关信息披露等作出规定。该《目录》参照了产业和环境政策的原则与相关技术标准,基于项目环境效益的显著性等因素,对绿色债券支持项目进行了比较细致的界定与分类。《目录》共包含节能、污染防治、资源节约与循环利用、清洁交通、清洁能源、生态保护和适应气候变化等 6 大类、31 小类环境效益显著项目及其解释说明和界定条件。该《目录》每年发布一次,根据国家产业技术发展以及政策、标准的变化及时更新、动态调整。同时,充分参考国际惯例和标准,尽可能实现与国际接轨,为推动绿色金融领域的国际合作提供便利。

8.1.4 《关于构建绿色金融体系的指导意见》

2016 年 8 月,中国人民银行联合发展改革委、财政部等七部门出台《关于构建绿色金融体系的指导意见》(以下简称《意见》),明确提出通过绿色信贷、绿色债券、绿色股票指数和相关产品、绿色发展基金、绿色保险、碳金融等金融工具和相关政策支持经济向绿色化转型的制度安排。《意见》首次明确提出实施绿色信贷资产证券化,充分利用创新性绿色金融工具来协调生态与金融的关系,以促进银行业的良性发展。同时动员和激励更多社会资本投入到绿色产业,有效地抑制污染性投资。《意见》提出推动开展绿色金融国际合作,稳妥推动绿色证券市场双向开放,支持我国金融机构和企业到境外发行绿色债券。充分利用双边和多边合作机制,引导国际资金投资于我国的绿色债券、绿色股票和其他绿色金融资产。支持国际金融组织和跨国公司在境内发行绿色债券、开展绿色投资；鼓励和支持我国金融机构、非金融企业和我国参与的多边开发性机构在"一带一路"和其他对外投资项目中使用绿色债券等绿色融资工具筹集资金，推动提升对外投资绿色水平。

8.1.5 有关发行绿色专项债的规定

有关发行绿色专项债的规定主要见于规范地方政府专项债券等相关文件中。

2019年以来，随着地方政府专项债券的发行，部分省份尝试将政府专项债用于绿色债券支持项目领域，即发行绿色市政专项债。如，2019年江西省赣江新区绿色市政专项债券是以赣江新区儒乐湖新城综合管廊建设项目为发行标的，发行总额为12.5亿元，期限30年，发行利率4.11%，募集资金主要用于赣江新区地下管廊建设。这也成为我国首单绿色市政专项债。2020年珠江三角洲水资源配置工程专项债券（绿色债券），发行金额人民币27亿元，期限10年，发行利率为2.88%。募集资金全部注入广东粤海珠三角供水有限公司，用于珠江三角洲水资源配置工程项目建设。该期绿色专项债不仅是广东省政府发行的首支绿色政府专项债券，也是全国水资源领域的首支绿色政府专项债券。

2021年2月财政部办公厅、国家发展改革委办公厅联合下发了《关于梳理2021年新增专项债券项目资金需求的通知》中，要求2021年新增专项债券重点用于交通基础设施、能源项目、农林水利、生态环保项目、社会事业、城乡冷链物流设施、市政和产业园区基础设施，国家重大战略项目，保障性安居工程等领域。其中能源项目、生态环保项目、市政和产业园区基础设施等领域符合《绿色债券支持项目目录（2015年版）》对绿色债券认定和资金投向上的有关规定，同时也被列入《绿色债券支持项目目录（2021年版）》中。可见，绿色债券与地方政府专项债重点支持领域存在一定的拟合度。具体来看，专项债券重点投资的能源项目领域，包含绿色债券中节能减排技术改造、绿色城镇化、能源清洁高效利用、新能源开发利用、节能环保等项目；生态环保领域包含污染防治、生态农林、低碳产业、生态文明先行示范试验和低碳发展试点示范项目；市政和产业园区基础设施领域包含绿色城镇化和循环经济发展项目。上述通知的发布表明，国家从政策上引导地方政府发行多种符合绿色债券支持类型的专项债券，以进一步优化新增专项债资金投向。这是因为，绿色项目往往具有建设周期长、投资回收期长等特点，传统的银行贷款期限较短，存在期限错配问题。而绿色专项债的发行则有效地发挥了资金融通功能，可以为绿色项目提供长期低成本融资解决方案。可以预期，随着专项债券市场的发展和种类的创新，绿色专项债将会有更大的发展空间。

8.2 我国绿色政府债券法律制度的发展

如前所述，绿色政府债券在新型绿色金融市场的兴起，已引起国家高度重视，相关绿色政府债券顶层设计应当提上日程。结合中共中央、国务院颁行的《生态文明体制改革总体方案》以及中国人民银行、财政部等七部门制定发布的《关于构建绿色金融体系的指导意见》中对我国绿色金融体系和相关债券制度建立与完善的指导方向，需着手开展我国绿色政府债券相关顶层设计工作。具体而言，在推进绿色政府债券法制建设进程中，以《中华人民共和国预算法》和《中华人民共和国证券法》为基本法律遵循，相关主管部委及证券监管机构制定并发布相关部门法规制度，结合交易所制度作为细化和补充，形成多层次的绿色政府债券发行的法律体系框架，从而使绿色政府债券发行及其监管基本做到有法可依。

8.2.1 修改《预算法》及《预算法实施条例》

现行《预算法》是我国财政领域的基本法律制度，绿色政府债券的发展，需要纳入《预算法》管理的轨道。因而对《预算法》及《预算法实施条例》做相应的修改，明确在国债及地方政府债券中增加绿色债券种类，并将绿色政府债券分为一般绿色债券和专项绿色债券。一般绿色债券用于没有直接收益的绿色项目建设，其收支纳入一般公共预算管理，作为还本付息的资金来源。专项绿色债券用于有一定收益的绿色项目建设，其还本付息的来源是项目收益，其收支纳入政府性基金预算管理。这样，《预算法》及《预算法实施条例》就成为绿色政府债券发展的基本法律依据。

8.2.2 建立《绿色政府债券管理办法》

为了在现有国债管理制度、地方政府债券管理和绿色债券管理制度的基础上，进一步指导、规范绿色政府债券发展，需要建立专门的《绿色政府债券管理办法》，由国务院或者财政部发布执行，重点规范以下内容：

8.2.2.1 绿色政府债券定义

明确规定绿色政府债券，是由各级政府发行的，主要用于环境保护、节能减排、生态修复、资源有效利用等绿色发展项目的债券，主要目的是实现国家资源环境与经济社会的可持续发展。绿色政府债券，是国家公共债务的一部分。

8.2.2.2 绿色政府债券分类

绿色政府债券可按照不同标准进行分类，以满足对其管理的需要。按照行政级别，绿色政府债券可分为绿色国债与绿色地方政府债券。绿色国债是指由中央政府发行的绿色债券，也称之为主权绿色债券；绿色地方政府债券是指由地方政府发行的绿色债券。按偿还资金来源，绿色政府债券可分为一般绿色债券和专项绿色债券。一般绿色债券用于没有直接收入来源的绿色项目投资，其还本付息由政府正常税费收入偿还。专项绿色债券用于有一定收益的绿色投资项目，其还本付息的来源是项目产生的收益。按照期限来划分，绿色政府债券可分为短期绿色政府债券、中期绿色政府债券和长期绿色政府债券。短期绿色政府债券一般是指一年期以内的债券，中期绿色政府债券是指两年到十年以内的债券，长期绿色政府债券是指十年期以上的债券。

8.2.2.3 绿色政府债券标准

绿色政府债券标准包含两层含义：第一，绿色政府债券必须符合政府债券的标准；第二，绿色政府债券必须符合绿色债券的标准。作为政府债券，其投资的方向符合《政府投资条例》的规定，即重点投向企业和个人不愿意投资、不能投资的领域，也就是存在市场失灵的领域。而符合绿色债券标准，就要求债券使用的方向为保护环境、节约资源等绿色发展领域，和一般绿色债券有重合的地方。

8.2.2.4 绿色政府债券认证及评级

按照国际惯例，绿色政府债券采用第三方认证的方式，可以进一步地增加社会对债券的认可程度，有利于绿色债券的发行、流通。第三方机构认证可以发挥对绿色债券的鉴证、风险提示作用，也能够发挥要求债券发行人按规范使用债券资金的约束功能。第三方机构在认证的过程中，也要对其行为承担相应的法律和社会责任，不得弄虚作假，出具不符合绿色标准的认证。对绿色证券的评级，除考虑其绿色特征外，也按一般债券的要求，对其自信水平、所面临的市场风险进行评价和鉴证，为投资者提供有价值的参考。

8.2.2.5 绿色政府债券使用

绿色政府债券使用,要严格遵守绿色债券资金的使用范围,不得挪用,或者降低绿色发展的成分,出现所谓的"洗绿""飘绿"等现象。一方面,通过制度规范,加强对绿色债券建设项目的监督,防止其出现偏离资金使用范围的现象,对于违法违规的建设单位,及时给予相应的处罚,保证债券资金达到预期的建设目标,实现绿色发展;另一方面,通过债券项目相应的信息披露,包括在建设、运营期间的信息披露,接受社会监督,严防"洗绿""飘绿"等问题出现。

8.2.2.6 绿色政府绩效管理

相对于其他政府债券而言,绿色政府债券更强调其对绿色发展的贡献。在绩效管理过程中,需要明确绿色政府债券建设项目的绿色绩效目标,加强对绿色目标实施跟踪监督,以及在项目建成后对绿色绩效目标的实现情况进行评价,并将评价结果作为项目建设单位以后再发行绿色债券的重要依据之一;并对绩效评价过程中出现的各种违法违纪行为,进行相应的处罚。通过绿色政府债券绩效管理,提高资金使用绩效,实现绿色发展的目的。

至于绿色政府债券的发行、流通、偿还等事项,可参照国债及地方政府债券的管理制度执行,不需要单独制定相应的规则。

参考文献

图书:

[1] 邓小平. 邓小平文选（第二卷）[M]. 北京：人民出版社，1993.

[2] 邓小平. 邓小平文选（第三卷）[M]. 北京：人民出版社，1993.

[3] 江泽民. 江泽民文选（第三卷）[M]. 北京：人民出版社，2006.

[4] 莱切尔·卡逊. 寂静的春天 [M]. 北京：科学出版社，1979.

[5] 李佐军. 中国绿色转型发展报告 [M]. 北京：中共中央党校出版社，2012.

[6] 刘思华. 绿色经济论 [M]. 北京：中国财政经济出版社，2001.

[7] 马克思，恩格斯. 马克思恩格斯选集（第二卷）[M]. 北京：人民出版社，2012.

[8] 马克思，恩格斯. 马克思恩格斯选集（第三卷）[M]. 北京：人民出版社，2012.

[9] 马中，周月秋，王文. 中国绿色金融报告2017 [M]. 中国金融出版社，2018.

[10] 毛泽东. 建国以来毛泽东文稿（第6册）[M]. 北京：中央文献出版社，1992.

[11] 牛文元. 持续发展导论. [M]. 北京：科学出版社，1994.

[12] 牛文元. 中国可持续发展总论 [M]. 北京：科学出版社，2007.

[13] 习近平. 决胜全面建成小康社会夺取新时代中国特色社会主义

伟大胜利——在中国共产党第十九次全国代表大会上的报告［R］．北京：人民出版社，2017．

［14］习近平．习近平谈治国理政（第三卷）［M］．北京：外文出版社，2014．

［15］习近平．之江新语［M］．杭州：浙江人民出版社，2007．

［16］中共中央文献研究室．习近平关于社会主义生态文明建设论述摘编［M］．北京：中央文献出版社，2017．

［17］中共中央宣传部．习近平新时代中国特色社会主义思想三十讲［M］．北京：学习出版社，2018．

期刊、报纸：

［18］安国俊，敖心怡．中国绿色金融发展前景［J］．中国金融，2018（02）：47－49．

［19］安锦．财税政策介入环境保护的经济学理论分析［J］．企业经济，2009（10）：70－72．

［20］安伟．绿色金融的内涵、机理和实践初探［J］．经济经纬，2008（05）：156－158．

［21］巴曙松，丛钰佳，朱伟豪．绿色债券理论与中国市场发展分析［J］．杭州师范大学学报（社会科学版），2019，41（01）：91－106．

［22］巴曙松，杨春波，姚舜达．中国绿色金融研究进展述评［J］．金融发展研究，2018（06）：3－11．

［23］宾建成．论我国地方公债的发行与管理［J］．经济纵横，2002（08）：58－61．

［24］蔡海静，汪祥耀，谭超．绿色信贷政策、企业新增银行借款与环保效应［J］．会计研究，2018（03）：88－95．

［25］曹明弟，王文．绿色债券发展前景［J］．中国金融，2015（10）：14－16．

［26］曹小武．论我国地方政府债券发行方式的制度安排［J］．湖北

经济学院学报,2010,8(05):27-30,36.

[27] 柴洪,杨林娟.我国绿色债券发展现状及路径选择[J].中国集体经济,2019(35):74-76.

[28] 常清英,林清泉.债券价格、到期期限以及到期收益率的数学分析方法[J].中国农业大学学报,2003(04):81-85.

[29] 陈淡泞.中国上市公司绿色债券发行的股价效应[J].山西财经大学学报,2018(02):35-38.

[30] 陈煌,王力,黄德生,等.我国环境保护税实施困境及对策研究[J].环境与可持续发展,2021,46(04):18-23.

[31] 陈柳钦.国内外绿色信贷的实践路径[J].环境经济,2010(12):25-32.

[32] 陈涛.做大做强绿色金融助力产业低碳转型[N].经济参考报,2021-03-17(001).

[33] 陈幸幸,史亚雅,宋献中.绿色信贷约束、商业信用与企业环境治理[J].国际金融研究,2019(12):13-22.

[34] 陈志峰.我国绿色债券环境信息披露的完善路径分析[J].环境保护,2019,47(01):52-55.

[35] 池光胜,高文君.我国绿色债券的发展现状、问题及建议[J].中国货币市场,2021(05):11-15.

[36] 崔创雄.我国绿色债券市场发展现状与问题研究[J].金融经济,2018(02):31-32.

[37] 邓霞.习近平生态文明思想的发展历程、理论渊源和价值意蕴探析[J].农村经济与科技,2021,32(05):63-64.

[38] 邓远建,张陈蕊,袁浩.生态资本运营机制:基于绿色发展的分析[J].中国人口·资源与环境,2012,22(04):19-24.

[39] 丁杰.绿色信贷政策、信贷资源配置与企业策略性反应[J].经济评论,2019(04):62-75.

[40] 董战峰,龙凤,毕粉粉,等.国家"十四五"绿色财税政策改

革思路与重点 [J]. 环境保护, 2020, 48 (18): 42-45.

[41] 杜莹, 刘立国. 中国上市公司债权治理效率的实证分析 [J]. 证券市场导报, 2002 (12): 66-69.

[42] 方灏, 马中. 论环境金融的内涵及外延 [J]. 生态经济, 2010 (09): 50-53, 72.

[43] 方行明, 魏静, 郭丽丽. 可持续发展理论的反思与重构 [J]. 经济学家, 2017 (03): 24-31.

[44] 冯雪艳. 改革开放40年中国可持续发展理论的演进 [J]. 现代管理科学, 2018 (06): 27-29.

[45] 甘远勇, 王峰娟. 我国绿色债券第三方认证问题探析 [J]. 财务与会计, 2018 (02): 55-56.

[46] 高建良. "绿色金融" 与金融可持续发展 [J]. 金融理论与教学. 1998 (04): 20-22.

[47] 高清霞, 蒋林益. 国外绿色债券发展状况及其对我国的启示 [J]. 环境与可持续发展, 2019, 44 (06): 114-119.

[48] 高晓燕, 纪文鹏. 绿色债券的发行人特性与发行信用利差 [J]. 财经科学, 2018 (11): 26-36.

[49] 葛察忠, 翁智雄, 段显明. 绿色金融政策与产品：现状与建议 [J]. 环境保护, 2015, 43 (02): 32-37.

[50] 耿建梅. 企业资本结构合理性对筹资决策的影响 [J]. 理论导刊, 2014 (10): 95-97.

[51] 龚浩, 任致伟. 新中国70年财政体制改革的基本历程、逻辑主线与核心问题 [J]. 改革, 2019 (05): 19-28.

[52] 龚玉霞, 滕秀仪, 赛尔沃, 等. 绿色债券发展及其定价研究——基于二叉树模型分析 [J]. 价格理论与实践, 2018 (07): 79-82.

[53] 顾鹏. 2019年绿色债券战绩如何？ [J]. 环境经济, 2020 (07): 50-57.

[54] 郭濂. 改善地方债发行体制机制 [J]. 中国金融, 2014 (22): 23-24.

[55] 韩健, 甘行琼. 美国市政债券风险的分析与启示 [J]. 税务研究, 2014 (05): 90-95.

[56] 韩玮. 我国绿色金融发展问题研究 [J]. 时代经贸, 2019 (03): 79-80.

[57] 何建奎, 江通, 王稳利. "绿色金融"与经济的可持续发展 [J]. 生态经济, 2006 (07): 78-81.

[58] 何平, 金梦. 信用评级在中国债券市场的影响力 [J]. 金融研究, 2010 (04): 15-28.

[59] 何茜. 绿色金融的起源、发展和全球实践 [J]. 西南大学学报（社会科学版）, 2021, 47 (01): 83-94, 226.

[60] 何雁明, 傅晓琪, 郑其敏. 对我国绿色债券风险的分析及建议——基于主成分分析法 [J]. 黑龙江金融, 2019 (11): 27-29.

[61] 洪艳蓉. 绿色债券运作机制的国际规则与启示 [J]. 法学, 2017 (02): 126-136.

[62] 洪银兴. 以创新的理论构建中国特色社会主义政治经济学的理论体系 [J]. 经济研究, 2016, 51 (04): 4-13.

[63] 胡鞍钢, 周绍杰. 绿色发展：功能界定、机制分析与发展战略 [J]. 中国人口·资源与环境, 2014 (01): 14-20.

[64] 胡静. 我国绿色债券的发展现状及问题研究 [J]. 中国商论, 2019 (12): 64-67.

[65] 胡梦泽, 杨惠羽, 梁毅刚. 中国绿色债券的实施进展与完善——基于金融、环境视角 [J]. 石家庄铁道大学学报（社会科学版）, 2019, 13 (04): 1-7.

[66] 胡长生, 胡宇喆. 习近平新时代生态文明观的理论贡献 [J]. 求实, 2018 (06): 4-20, 107.

[67] 黄世忠. 支撑ESG的三大理论支柱 [J]. 财会月刊, 2021

(19): 3-10.

[68] 黄韬, 乐清月. 中国绿色债券市场规则体系的生成特点及其问题 [J]. 证券市场导报, 2018, 316 (11): 43-51, 60.

[69] 黄伟麟, 贺晋. 公司债能抑制企业无效投资吗?——基于中国上市公司的实证研究 [J]. 金融经济学研究, 2015 (02): 51-61.

[70] 黄晓军, 骆建华, 范培培. 环境治理市场化问题研究 [J]. 环境保护, 2017, 45 (11): 48-52.

[71] 黄新焕, 鲍艳珍. 我国环境保护政策演进历程及"十四五"发展趋势 [J]. 经济研究参考, 2020 (12): 76-83.

[72] 纪占武, 郑文范. 关于发展生物能源化解能源危机的思考 [J]. 东北大学学报 (社会科学版), 2009, 11 (06): 490-495.

[73] 蒋先玲, 张庆波. 发达国家绿色金融理论与实践综述 [J]. 中国人口·资源与环境, 2017, 27 (S1): 323-326.

[74] 金大卫. 我国地方政府发债: 制度根源、风险控制、法律规范 [J]. 财政研究, 2010 (01): 27-29.

[75] 金佳宇, 韩立岩. 国际绿色债券的发展趋势与风险特征 [J]. 国际金融研究, 2016 (11): 36-44.

[76] 金永军, 万志宏. 绿色公司债市场的发展战略和路径选择 [J]. 证券市场导报, 2016 (12): 11-17.

[77] 雷明. 深刻把握习近平生态文明思想之"两山"理论 [N]. 中国环境报, 2020-09-01 (003).

[78] 李冬梅. 我国发行地方公债的新制度经济学分析 [J]. 财经问题研究, 2005 (02): 60-63.

[79] 李慧. 公司债券对上市公司非效率投资的影响 [J]. 湖南科技大学学报 (社会科学版), 2014, 17 (02): 94-101.

[80] 李建涛, 梅德文. 绿色金融市场体系: 理论依据、现状和要素扩展 [J]. 金融论坛, 2021, 26 (06): 17-26, 38.

[81] 李静. 绿色债券对商业银行的影响 [J]. 当代经济, 2017

(02): 52-58.

[82] 李树. 经济的"绿化": 我国打破"绿色壁垒"的战略选择 [J]. 社会科学, 2002 (10): 13-16, 21.

[83] 李顺铎, 邓哲, 张彩虹. 我国绿色债券发展现状 [J]. 内蒙古统计, 2020 (02): 13-15.

[84] 李顺铎, 张彩虹. DEA 视角下绿色债券融资效率的行业比较研究 [J]. 市场研究, 2020 (04): 44-47.

[85] 李晓灿. 可持续发展理论概述与其主要流派 [J]. 环境与发展, 2018, 30 (06): 221-222.

[86] 李晓西, 赵峥, 李卫锋. 完善国家生态治理体系和治理能力现代化的四大关系——基于实地调研及微观数据的分析 [J]. 管理世界, 2015 (05): 1-5.

[87] 李晓西. "绿色化"突出了绿色发展的三个新特征 [N]. 光明日报, 2015-05-20 (015).

[88] 李心琪, 李日强. 绿色债券的条款设计问题探究 [J]. 财务与会计, 2017 (09): 22-24.

[89] 李妍辉. 论"环境金融"的几个基础理论 [J]. 湖北经济学院学报 (人文社会科学版), 2014, 11 (06): 34-36.

[90] 李扬. 融资规模结构对上市公司绩效影响分析 [J]. 管理世界, 2011 (04): 175-177.

[91] 李永坤, 朱晋. 我国绿色债券市场发展现状及对策研究 [J]. 现代管理科学, 2017, (09): 58-60.

[92] 李毓, 胡海亚, 李浩. 绿色信贷对中国产业结构升级影响的实证分析——基于中国省级面板数据 [J]. 经济问题, 2020 (01): 37-43.

[93] 李毓桔, 李国旺. 智本创新: 绿色金融发展八大路径 [J]. 国际融资, 2018 (11): 64-70.

[94] 林坚, 李军洋. "两山"理论的哲学思考和实践探索 [J]. 前

线, 2019 (09): 4-6.

[95] 林梦瑶. 国内外绿色债券标准的比较研究 [J]. 金融与经济, 2018 (04): 46-51.

[96] 刘海霞, 胡晓燕. "两山论"的理论内涵及当代价值 [J]. 中南林业科技大学学报 (社会科学版), 2019, 13 (03): 6-10, 16.

[97] 刘利刚, 陈少强. 地方政府举债: 利益、风险与现实途径 [J]. 地方财政研究, 2005 (08): 20-23.

[98] 刘乃贵, 吴桐. 绿色金融法律保障机制研究 [J]. 财经科学, 2017 (10): 41-51.

[99] 刘锡良, 文书洋. 中国的金融机构应当承担环境责任吗？——基本事实、理论模型与实证检验 [J]. 经济研究, 2019 (03): 38-54.

[100] 刘孝斌. 长三角地区绿色金融的发展路径探索——来自国家绿色金融改革创新试验区湖州市的调查研究 [J]. 金融理论与教学, 2020 (04): 15-20, 29.

[101] 刘优辉. 关于我国地方政府发行公债的必要性和可行性分析 [J]. 财政研究, 2004 (10): 50-53.

[102] 刘云中. 美国对市政债券的监管及其启示 [J]. 证券市场导报, 2004 (10): 36-40.

[103] 卢洪友, 潘星宇. 建国以来生态环境财政理论及制度变迁 [J]. 地方财政研究, 2019 (10): 24-32.

[104] 卢艳阳. 发行地方政府债券的风险及其防范 [J]. 中国新技术新产品, 2009 (18): 219.

[105] 鹿心社. 建设生态文明增进民生福祉 [N]. 人民日报, 2014-10-28.

[106] 罗帆, 李正明, 吴茂华. 推进我国绿色债券发展的必要性分析 [J]. 中国林业经济, 2016 (03): 5-7.

[107] 罗文倩, 杨永华. 中国绿色债券市场发展探析 [J]. 经济动态与评论, 2019 (01): 64-84, 208.

[108] 吕薇. 营造有利于绿色发展的体制机制和政策环境 [J]. 经济纵横, 2016 (02): 4-8.

[109] 马步云. 企业发行绿色债券对公司绩效的影响 [J]. 黑龙江金融, 2020 (06): 28-31.

[110] 马骏, 程琳, 邵欢. G20公报中的绿色金融倡议: 下 [J]. 中国金融, 2016 (18): 30-32.

[111] 马骏. 地方发展绿色金融大有可为 [J]. 中国金融, 2017 (13): 30-32.

[112] 马骏. 论构建中国绿色金融体系 [J]. 金融论坛, 2015 (05): 18-27.

[113] 马骏. 我国绿色债券市场与发展前景 [C]. 创新与发展: 中国证券业2018年论文集（上册）. 中国证券业协会, 2019: 485-491.

[114] 马丽. 绿色金融发展的国际经验借鉴及发展路径 [J]. 改革与战略, 2018, 34 (02): 163-166.

[115] 马亚明, 胡春阳, 刘鑫龙. 发行绿色债券与提升企业价值——基于DID模型的中介效应检验 [J]. 金融论坛, 2020, 25 (09): 29-39.

[116] 麦均洪, 徐枫. 基于联合分析的我国绿色金融影响因素研究 [J]. 宏观经济研究, 2015 (05): 23-37.

[117] 毛晖, 张胜楠. 地方政府债券发行制度探究 [J]. 财政监督, 2016 (16): 13-17.

[118] 穆献中, 宗玉生. 中国能源资源消费及其经济性分析 [J]. 资源科学, 2007 (03): 94-99.

[119] 宁晓龙, 李敏. 关于绿色金融助力实现"双碳"目标的研究 [J]. 现代金融导刊, 2021 (05): 17-21.

[120] 牛文元. 可持续发展理论内涵的三元素 [J]. 中国科学院院刊, 2014, 29 (04): 410-415.

[121] 牛文元. 中国可持续发展的理论与实践 [J]. 中国科学院院

刊, 2012, 27 (03): 280-289.

[122] 潘家华. 绿色化不是简单的绿化 [N]. 人民日报, 2015-04-22 (007).

[123] 潘岳. 谈谈环境经济新政策 [J]. 环境经济. 2007 (10): 17-22.

[124] 裴广一. 习近平生态文明思想历史脉络探析——基于课堂教学实践的视角 [J]. 新东方, 2019 (05): 11-18.

[125] 钱立华, 方琦, 鲁政委. 中国绿色债券市场: 概况、机遇与对策 [J]. 金融纵横, 2020 (07): 28-33.

[126] 乔海曙. 国际金融稳定与国内金融安全研究 [J]. 中国人民大学学报, 1999 (05): 28-32.

[127] 秦书生, 晋晓晓. 政府、市场和公众协同促进绿色发展机制构建 [J]. 中国特色社会主义研究, 2017 (03): 93-98.

[128] 秦绪娜, 郭长玉. 绿色发展的生态意蕴及其价值诉求 [N]. 光明日报, 2016-08-28 (006).

[129] 邱英杰, 杨晓倩. 绿色信贷与产业升级的关系研究——基于灰色关联模型的实证分析 [J]. 福建金融, 2019 (01): 71-77.

[130] 邵汉华, 刘耀彬. 金融发展与碳排放的非线性关系研究——基于面板平滑转换模型的实证检验 [J]. 软科学, 2017, 31 (05): 80-84.

[131] 沈洪涛, 马正彪. 地区经济发展压力、企业环境表现与债务融资 [J]. 金融研究, 2014, (02): 153-166.

[132] 苏冬蔚, 连莉莉. 绿色信贷是否影响重污染企业的投融资行为? [J]. 金融研究, 2018, 462 (12): 127-141.

[133] 孙良涛. 提升中国绿色债券市场影响力 [J]. 绿色金融, 2018 (08): 80-81.

[134] 孙伟力. 我国绿色债券发展现状与问题解析 [J]. 金融发展研究, 2017 (04): 86-88.

[135] 唐国豪. 发行绿色债券, 促进京津冀大气污染协同治理 [J].

金融经济，2015（06）：13-15.

［136］滕磊. 绿色债券的国际创新和中国路径［J］. 生产力研究，2016（05）：38-41，57.

［137］屠红洲，屠金光. 从风险偏好管理视角探析我国银行业发展绿色信贷之建议［J］. 新金融，2018（04）：38-42.

［138］万莎. 我国地方政府债券发行风险分析——基于经济学维度的思考［J］. 金融与经济，2010（02）：41-44.

［139］万志宏，曾刚. 国际绿色债券市场：现状、经验与启示［J］. 金融论坛，2016（02）：39-45.

［140］王波，郑联盛. 新常态下我国绿色金融发展的长效机制研究［J］. 技术经济与管理研究，2018（08）：78-83.

［141］王凤荣，王康仕. 绿色金融的内涵演进、发展模式与推进路径——基于绿色转型视角［J］. 理论学刊，2018（03）：59-66.

［142］王劲松. 地方政府债券发行中的风险及防范措施［J］. 经济研究参考，2009（25）：52-56.

［143］王康仕，孙旭然，王凤荣. 绿色金融、融资约束与污染企业投资［J］. 当代经济管理，2019，41（12）：83-96.

［144］王玲玲，张艳国. "绿色发展"内涵探微［J］. 社会主义研究，2012（05）：143-146.

［145］王玲玲. 浅议绿色金融对银行业的影响及发展途径［J］. 现代金融，2017（03）：30-31.

［146］王庆一. 中国天然气与煤的竞争［J］. 国际石油经济，2002（08）：36-39，44-64.

［147］王锐芝. 习近平生态文明思想的逻辑理路及其价值意蕴［J］. 中国经贸导刊（中），2021（06）：89-91.

［148］王伟楠，王旭，褚旭. 基于准实验分析的债券融资对企业创新绩效影响研究［J］. 系统工程理论与实践，2018，38（02）：429-436.

［149］王先菊. 低碳背景下商业银行推进绿色信贷问题研究［J］.

改革与战略, 2012, 28 (05): 80-83.

[150] 王小江, 祝晓光. 提升绿色金融政策执行力的途径 [J]. 环境保护, 2009 (15): 45-46.

[151] 王小艳. 绿色金融赋能高质量共建"一带一路": 理论逻辑与实践路径 [J]. 改革与战略, 2020, 36 (04): 57-64.

[152] 王新玉. 低碳发展与循环发展、绿色发展的关系研究 [J]. 生态经济, 2014, 30 (09): 39-44.

[153] 王琰. 关于我国发展绿色市政债券的探讨 [J]. 债券, 2018 (09): 16-22.

[154] 王遥, 曹畅. 推动绿色债券发展 [J]. 中国金融, 2015 (20): 43.

[155] 王遥, 曹畅. 中国绿色债券第三方认证的现状与前景 [J]. 环境保护, 2016 (19): 21-26.

[156] 王遥, 吴祯姝. 绿色金融助力实现碳中和 [J]. 中国经济评论, 2021 (05): 44-47.

[157] 王遥, 徐楠. 中国绿色债券发展及中外标准比较研究 [J]. 金融论坛, 2016, 242 (02): 29-38.

[158] 王永钦, 戴芸, 包特. 财政分权下的地方政府债券设计: 不同发行方式与最优信息准确度 [J]. 经济研究, 2015, 50 (11): 65-78.

[159] 王语然. 我国绿色债券融资成本分析 [J]. 市场周刊 (理论研究), 2017 (05): 77-78.

[160] 王宗鹏. 绿色债券认证标准国际经验借鉴 [J]. 合作经济与科技, 2017 (24): 83-85.

[161] 吴广有, 唐东雄. 调整污水超标排污费标准是环境管理的需要 [J]. 环境科学研究, 1991 (03): 46-49.

[162] 伍国勇, 段豫川. 论超循环经济——兼论生态经济、循环经济、低碳经济、绿色经济的异同 [J]. 农业现代化研究, 2014, 35 (01): 5-10.

[163] 肖军. 邓小平环境保护思想的理论框架及时代蕴意 [J]. 邓小平研究, 2020 (05): 44-51.

[164] 肖娜. 中外政府地方债券若干问题比较研究 [J]. 江西社会科学, 2009 (08): 118-120.

[165] 肖应博. 国外绿色债券发展研究及对我国的启示 [J]. 金融研究, 2015 (04): 82-86.

[166] 谢铖, 朱波. 绿色金融审计监督体系重构研究 [J]. 河南社会科学, 2019, 27 (12): 67-74.

[167] 谢清河. 发展低碳经济的金融创新问题研究 [J]. 南方金融, 2010 (05): 5-9.

[168] 谢婷婷, 刘锦华. 绿色信贷如何影响中国绿色经济增长? [J]. 中国人口·资源与环境, 2019, 29 (09): 83-90.

[169] 谢雄标, 吴越, 严良. 数字化背景下企业绿色发展路径及政策建议 [J]. 生态经济, 2015, 31 (11): 88-91.

[170] 谢岩. 绿色债券的国际比较与借鉴 [J]. 上海金融, 2017 (03): 80-85.

[171] 熊学萍. 传统金融向绿色金融转变的若干思考 [J]. 生态经济, 2004 (11): 60-62.

[172] 徐明亮. 我国开放地方政府债券的可行性分析与政策选择 [J]. 金融与经济, 2007 (07): 46-48.

[173] 徐顺青, 程亮, 陈鹏, 等. 我国生态环境财税政策历史变迁及优化建议 [J]. 中国环境管理, 2020, 12 (03): 32-39.

[174] 徐向艺, 赵青, 孙娟. 中国上市公司债权对公司绩效影响的实证研究 [J]. 经济管理, 2006 (06).

[175] 杨发庭, 刘长利. 绿色发展的价值意蕴、现实困境及实践指向 [J]. 中共山西省委党校学报, 2016, 39 (03): 92-95.

[176] 杨发庭. 习近平生态文明思想的理论意蕴初探 [J]. 中国社会科学院研究生院学报, 2021 (03): 5-15.

[177] 杨解君. 当代中国发展道路及其推进方式的转变：绿色发展理念的法治化 [J]. 南京社会科学, 2016 (10)：88-95.

[178] 杨娉, 马骏. 中英绿色金融发展模式对比 [J]. 中国金融, 2017 (22)：62-64.

[179] 杨希雅, 石宝峰. 绿色债券发行定价的影响因素 [J]. 金融论坛, 2020, 25 (01)：72-80.

[180] 杨云匀, 马俊. 国际绿色债券的发展趋势及我国应对之策 [J]. 对外经贸实务, 2016 (12)：37-40.

[181] 杨志, 王梦友. 绿色经济与生产方式全球性转变——刍议基于"资本·网络·绿色"框架的新经济 [J]. 经济学家, 2010 (08)：18-24.

[182] 叶冬娜. 习近平"两山理论"对马克思主义生产力理论的丰富和发展 [J]. 广西社会科学, 2020 (12)：7-11.

[183] 于海东, 唐文惠, 田启华, 等. 环境金融市场定价机制设计：贝叶斯 Nash 实施 [J]. 北京大学学报（自然科学版）, 2010, 46 (03)：471-476.

[184] 于永达, 郭沛源. 金融业促进可持续发展的研究与实践 [J]. 环境保护, 2003 (12)：50-53.

[185] 詹小颖. 绿色债券发展的国际经验及我国的对策 [J]. 经济纵横, 2016, 369 (08)：119-124.

[186] 詹小颖. 我国绿色金融发展的实践与制度创新 [J]. 宏观经济管理, 2018 (01)：41-48.

[187] 张辰旭. 绿色债券监管标准的比较研究 [J]. 福建论坛（人文社会科学版）, 2018, 316 (09)：39-46.

[188] 张定乾. 绿色发展的思路与法治保障 [J]. 中国集体经济, 2016 (30)：105-106.

[189] 张蓉. 论政府支持环境金融发展的理论与实践 [J]. 生态经济, 2012 (05)：63-67.

[190] 张宪东. 地方政府债券发行的作用及其风险控制 [J]. 知识经济, 2010 (09): 63-64.

[191] 张晓玲. 可持续发展理论: 概念演变、维度与展望 [J]. 中国科学院院刊, 2018, 33 (01): 10-19.

[192] 张艳, 沈惟维. 我国绿色债券市场发展的现状、问题与风险防范 [J]. 对外经贸实务, 2018 (06): 37-39.

[193] 张宇, 钱水土. 绿色金融理论: 一个文献综述 [J]. 金融理论与实践, 2017 (09): 86-91.

[194] 赵建军. 中国的绿色发展: 机遇、挑战与创新战略 [J]. 人民论坛·学术前沿, 2013 (19): 80-85, 95.

[195] 赵领娣, 张磊, 徐乐, 等. 人力资本、产业结构调整与绿色发展效率的作用机制 [J]. 中国人口·资源与环境, 2016, 26 (11): 106-114.

[196] 赵晓英. 绿色债券发展制度框架 [J]. 中国金融, 2016 (16): 37-38.

[197] 赵旭凯. 中国绿色债券发展实践及路径探析 [J]. 金融发展评论, 2017 (05): 149-158.

[198] 赵峥. 城市绿色发展: 内涵检视及战略选择 [J]. 中国发展观察, 2016 (03): 36-40.

[199] 郑海友, 蒋锦洪. 论实现"绿色发展"的四大支撑 [J]. 求实, 2016 (10): 54-61.

[200] 郑薇, 陈艳红. 论地方政府发行债券与预算法的修改 [J]. 法制与社会, 2007 (01): 523-524.

[201] 郑小强, 平方. 中国能源安全政策演进特征与实践转向——基于能源五年规划的内容分析 [J]. 中国能源, 2020, 42 (12): 14-20.

[202] 郑颖昊. 经济转型背景下我国绿色债券发展的现状与展望 [J]. 当代经济管理, 2016 (06): 75-79.

[203] 治霾资金有多少? [J]. 经济, 2014 (12): 26-27.

[204] 中国财政科学研究院金融研究中心课题组,赵全厚,张立承,等. 地方政府融资存在的问题与对策建议 [J]. 经济研究参考,2016 (25): 3-16.

[205] 钟宇平. 我国绿色金融发展现状、问题及对策研究 [J]. 金融经济,2016 (06): 114-115.

[206] 钟宇翔,李婉丽. 债券融资与会计稳健性——基于 PSM 方法的检验 [J]. 证券市场导报,2016 (01): 48-55.

[207] 周健. 我国低碳经济与碳金融研究综述 [J]. 财经科学,2010 (05): 17-23.

[208] 周鹏. 地方政府发债规模风险评估 [J]. 现代管理科学,2010 (12): 77-79.

[209] 周尚文. 美国市政债券的发行机制及对我国发行地方政府债券的启示 [J]. 湖北经济学院学报(人文社会科学版),2010,7 (06): 36-37.

[210] 周文翠. 绿色发展中的政府生态责任实现机制 [J]. 佳木斯大学社会科学学报,2017,35 (01): 50-53.

[211] 周小亮. 包容性绿色发展:理论阐释与制度支撑体系 [J]. 学术月刊,2020,52 (11): 41-54.

[212] 朱松. 债券市场参与者关注会计信息质量吗 [J]. 南开管理评论,2013 (03): 16-25.

[213] 邹巅,廖小平. 绿色发展概念认知的再认知——兼谈习近平的绿色发展思想 [J]. 湖南社会科学,2017 (02): 115-123.

国外文献:

[214] Baker M, Bergstresser D, Serafeim G, et al.. Financing the response to climate change: The pricing and ownership of US green bonds [R]. National Bureau of Economic Research, 2018.

[215] Berensmann K. Upscaling green bond markets: the need for har-

monised green bond standards [R]. Briefing Paper, 2017.

[216] Bryan G. Norton. Sustainability: a philosophy of adaptive ecosystem management [M]. Chicago: University of Chicago Press, 2005.

[217] Chen S. Green finance and development of low carbon economy [M]. LTLGB 2012. Springer, Berlin, Heidelberg, 2013: 457 – 461.

[218] Daly H E, Cobb J B. For the common good: redirecting the economy towards community, the environment and a sustainable future [M]. Boston: Beacon Press, 1989.

[219] Donella H. Meadows, Dennis L. Meadows, Jorgen Randers, William W. The limits to growth [M]. Universe Books, 1972.

[220] Jeucken M. Sustainable finance and banking: The financial sector and the future of the planet [M]. Earthscan, 2010.

[221] Kidney S, Boulle B. The opportunity for bonds to address the climate finance Challenge [M]. Responsible Investment Banking. Springer, Cham, 2015: 575 – 599.

[222] Labatt S, White R. Environmental finance: a guide to environmental risk assessment and financial products [M]. Canada: John Wiley & Sons Inc, 2002.

[223] Mol A P J., Sonnenfeld D. A. Ecological modernization around the World [M]. London: Frank Cass, 2000.

[224] Reichelt H. Green bonds: a model to mobilise private capital to fund climate change mitigation and adaptation projects [M]. The EuroMoney environmental finance handbook. World Bank Group Washington, DC, USA, 2010: 1 – 7.

[225] WCED. Our common future [M]. Oxford: Oxford University Press, 1987.

[226] Allen A C, Dudney D M. The impact of rating agency reputation on local government bond yields [J]. Journal of Financial Services Research,

2008, 33 (01): 57 -76.

[227] Amihud Y, Mendelson H. Dealership market: market – making with inventory [J]. Journal of financial economics, 198, 8 (01): 31 -53.

[228] Anna Laskowska. Conditions for the development of the green bondmarket development [J]. Finanse, 2019, 1: 53 -67.

[229] Anna Laskowska. The green bond as a prospective instrument of theglobal debt market [J]. Copernican Journal of Finance & Accounting, 2018, 6 (04): 69 -83.

[230] Bachelet M J, Becchetti L, Manfredonia S. The green bonds premium puzzle: The role of issuer characteristics and third – party verification [J]. Sustainability, 2019, 11 (04): 1098.

[231] Bagehot W. The only game in town [J]. Financial Analysts Journal, 1971, 27 (02): 12 -14.

[232] Bansal P, Roth K. Why companies go green: a model of ecological responsiveness [J]. Academy of Management, 2000, 717 -736.

[233] Baulkaran V. Stock market reaction to green bond issuance [J]. Journal of Asset Management, 2019, 20 (05): 331 -340.

[234] Bob Giddings, Bill Hopwood, Geoff O'Brien. Environment, economy and society: fitting them together into sustainable development [J]. Journal of Economic Development, Environment and People, 2013 (02): 9 -14.

[235] Brennan M J, Schwartz E S. Evaluating natural resource investments [J]. Journal of business, 1985: 135 -157.

[236] Celik, Serdar, Binatli. Energy Savings and economic impact of green roofs: a pilotstudy [J]. Emerging Markets Finance & Trade, 2018.

[237] Chalmers J M R. Systematic risk and the muni puzzle [J]. National Tax Journal, 2006, 59 (04): 833 -848.

[238] Chowdhury T, Datta R, Mohajan H. Green finance is essential for economic development and sustainability [J]. 2013: 104 -108.

[239] Clapp C, Buchner B, Abramskiehn D, et al.. Background report on long – term climate finance [J]. 2015.

[240] Claudia O. Corporate Initiatives and strategies to meet the environmental challenges – contributions towards a green economic development [J]. Studies in business & Economics, 2015, 10 (03).

[241] Climate Bonds Initiative. How to issue a green muni bond – the green muni bonds playbook [J]. 2015.

[242] Cortazar G, Schwartz E S, Salinas M. Evaluating environmental investments: a real options approach [J]. Management Science, 1998, 44 (08): 1059 – 1070.

[243] Cortazar G., Schwartz E. S. A compound option model of production and intermediate inventories [J]. Journal of Business, 1993, 66 (04): 517 – 540.

[244] Daniels K, DiroEjara D, Vijayakumar J. Debt maturity, credit risk and information asymmetry: the case of municipal bonds [J]. Financial Review, 2010, 45 (03): 603 – 626.

[245] Della Croce R, Kaminker C, Stewart F. The role of pension funds in financing green growth initiatives [J]. 2011.

[246] Denison D V. An empirical examination of the determinants of insured municipal bond issues [J]. Public Budgeting & Finance, 2003, 23 (01): 96 – 114.

[247] Diego Vazquez – Brusta, Alastair M. Smith, Joseph Sarkisc. Managing the transition to critical green growth: The 'Green Growth State' [J]. Futures, 2014, (64): 38 – 50.

[248] Dragon Yongjun Tang, Yupu Zhang. Do shareholders benefit from greenbonds? [J]. Journal of Corporate Finance, 2020, 61: 243.

[249] Ehlers T, Packer F. Green Bonds – certification, shades of green and environmental risks [J]. Bank for International Settlements, contribution

to the G20 Green Finance Study Group, 2016.

[250] Ehresman Timothy G., Okereke Chukwumerije. Environmental justice and conceptions of the green economy [J]. International Environmental Agreements Politics Law and Economics, 2015 (15): 13 - 27.

[251] Flammer C. Corporate social responsibility and shareholder reaction: The environmental awareness of investors [J]. Academy of Management Journal, 2013, 56 (03): 758 - 781.

[252] Flammer C. Does corporate social responsibility lead to superior financial performance? A regression discontinuity approach [J]. Management Science, 2015, 61 (11): 2549 - 2568.

[253] Freedman R S, Stahl W P. Knowledge - based approaches for evaluating municipal bonds [J]. The Handbook of Municipal Bonds, 1994: 441 - 450.

[254] Gene M. Grossman, Alan B. Krueger. Economic growth and the environment [J]. The Quarterly Journal of Economics. 1995, 110 (02): 353 - 377.

[255] Gianfrate G, Peri M. The green advantage: exploring the convenience of issuing green bonds [J]. Journal of cleaner production, 2019, 219: 127 - 135.

[256] Graham A, Maher J J, Northcut W D. Environmental liability information and bond ratings [J]. Journal of Accounting, Auditing & Finance, 2001, 16 (02): 93 - 116.

[257] Harris L E, Piwowar M S. Secondary trading costs in the municipal bond market [J]. The Journal of Finance, 2006, 61 (03): 1361 - 1397.

[258] Heim G, Zenklusen O. Sustainable finance: strategy options for development financing institutions [J]. Eco: Fact, Stampfenbachstrass, Zurich, 2005.

[259] Höhne N, Khosla S, Fekete H, et al.. Mapping of green finance

delivered by IDFC members in 2011 [J]. Cologne: Ecofys. Available from: http://www.idfc.org/Downloads/Publications/01_green_finance_mappings/IDFC_Green_Finance_ Mapping_Report_2012_14-06-12. pdf, 2012.

[260] Hotchkiss E, Jostova G. Determinants of corporate bond trading: a comprehensive analysis [J]. Quarterly Journal of Finance, 2017, 7 (02).

[261] Jenck J, Agterberg F, Droesche M. Products and processes for a sustainable chemical industry: a review of achievements and prospects [J]. Green Chemistry, 2004, 544-556.

[262] Jiazhen Wang, Xin Chen, Xiaoxia Li, et al.. The market reaction to greenbond issuance: evidence from China [J]. Pacific-Basin Finance Journal, 2020, 60: 94.

[263] Johnson, Van E., Johnson, Linda M., Fleming Peter D. Tax aspects of municipal bonds [J]. Journal of Accountancy, 1996, 181.

[264] Josué Banga. The green bond market: a potential source of climate finance for developing countries [J]. Journal of Sustainable Finance & Investment, 2019, 9 (01): 17-32.

[265] Kaminker C, Stewart F. The role of institutional investors in financing clean energy [J]. 2012.

[266] Kang H., Jung S. Y., Lee H. The impact of green credit policy on manufacturers' efforts to reduce suppliers' pollution [J]. Journal of Cleaner Production, 2020.

[267] Karpf A, Mandel A. The changing value of the 'green' label on the US municipal bond market [J]. Nature Climate Change, 2018, 8 (02): 161-165.

[268] Kidd D. Indexes sprout up as green bonds take root [J]. Investment Risk and Performance Feature Articles, 2015: 4.

[269] Klassen R D, McLaughlin C P. The impact of environmental management on firm performance [J]. Management science, 1996, 42 (08):

1199 - 1214.

[270] Krüger P. Corporate goodness and shareholder wealth [J]. Journal of financial economics, 2015, 115 (02): 304 - 329.

[271] Larcker D F, Watts E M. Where's the greenium? [J]. Rock Center for Corporate Governance at Stanford University Working Paper, 2019 (239).

[272] Lin Y M, You S J, Huang M S. Information asymmetry and liquidity risk [J]. International Review of Business Research Papers, 2012, 8 (01): 112 - 131.

[273] Lindenberg N. Definition of green finance [J]. 2014.

[274] Liu X, Wang E, Cai D. Green credit policy, property rights and debt financing: quasinatural experimental evidence from China [J]. Finance Research Letters, 2019.

[275] Lorek S, Spangenberg J H. Sustainable consumption within a sustainable economy - beyond green growth and green economies [J]. Journal of Cleaner Production, 2014, 63 (02): 33 - 44.

[276] Lubchenco J. Entering the century of the environment: a new social contract for science [J]. Science, 1998, (279): 491 - 497.

[277] Lyon T P, Maxwell J W. Greenwash: corporate environmental disclosure under threat of audit [J]. Journal of Economics & Management Strategy, 2011, 20 (01): 3 - 41.

[278] Lyon T P, Montgomery A W. The means and end of greenwash [J]. Organization & Environment, 2015, 28 (02): 223 - 249.

[279] Mathews J A, Kidney S. Financial climate - friendly energy development through bonds [J]. Development Southern Africa, 2012, 337 - 349.

[280] McAfee, Kathleen. Green economy and carbon markets for conservation and development: a critical view [J]. International Environmental Agreements Politics Law and Economics, 2016 (16): 333 - 353.

[281] Palumbo G, Zaporowski M P. Determinants of municipal bond rat-

ings for general – purpose governments: an empirical analysis [J]. Public Budgeting & Finance, 2012, 32 (02): 86 – 102.

[282] Park S K. Investors as regulators: green bonds and the governance challenges of the sustainable finance revolution [J]. Stan. J. Int'l L., 2018, 54: 1.

[283] Partridge C, Medda F. The creation and benchmarking of a green municipal bond index [J]. Available at SSRN 3248423, 2018.

[284] Pauline Deschryver, Frederic de Mariz. What future for the green bond market? [J]. Journal of Risk and Financial Management, 2020, 13 (03).

[285] Peng J, Brucato P F. An empirical analysis of market and institutional mechanisms for alleviating information asymmetry in the municipal bond market [J]. Journal of Economics and Finance, 2004, 28 (02): 226 – 238.

[286] Pinna M. An empirical analysis of the municipal bond market in Italy: sovereign risk and sub – sovereign levels of government [J]. Public Budgeting & Finance, 2015, 35 (03): 68 – 94.

[287] Reboredo J C, Ugolini A. Price connectedness between green bond and financial markets [J]. Economic Modelling, 2020 (88): 25 – 38.

[288] Reichelt H. Green bonds: a model to mobilise private capital to fund climate change mitigation and adaptation projects [J]. The euromoney environmental finance handbook, 2010: 1 – 7.

[289] Rivers M J, Yates B M. City size and geographic segmentation in the municipal bond market [J]. The Quarterly Review of Economics and Finance, 1997, 37 (03): 633 – 645.

[290] Robbins M D, Simonsen B. Municipal bond new issue transaction costs [J]. Public Budgeting & Finance, 2013, 33 (01): 1 – 24.

[291] Robbins M D. Testing the effects of sale method restrictions in municipal bond issuance: The case of New Jersey [J]. Public Budgeting & Finance, 2002, 22 (02): 40 – 56.

[292] Robbins M, Simonsen B. The quality and relevance of municipal bond disclosure: What bond analysts think [J]. Municipal Finance Journal, 2010, 31 (01): 1.

[293] Robert Heinkel, Alan Kraus and Josef Zechner. The effect of green investment on corporate behavior [J]. Journal of Financial and Quantitative Analysis, 2001, 36 (04): 431 - 449.

[294] Sachs J, Woo W T, Yoshino N, et al.. Importance of green finance for achieving sustainable development goals and energy security [J]. Handbook of Green Finance: Energy Security and Sustainable Development, 2019: 3 - 12.

[295] Saha D, D'Almeida S. Green municipal bonds [J]. Leaders, 2017, 5 (98): 886.

[296] Salazar J. Environmental finance: linking two world [C]. Workshop on Financial Innovations for Biodiversity Bratislava. 1998 (01): 2 - 18.

[297] Schalteger S, Wagner M. Mapping the links of corporate sustainability [J]. Managing the business case for sustainability. The integration of social, environmental and economic performance. Scheffield: Greenleaf, 2006: 108 - 126.

[298] Scholtens B. Finance as a driver of corporate social responsibility [J]. Journal of business ethics, 2006, 68 (01): 19 - 33.

[299] Snowdon, Catherine. Impact reporting colours green bonds [J]. Euromoney, 2016, 47 (561): 74 - 77.

[300] Sophia Grene. First green bonds standards launched [J]. Financial Times, 2011, 11: 20.

[301] Suk Hyun, Donghyun Park, Shu Tian. Differences between green bonds versus conventional bonds: An empirical exploration [J]. Handbook of Green Finance: Energy Security and Sustainable Development, 2019: 1 - 28.

[302] Tang A, Chiara N, Taylor J E. Financing renewable energy infra-

structure: Formulation, pricing and impact of a carbon revenue bond [J]. Energy Policy, 2012, 45: 691 – 703.

[303] Tang D Y, Zhang Y. Do shareholders benefit from green bonds? [J]. Journal of Corporate Finance, 2020, 61.

[304] THOMPSONP. Bank lending and the environment: policies and oppotunities [J]. International journal of bank marketing, 1998 (06): 243 – 252.

[305] Trompeter L. Green is good: How green bonds cultivated into Wall Street's environmental paradox [J]. Sustainable Development Law and Policy Brief, 2017, 17 (02).

[306] Van Renssen S. Investors take charge of climate policy [J]. Nature Climate Change, 2014, 4 (04): 241 – 242.

[307] Vazzano T. A., Di Benedetto F., Stancanelli E., Ragaglia F., Sabbia A. credit worthinessinside green finance. environmental sensitivity analysis on agri – food chains [J]. Procedia Environmental Science, Engineering and Management, 2018, 5 (04): 189 – 195.

[308] Veys A. The sterling bond markets and low carbon or green bonds [J]. E3G, UK, 2010.

[309] Vijayakumar J. An empirical analysis of the factors influencing call decisions of local government bonds [J]. Journal of Accounting and Public Policy, 1995, 14 (03): 203 – 231.

[310] Wang J, Wu C, Zhang F X. Liquidity, default, taxes, and yields on municipal bonds [J]. Journal of Banking & Finance, 2008, 32 (06): 1133 – 1149.

[311] Wang Y, Zhi Q. The role of green finance in environmental protection: Two aspects of market mechanism and policies [J]. Energy Procedia, 2016, 104: 311 – 316.

[312] Weber O, Fenchel M, Scholz R W. Empirical analysis of the inte-

gration of environmental risks into the credit risk management process of European banks [J]. Business Strategy and the Environment, 2008, 17 (03): 149-159.

[313] Wenxia Ge, Mingzhi Liu. Corporate social responsibility and the cost of corporate bonds [J]. Journal of Accounting and Public Policy, 2015, 34 (06).

[314] White M A. Environmental finance: value and risk in an age of ecology [J]. Business strategy and the environment, 1996, 5 (03): 198-206.

[315] Wilkins, Michael. Corporate Green Bond Boom [J]. Utility Week, 2014, 10: 36-38.

[316] Wood D, Grace K. A brief note on the global green bond market [J]. Initiative for Responsible Investment at Harvard University, 2011.

[317] Xu X., Li J. Asymmetric impacts of the policy and development of green credit on the debt financing Cost and Maturity of Different Types of Enterprises in China [J]. Journal of Cleaner Production, 2020.

[318] Zerbibe O D. The green bond premium [J]. Social Science Electronic Publishing, 2016, 29 (02): 28-40.

[319] Cowan E. Topical Issues in environmental finance [Z]. Research Paper Was Commissioned by the Asia Branch of the Canadian International Development Agency, 1999, (01): 1-20.

[320] Falsen C, Johansson P. Mobilizing the debt market for climate change mitigation. Experiences from the early Green Bonds market [D]. 2015.

[321] Hartwick, J. M. Increasing returns, exhaustible resources and optimal growth. Economics Letters, 1978, 1 (03): 231-235.

[322] Hartwick, J. M. 1977. Interregional equity and the investing of rents from exhaustible resources. The American Economic Review, 67 (05): 972-974.

[323] Jha, N. &Bhome, S. A study of green banking trends in India. Abhinav International Monthly Refereed Journal of Research in Management & Technology, 2013, 5 (02), 127-132.

[324] SalazarJ. Environmental finance: linking two world [Z]. Presented at a Workshop on Financial Innovations for Biodiversity Bratislava, 1998, (01): 2-18.

[325] ACMF, ASEAN Green Bond Standards, 2017, p.2, https://www.climatebonds.net/2014/05/2013-overview-dawn-age-green-bonds.

[326] CBI, 2013 Overview: the Dawn of an Age of Green Bonds?, 2014.

[327] ICMA, Green Bond Principles (GBP), 2018.